《資本論》
思想、原理及其當代價值

許彥◎著

前　言

　　馬克思的《資本論》是一部偉大的科學巨著，它對人類社會的發展產生了巨大的影響，它在社會科學各領域的學術價值也少有其他學術著作能夠與之相比。雖然《資本論》已誕生了100多年，當今世界也發生了巨大的變化，但它的思想、基本理論仍然是人類寶貴的精神財富，仍然是建設中國特色社會主義市場經濟過程中不可替代的理論指導。

　　中國共產黨的十八大以來，習近平多次強調，要學好用好馬克思主義政治經濟學，並提出要堅持和發展中國特色社會主義政治經濟學，要以馬克思主義政治經濟學爲指導，總結和提煉我國改革開放和社會主義現代化建設的偉大實踐經驗，同時借鑒西方經濟學的有益成分。馬克思主義政治經濟學集中體現在《資本論》中，強化對《資本論》思想和理論的進一步研究，結合建設中國特色社會主義的實踐，形成規律性的認識，這對於完善中國特色社會主義政治經濟學理論體系，建設有中國特色、中國風格、中國氣派的經濟學學科有着重要的意義。

限於撰寫者理論水平的局限性，本書仍存在不少缺陷，懇請讀者給予批評指正。

許　彥

目　錄

1 《資本論》總論 …………………………………………………… (1)

　1.1 《資本論》的實踐基礎、理論淵源和主要內容 ……………… (1)

　　　1.1.1 《資本論》的實踐基礎 ………………………………… (1)

　　　1.1.2 《資本論》的理論淵源 ………………………………… (2)

　　　1.1.3 《資本論》的主要內容 ………………………………… (3)

　1.2 《資本論》的研究對象和研究方法 …………………………… (5)

　　　1.2.1 《資本論》的研究對象 ………………………………… (5)

　　　1.2.2 《資本論》的研究方法 ………………………………… (7)

　1.3 《資本論》的當代價值 ………………………………………… (9)

　　　1.3.1 《資本論》與認識當代資本主義 ……………………… (10)

　　　1.3.2 《資本論》與完善中國特色社會主義市場經濟體制 … (11)

　　　1.3.3 《資本論》與中國特色社會主義政治經濟學 ………… (13)

2 《資本論》中經濟倫理思想及其當代價值 …………………… (18)

　2.1 《資本論》中經濟倫理思想的形成和發展 …………………… (18)

　　　2.1.1 經濟倫理概述 …………………………………………… (18)

　　　2.1.2 《資本論》經濟倫理的理論淵源 ……………………… (20)

　　　2.1.3 世紀空想社會主義的經濟倫理思想 …………………… (22)

　2.2 《資本論》中經濟倫理思想的主要內容 ……………………… (23)

　　　2.2.1 對資本主義經濟活動的倫理批判 ……………………… (23)

　　　2.2.2 對資本主義經濟制度的倫理批判 ……………………… (26)

　　　2.2.3 馬克思對未來社會的設想 ……………………………… (29)

　2.3 《資本論》中經濟倫理思想的當代價值 ……………………… (31)

2.3.1　正確處理效率與公平的關係 …………………………（31）
　　2.3.2　建設競爭有序的市場體系，規範微觀主體行爲 ………（32）
　　2.3.3　構建社會主義和諧社會，實現人的全面發展 …………（33）

3　《資本論》中協調發展思想及其當代價值 ……………………（35）

3.1　社會生產的兩大部類 ………………………………………（35）
　　3.1.1　社會資本再生產出發點 ……………………………（36）
　　3.1.2　社會總資本的再生產和流通 ………………………（36）
3.2　協調發展思想 ………………………………………………（38）
　　3.2.1　資本主義生產方式與協調發展 ……………………（38）
　　3.2.2　協調發展思想的理論指導意義 ……………………（39）
　　3.2.3　以協調發展思想指導產業結構優化升級，轉變經濟增長方式
　　　　　……………………………………………………………（43）

4　《資本論》中轉型發展思想及其當代價值 ……………………（48）

4.1　《資本論》中轉型發展思想評價 ……………………………（48）
　　4.1.1　轉型發展是經濟社會發展的客觀規律 ……………（48）
　　4.1.2　轉型發展的主要內容是生產關係轉型 ……………（49）
　　4.1.3　資本有機構成提高體現轉型發展高度 ……………（51）
4.2　《資本論》中經濟轉型理論與其他相關理論比較 …………（52）
　　4.2.1　轉型發展與"企業轉型升級"的理念 ………………（52）
　　4.2.2　推動轉型發展的動因評述 …………………………（53）
　　4.2.3　貿易自由主義與全球化中的轉型發展 ……………（54）
　　4.2.4　轉型發展風險評述 …………………………………（55）
4.3　《資本論》中轉型發展思想對當前的啓示 …………………（56）
　　4.3.1　經濟社會轉型發展的驅動 …………………………（56）
　　4.3.2　經營主體的轉型發展 ………………………………（57）
　　4.3.3　市場結構的轉型與發展 ……………………………（58）
　　4.3.4　企業融資方式的轉型與發展 ………………………（59）
　　4.3.5　政府治理模式的轉型與發展 ………………………（60）

5 《資本論》中生態思想及其當代價值 …………………………………… (62)

5.1 客觀認識和研究《資本論》中的生態思想 ………………………… (62)
5.2 《資本論》中的生態思想：內在邏輯和核心內容 ………………… (64)
5.2.1 《資本論》中生態思想的內在邏輯 ………………………… (64)
5.2.2 《資本論》中生態思想的核心內容 ………………………… (65)
5.3 《資本論》中生態思想的當代價值 ………………………………… (71)
5.3.1 當代理論價值 ………………………………………………… (71)
5.3.2 當代實踐價值 ………………………………………………… (72)

6 《資本論》中民生思想及其當代價值 …………………………………… (78)

6.1 《資本論》蘊含的民生思想 ………………………………………… (78)
6.1.1 民生概念及馬克思"民生"表述 …………………………… (78)
6.1.2 《資本論》對民生的研究視角 ……………………………… (79)
6.1.3 《資本論》中對民生的認識 ………………………………… (80)
6.1.4 《資本論》中民生思想的內涵和主要內容 ………………… (82)
6.2 《資本論》中民生思想的當代理論價值：回歸人的基本價值取向 … (87)
6.2.1 《資本論》中的民生思想，是馬克思主義人學價值取向的集中體現 ……………………………………………………… (87)
6.2.2 《資本論》中的民生思想對解決我國民生問題的啓示 …… (89)

7 《資本論》中積累理論及其當代價值 …………………………………… (93)

7.1 積累理論的主要內容 ………………………………………………… (93)
7.1.1 擴大再生產與資本積累 ……………………………………… (93)
7.1.2 資本積累的本質及其影響因素 ……………………………… (94)
7.1.3 資本積累的途徑 ……………………………………………… (96)
7.1.4 資本積累的一般規律 ………………………………………… (97)
7.1.5 資本積累的歷史趨勢 ………………………………………… (99)
7.2 積累理論的當代價值 ………………………………………………… (99)
7.2.1 理順積累和消費等分配關係，實現國民經濟健康發展 …… (100)
7.2.2 激發市場主體的積極性，增強經濟發展的內在動力 ……… (101)

  7.2.3　提高勞動生產率，擴大積累源泉 …………………………（102）
  7.2.4　加強社會信用體系的建設，營造公平競爭的市場環境 ……（103）
  7.2.5　正確認識和處理技術進步和擴大就業的關係，推動就業增長
     ………………………………………………………………（104）

8　《資本論》中再生產理論的當代價值探析 ……………………………（107）

 8.1　再生產理論對社會化大生產具有普適性 ……………………………（107）
 8.2　再生產理論的基本啓示——社會產品供求平衡 ……………………（108）
  8.2.1　供求平衡是經濟持續穩定增長的基本條件 …………………（108）
  8.2.2　維持社會總供求平衡需供給管理與需求管理並重 …………（109）
  8.2.3　現階段宏觀供給管理與需求管理的基本思路 ………………（110）
 8.3　再生產理論的其他啓示 …………………………………………………（114）
  8.3.1　完善資本市場，促進資本流通 …………………………………（114）
  8.3.2　完善市場體系和市場規則，促進商品流通 …………………（115）

9　《資本論》中地租理論及其當代價值 …………………………………（118）

 9.1　《資本論》關於地租理論的主要內容 …………………………………（118）
  9.1.1　關於地租的產生 ……………………………………………………（118）
  9.1.2　地租是超額利潤的轉化形式 ……………………………………（119）
  9.1.3　關於級差地租和絕對地租論 ……………………………………（120）
  9.1.4　土地的價格是地租資本化表現形式 ……………………………（120）
 9.2　農地改革的發展階段 ……………………………………………………（121）
  9.2.1　第一階段："提產增效目的導向"的農地改革 ………………（121）
  9.2.2　第二階段："明晰基本規則導向"的農地改革 ………………（123）
  9.2.3　第三階段："賦權擴能價值導向"的農地改革 ………………（128）
 9.3　基於地租理論對農地改革未來發展的思考 …………………………（131）

10　《資本論》中商業資本理論及其當代價值 …………………………（133）

 10.1　商業資本理論的基本內容 ……………………………………………（133）
  10.1.1　商品經營資本 ……………………………………………………（134）
  10.1.2　商業利潤 …………………………………………………………（136）

  10.1.3 商業資本的周轉 …………………………………………（137）
  10.1.4 貨幣經營資本 …………………………………………（139）
 10.2 商業資本理論的當代價值分析 ……………………………………（140）
  10.2.1 當前我國商品流通領域面臨的問題 …………………（141）
  10.2.2 進一步深化流通領域改革，建立現代化的商品流通體系
     ………………………………………………………（143）

11 資本論中金融理論及其當代價值 ……………………………………（149）

 11.1 《資本論》中的金融理論 …………………………………………（149）
  11.1.1 貨幣理論 ………………………………………………（149）
  11.1.2 利息理論 ………………………………………………（152）
  11.1.3 信用理論 ………………………………………………（154）
  11.1.4 虛擬資本理論 …………………………………………（158）
  11.1.5 金融危機理論 …………………………………………（160）
 11.2 《資本論》中金融理論的當代價值 ………………………………（162）
  11.2.1 完善信用制度，加快金融發展 ………………………（162）
  11.2.2 處理好社會主義市場經濟下虛擬經濟與實體經濟的關係
     ………………………………………………………（165）
  11.2.3 創新金融監管，防範金融風險 ………………………（166）
  11.2.4 完善社會主義市場經濟下收入分配機制，提高勞動收入，
     降低金融資本收入 ……………………………………（168）

12 《資本論》中危機理論及其當代價值 ………………………………（170）

 12.1 《資本論》中危機理論的研究背景 ………………………………（170）
  12.1.1 二戰結束到亞洲經濟危機前期 ………………………（170）
  12.1.2 亞洲經濟危機後 ………………………………………（171）
 12.2 馬克思危機理論研究綜述 …………………………………………（172）
  12.2.1 中國馬克思主義經濟危機理論的研究角度 …………（172）
  12.2.2 西方馬克思主義危機理論研究角度 …………………（173）
 12.3 馬克思危機理論的內容 ……………………………………………（174）
  12.3.1 經濟危機的可能性 ……………………………………（174）

12.3.2　危機發生的客觀必然性和現實性 …………………………（174）
　　　12.3.3　經濟危機和比例失調的關係 ………………………………（175）
　　　12.3.4　危機週期性的物質基礎 ……………………………………（175）
　　　12.3.5　導致危機的四大矛盾 ………………………………………（176）
　　　12.3.6　作爲危機深層根源的資本主義基本矛盾 …………………（177）
　12.4　馬克思危機理論的現實解釋 …………………………………………（179）
　　　12.4.1　危機生成的可能性 …………………………………………（180）
　　　12.4.2　危機生成的現實性 …………………………………………（180）
　　　12.4.3　馬克思危機理論邏輯的現實檢驗 …………………………（181）

參考文獻 ……………………………………………………………………（183）

1 《資本論》總論

《資本論》是馬克思主義理論著作中內容最豐富、最成熟、最深刻的著作，充分體現了馬克思主義的理論、思想和主張，在馬克思主義理論體系中處於核心地位，是中國特色社會主義政治經濟學創新和發展的基礎和根本出發點，其思想、原理對於建設中國特色社會主義具有重大的理論指導意義。

1.1 《資本論》的實踐基礎、理論淵源和主要內容

從人類社會發展歷程來看，《資本論》這一巨著的影響力是如此深刻和持久，其理論指導性在當代經濟社會發展中仍然具有無可替代的作用。它第一次揭示了資本主義制度的運行規律，發現了資本主義制度的內部結構，證明了共產主義制度取代資本主義制度的合理性和必然性。正如列寧所指出的，"唯物主義歷史觀已經不是假說，而是科學地證明了的原理"。

1.1.1 《資本論》的實踐基礎

《資本論》是時代發展和實踐參與的產物。從16世紀開始，歐洲國家普遍採用了資本主義的生產方式，生產力發展迅猛。到了19世紀，隨著工業革命的完成，在資本主義制度成熟的同時，其內在矛盾也日漸凸顯。1825年，人類歷史上第一次週期性生產過剩的經濟危機爆發了，且一直到19世紀60年代，這種經濟危機幾乎每隔10年就出現一次，這對資本主義社會的發展產生了巨大的破壞力，資本主義制度所決定的生產關係與生產力的發展已呈現出不匹配、不相容的矛盾。正是因為存在這種矛盾，才會使資本主義社會不斷地陷入發展、破亂、混亂、停滯的週期循環中，"這使資本主義所有制的存在受到威脅"[1]。

---

[1] 馬克思恩格斯文集：第2卷 [M]. 北京：人民出版社，2009：37.

同時，經濟危機也體現出了資產階級和工人階級之間日益尖銳的矛盾。資本主義的發展與資本家對工人不斷加深的剝削如影相隨，一方面是大量財富集中於資本家手中，另一方面是工人階級的貧困不斷加劇，兩極分化的社會矛盾引發了大量的工人運動。法國里昂工人在1831年和1834年的兩次起義，英國1838年的憲章運動和德國西里西亞1844年的起義，都對經濟社會發展的規律和方向提出了質疑。

工人運動的不斷蓬勃發展，意味着工人階級已經成爲一股重要的政治力量登上了歷史的舞臺。1847年，馬克思和恩格斯將"正義者同盟"改造成了"共產主義同盟"，創立了世界上第一個無產階級政黨，並發表了著名的《共產黨宣言》，開創了共產主義運動的歷史。1864年，馬克思和恩格斯組建了國際工人協會，即第一國際。作爲國際共產主義的領袖，馬克思參加並領導了無產階級的革命鬥爭，爲寫作《資本論》奠定了堅實的實踐基礎。正如毛澤東所言，"馬克思、恩格斯、列寧、斯大林之所以能夠做出他們的理論，除了他們的天才條件之外，主要的是他們親自參加了當時的階級鬥爭和科學實驗的實踐，沒有這後一個條件，任何天才也是不能成功的"[①]。

1.1.2 《資本論》的理論淵源

從17世紀中葉到19世紀，資本主義制度在英國和法國取得了巨大的成功，兩國相繼完成資本主義工場手工業向機器大工業的過渡。實踐發展對理論總結提出了要求，古典政治經濟學由此誕生且逐漸發展完善起來了[②]。

英國古典政治經濟學的主要代表人物是亞當·斯密和大衛·李嘉圖，他們提出的古典政治經濟學論證了新生的資本主義制度的合理性，他們反對沒落的封建勢力對資本主義工商業發展的限制，主張實行自由放任的經濟政策。作爲資本主義制度確立和上升時期的資產階級經濟學家，他們在探討財富生產和分配問題時，從某種程度上來講，已經認識到了社會生產的客觀規律，從而提出了具有一定科學價值的理論學説，特別是他們提出的勞動價值理論，雖然在邏輯和理論上還存在着沒有解決的若干關鍵問題，但已經爲科學地分析資本主義生產關係，揭示資本主義經濟發展的客觀規律，找到了正確的路徑。亞當·斯密在其《國民財富的性質和原因的研究》中，構建了勞動價值論的内在體系，即分工—貨幣—商品—工資—利潤—地租—資本。大衛·李嘉圖在闡述他的勞動價值論中時，提出了這樣的經濟體系：價值—地租—價格—工資—利潤。相對於亞當·斯密，大衛·李嘉圖不是從分工開始，而

---

① 毛澤東選集：第1卷 [M]. 北京：人民出版社，1991：287.
② 林崗. 不朽的《資本論》[J]. 政治經濟學評論，2013 (7).

是以價値作爲研究起點，並以此爲基石來研究資本主義經濟規律。馬克思在《資本論》第一卷第二版中指出："英國古典政治經濟學是屬於階級鬥爭不發展的時期的。它的最後的偉大的代表李嘉圖，終於有意識地把階級利益的對立、工資和利潤的對立、利潤和地租的對立當作他的研究的出發點，因爲他天眞地把這種對立看作社會的自然規律。這樣，資產階級的經濟科學也就達到了它的不可逾越的界限。"①

法國的古典政治經濟學又被稱爲重農學派，代表人物是杜爾閣和魁奈。他們認爲農業是創造財富的唯一生產部門，"純產品"即總產品中扣除了生產耗費後的剩餘產品是由農業生產提供的。雖然這種理論將生產理解得很狹窄，但其所提出的"提供剩餘價値的勞動才是生產勞動"的認識，已經觸及資本主義經濟關係的特徵。馬克思曾這樣評論："他們把資本和貨幣區別開來，在資本的一般形式上把資本看作是在生產中保存自己並通過生產增大自己的獨立的交換價値。因此，他們也考察雇傭勞動和資本之間的關係本身；他們不是把這種關係看作簡單流通的要素，相反地把它看作簡單流通的前提，並且這種前提又不斷地從簡單流通中產生，重新成爲流通的前提。所以他們是現代經濟學的鼻祖。"②

馬克思在寫作《資本論》時，對古典政治經濟學說進行了長達40年的研究，對16—19世紀西歐國家的經濟社會發展進行了系統分析和深刻解讀。馬克思採用了繼承和批判的研究方式，從而使自己的理論不僅建立在對資本主義生產方式本身的分析上，也建立在資產階級學者的理論批判上，尤其是對古典政治經濟學的批判。這也是《資本論》有一個"政治經濟學批判"的副標題的原因。

1.1.3 《資本論》的主要內容

1866年，馬克思完成了《資本論》第一至三卷的手稿，1867年《資本論》第一卷定稿出版。在《資本論》第一卷出版後，馬克思一方面對其進行修改以便再版，另一方面繼續整理第二、三卷，直到1883年病逝。恩格斯承擔了第二、三卷的整理工作，於1885年出版了《資本論》第二卷，1894年出版了《資本論》第三卷。

《資本論》第一至三卷，研究了資本的生產過程、流通過程以及總過程。第一卷：資本的生產過程；第二卷：資本的流通過程；第三卷：資本主義生產的總過程。這三個過程不是並列的，而是體現資本主義從局部到整體，由抽象到具體的全過程。

《資本論》第一卷共7篇25章。其主要內容包括：①確定了《資本論》第一卷的研究對象、目的和方法，"我要在本書中研究的，是資本主義生產方式以及和它

---

① 馬克思恩格斯文集：第5卷［M］．北京：人民出版社，2009：16.
② 馬克思恩格斯文集：第30卷［M］．北京：人民出版社，1998：289.

相適應的生產關係和交換關係"①；本書的目的就是要揭示現代社會的經濟運動規律，即研究和說明資本主義經濟制度；貫穿全書的研究方法是唯物辯證法，敘述方法是從抽象到具體的邏輯方法。②提出並論述了勞動價值論：指出商品二要素源於勞動二重性，商品生產矛盾反應了私人勞動與社會勞動之間的內在矛盾，以及轉化爲商品與貨幣的外在矛盾。③提出並論述了剩餘價值論：論述了貨幣轉化爲資本、絕對剩餘價值生產和相對剩餘價值生產，以及工資理論，第一次區分了不變資本與可變資本，進一步揭示了剩餘價值的真正來源，揭示了資本主義剝削的實質。④初步闡釋了再生產理論：考察了簡單再生產和擴大再生產，深入研究了資本積累（即剩餘價值轉化爲資本）問題，揭示了資本積累的本質、一般規律和歷史趨勢，指出資本積累發展必然導致資本主義內在矛盾加深和階級矛盾激化，最後導致資本主義制度滅亡。"資本主義私有制的喪鐘就要響了。剝奪者就要被剝奪了。"⑤提出了經濟危機理論：討論了經濟危機的實質和原因、經濟危機的可能性變爲現實性的條件，以及經濟危機對工人階級狀況的影響；此外，還談到了商業危機、貨幣危機等。

《資本論》第二卷分爲3篇21章。其主要內容包括：①論述了三種資本循環的統一：所有循環的共同點都是價值增殖，這是資本主義生產的根本目的和基本動機；只有在三種循環的統一中，產業資本才能正常運行，才能實現總過程的連續性；但是由於資本主義生產的對抗性質和無政府狀態，這種連續性不斷遭到破壞。②闡述了單個資本周轉問題：資本主義生產的目的是榨取剩餘價值，也就是使預付資本得到增殖。因而，要分析資本周轉，就必須分析預付資本周轉。而預付資本周轉的核心問題是周轉速度。③討論了社會總資本的再生產和流通問題：資本的再生產過程既包括資本的生產過程，又包括資本循環；再生產分爲簡單再生產與擴大再生產；社會總生產兩大部類（第Ⅰ部類：生產資料的生產；第Ⅱ部類：生活資料的生產）按比例生產；但在資本主義條件下，由於私有制和生產的無政府狀態，社會總資本的再生產是在週期性經濟危機中實現的。

《資本論》第三卷分爲7篇52章。其主要內容包括：①探討了剩餘價值轉化爲利潤、剩餘價值率轉化爲利潤率：在資本主義生產中，商品價值＝成本價格＋利潤，這是一種假象，似乎剩餘價值不是來自可變資本，而是來自預付的全部資本（C+V），這就掩蓋了剩餘價值的真正起源。②考察了利潤轉化爲平均利潤、商品價值轉化爲生產價格：通過競爭，資本在不同部門間發生轉移，個別利潤轉化爲平均利潤，等量資本獲得等量利潤；在平均利潤率前提下，商品價值轉化爲生產價格，生產價格＝成本價格＋平均利潤，此後，商品的生產價格以生產價值爲核心波動，從而使價值規律作用形式變化。③闡明了利潤率趨向下降規律及其內在矛盾：隨著社會生產力

---

① 馬克思恩格斯文集：第5卷 [M]．北京：人民出版社，2009：8．

的發展，社會總資本有機構成不斷提高，一般利潤率趨向下降；其內在矛盾表明，資本主義生產方式是暫時的。④闡明了商業資本的由來與特徵：探討了商品資本和貨幣資本向商品經營資本和貨幣經營資本的轉化，指出商業資本是產業資本買賣職能獨立化的結果，它不創造價值，但是參與利潤的平均化，有助於產業資本生產剩餘價值。⑤研究了貨幣資本向生息資本的轉化：借貸資本，作爲生息資本的資本主義形式，將資本作爲商品投入流通並帶來利潤。⑥論述了資本主義條件下的地租：級差地租產生於土地經營的壟斷，其源泉是產品的個別生產價格低於社會生產價格獲得的超額利潤；絕對地租產生於資本主義土地所有權的壟斷，其源泉是農產品價值超過生產價格形成的超額利潤。⑦闡明了資本主義條件下各種收入及其來源：資產階級經濟學家"三位一體公式"，即勞動—工資、資本—利潤、土地—地租；實際上，各種收入都來自勞動創造的價值和剩餘價值；與之對應，存在三個社會階級，即無產階級、資產階級、土地所有者階級，無產階級反對其他兩個階級的鬥爭，最終導致資本主義瓦解①。

《資本論》始終貫穿着兩條相互聯繫的基本主線：一是生產社會化與生產資料私人占有制的矛盾，這是資本主義生產方式的基本矛盾；二是市場經濟的內在規律。《資本論》既揭示了資本主義運行的特殊性，也揭示了市場經濟的普遍規律性。這兩者是特殊性與普遍性的關係，普遍性寓於特殊性中，體現了其在指導建設社會主義市場經濟中的理論價值。

1.2 《資本論》的研究對象和研究方法

恩格斯曾評價馬克思主義學說："馬克思的整個世界觀不是教條，而是方法。"②任何理論都有着其歷史的烙印，因實踐發展的本身，一些理論觀點可能存在某種局限性，可能因時間的推移而降低其理論解釋力度，但科學的方法卻是始終具有旺盛的生命力，是推進理論發展的重要動力。全面理解《資本論》，進一步挖掘其當代價值，就需要明晰其研究對象，準確把握其研究方法。

1.2.1 《資本論》的研究對象

馬克思在《資本論》中指出："我要在本書研究的，是資本主義生產方式以及

---

① 王鳳才，袁芃.《資本論》的歷史與邏輯 [J]. 哲學分析, 2015 (10).
② 馬克思恩格斯全集：第 39 卷 [M]. 北京：人民出版社, 2009：406.

和它相適應的生產關係和交換關係。"可見，《資本論》的研究對象非常明確，就是資本主義生產方式、生產關係和交換關係。

馬克思定義的生產方式包含着三重含義[①]。第一，指生產方式或勞動方式，即採用什麽樣的生產資料、通過什麽樣的勞動組織進行生產。第二，指社會生產關係。社會生產關係有廣義和狹義之分，狹義的生產關係特指直接的物質生產過程範圍內形成的人與人之間的社會關係；廣義的生產關係則指包括生產、流通在內的整個社會經濟關係體系。第三，指社會經濟形態，即一定社會歷史條件下形成的生產力與生產關係的矛盾統一體。馬克思在《資本論》中主要研究的是資本主義的生產方式，是作爲資本主義的生產關係和交換關係形成的生產力基礎的特定生產方式。馬克思的政治經濟學對生產力研究的着眼點，體現在新的生產資料上的技術進步導致的勞動組織的演化，以及這種演化如何引致社會生產關係的變革。

根據以上分析，我們可以將馬克思關於《資本論》研究對象的經典表述解讀爲：作爲資本主義經濟形成的生產力基礎的生產組織或勞動方式，以及和它相適應的資本主義生產關係和交換關係。這里的生產關係是狹義的，即直接生產過程中形成的關係。這種解讀是與作爲《資本論》的方法論原則的歷史唯物主義的生產力決定生產關係的原理相一致的。按照這個原理，研究任何社會經濟形態，都必須首先研究作爲其根基的生產力。

事實上，馬克思在創作《資本論》的過程中寫成的大量筆記和手稿等表明，他對生產力進行了深入的研究。這些研究成果，集中地反應在《資本論》第一卷關於相對剩餘價值生產的論述中。在那里，馬克思對資本主義生產關係從產生到確立的歷史過程的闡述，正是以勞動組織由簡單協作、工場手工業到機器工廠的發展爲基礎的。

不過，這里需要指出的是，經濟學不是工程和工藝的研究，也不是科學技術史的考證。馬克思的政治經濟學對生產力研究的着眼點在於，體現在新的生產資料上的技術進步導致的勞動組織的演化，以及這種演化如何引致社會生產關係的變革。根據以上解讀，又可以將《資本論》的研究對象簡單地表述爲"資本主義經濟形態"。因爲馬克思的表述中既包括生產力，又包括廣義的生產關係，而經濟形態正是這二者的統一。《資本論》的這個研究對象，是由它的研究目的決定的。馬克思在《資本論》第一卷序言中說："本書的最終目的就是揭示現代社會的經濟運動規律。"任何社會經濟形態的運動都是由內在於它的生產力與生產關係的矛盾推動的。要揭示資本主義經濟形態從產生、發展到滅亡的運動規律，就必須研究它所特有的生產力與生產關係的矛盾。

---

① 林崗. 論《資本論》的研究對象、方法和分析範式 [J]. 當代經濟研究，2012（6）.

1.2.2 《資本論》的研究方法

馬克思將唯物辯證法運用到對社會歷史現象的研究中，得到了被稱爲歷史唯物主義的一般結論。而在《資本論》中，馬克思又將歷史唯物主義運用於資本主義經濟形態的研究，發現了這種經濟形態的特殊運動規律。這就是說，《資本論》的研究方法就是歷史唯物主義，其具體表現可以歸納爲：歷史分析法與邏輯分析法的統一、系統分析法與發展分析法的統一、抽象分析法與具體分析法的統一。

(1) 歷史分析法與邏輯分析法的統一。

歷史分析法，就是研究客觀規律時，要按照研究對象產生和發展的自然進程進行研究，並由此出發來提示其內在規律性。邏輯方法就是通過邏輯思維的規律、規則形成概念，抽象出規律的判斷方法和推理方法。

恩格斯在《反杜林論》中也指出，"政治經濟學本質上是一門歷史的科學。它所涉及的是歷史性的即經常變化的材料；它首先研究生產和交換的每一個發展階段的特殊規律，而且只有在完成這種研究以後，它才能確立爲數不多的、適合於一切生產和交換的最普遍的規律。同時，不言而喻，適用於一定的生產方式和交換形式的規律，對於具有這種生產方式和交換形式的一切歷史時期也是適用的"[①]。可以看出，《資本論》所代表的馬克思政治經濟學，在研究資本主義的生產形態時，是將其放置於在歷史形成的社會經濟結構整體中，是以歷史形成的既定社會經濟關係爲前提的。

《資本論》中，馬克思從簡單商品入手，然後到貨幣，進而上升到資本。馬克思分析了社會再生產過程中的四個環節：生產、分配、交換和消費。在這四個環節中，生產是首要的或最基礎的環節。沒有生產，分配、交換和消費都無從談起，與這四個環節相對應的是經濟社會關係，即在生產過程中形成的人與人的關係、產品的分配關係、交換關係和消費關係。因生產在社會再生產過程中的首要性，決定了生產關係具有基礎和核心的地位，分配關係、交換關係和消費關係的性質都是由它的性質派生出來的。而直接生產過程中的人與人的關係，就是生產資料所有制關係。這是因爲，誰占有了生產資料，誰就控制了生產過程和生產成果。而誰控制了生產過程和生產成果，誰就在分配關係、交換關係以至消費關係中居於主導的地位。馬克思首先在《資本論》第一卷中研究資本的直接生產過程，其實也就是首先研究"資本"這樣一種財產形式或生產資料所有制形式的基本規定。正是這些基本規定決定了整個資本主義生產關係體系的性質。

---

① 恩格斯. 反杜林論 [M] //馬克思恩格斯全集：第 20 卷. 北京：人民出版社，2009：160.

這一研究過程，既體現資本主義發展的歷史進程，也是邏輯推理的步步深入，體現了歷史方法和邏輯方式的高度統一。

(2) 系統分析法與發展分析法的統一。

所謂系統分析法就是把要解決的問題作爲一個系統，對系統要素進行綜合分析，從而找到其內在規律性的方法。系統分析法必須與發展分析法相結合，即要在發展中觀察系統，在系統中把握發展。一個社會一個系統，必然是各個要素相互依存、相互聯繫的整體，且處於經常變動之中，是一個不斷新陳代謝、自我更新的有機體。堅持系統分析法與發展分析法的統一就是堅持辯證法。

西方學者曾針對馬克思勞動價值論提出："爲什麼資本可以雇傭勞動，那麼勞動爲什麼不可以雇傭資本呢?"從而認爲，資本雇傭勞動本身就是天經地義的事情，根本不存在剝削關係。這就是方法論錯誤所導致的結論錯誤。馬克思研究資本與勞動的關係時，是將其置於整個資本主義的社會生產關係中，正是由於資本主義私有制條件下勞動者與生產資料的分離以及由此發生的雇傭勞動關係和剝削壓榨，才會有資本雇傭勞動的結論。正如馬克思在《資本論》第二卷中提出的，"人們在自己生活的社會生產中發生一定的、必然的、不以他們的意志爲轉移的關係，即同他們的物質生產力的一定發展階段相適合的生產關係。這些生產關係的總和構成社會的經濟結構，即有法律的和政治的上層建築豎立其上，並有一定社會意識形態與之相適應的現實基礎。物質生活的生產方式制約着整個社會生活、政治生活和精神生活的過程。不是人們的意識決定人們的存在，相反，是人們的社會存在決定人們的意識。社會的物質生產力發展到一定階段，便同它們一直在其中運動的現存生產關係和財產關係（這只是生產關係的法律用語）發生矛盾，於是這些關係便由生產力的發展形式變成生產力的桎梏，那時社會革命的時代就到來了。隨著經濟基礎的變更，全部龐大的上層建築也或慢或快地發生變革……無論哪一個社會形態，在它所能容納的全部生產力發揮出來之前，是決不會滅亡的；而新的更高的生產關係，在它的物質存在條件在舊社會的胎胞里成熟以前，是決不會出現的。所以人類始終只提出自己能夠解決的任務，因爲只要仔細考察就可以發現，任務本身，只有在解決它的物質條件已經存在或者至少是在生成過程中的時候，才會產生"①。這充分體現馬克思系統分析法與發展分析法相統一的研究方法。

(3) 抽象分析法和具體分析法的統一。

馬克思對抽象分析法和具體分析法的辯證唯物主義的解釋是，科學的抽象是以客觀存在的具體事物爲根據的，因而具體存在的事物是理論研究的出發點。經過科學的抽象，作爲出發點的具體，在研究結果中表現爲多樣性的統一，即從具體存在

---

① 馬克思恩格斯選集：第 2 卷 [M]．北京：人民出版社，1995．

中分析和提煉出來的許多簡單的、抽象的規定或範疇的綜合。

馬克思指出："從抽象上升到具體的方法，只是思維用來掌握具體並把它當作一個精神上的具體再現出來的方式。但決不是具體本身的產生過程。"[①] 直白地說，所謂從抽象上升到具體的方法，就是用抽象的概念或範疇對客觀存在的事物及其内在聯繫進行理論描述的方法，或者說是闡述理論的方法。這種闡述方法，是以從具體上升到抽象的研究方法爲前提的。在從具體到抽象的研究過程中，"完整的表象蒸發爲抽象的規定"；而在從抽象到具體的理論闡述過程中，抽象的規定在思維行程中導致具體的再現。

馬克思所討論的抽象分析法和具體分析法不是孤立的分析法，是歷史分析法與邏輯分析法緊密聯繫在一起的。他認爲，在一定限度内，在歷史上曾作爲獨立的現象先於當前所要描述的發展了的複雜具體而存在的簡單範疇，可以作爲理論思維的起點。比如商品，它在資本主義經濟出現之前就早已存在，而在資本主義社會它又發展爲社會財富的一般形式或最簡單的要素，所以，要對資本加以理論闡釋，必須以商品爲起點。在這種場合，理論闡述的邏輯順序與歷史發展的順序是一致的。但是，在其他情況下，要保證理論推演的科學性，邏輯又必須擺脱歷史順序的制約。比如地租這個範疇，它在資本主義之前就存在，但要說明資本主義的地租，必須先說明作爲其來源的剩餘價值。在這種場合，邏輯與歷史是不一致的，甚至可能是相反的[②]。

研究《資本論》，堅持馬克思主義，就是要堅持馬克思的研究對象、研究方法。只有這樣，我們才能根據社會主義市場經濟的發展變化，不斷地發展馬克思主義的政治經濟學，並以此來研究當代資本主義的新特徵和新矛盾，研究我國經濟社會發展中的重大理論和現實問題，研究中國特色社會主義經濟的發展規律，形成新的認識、新的觀點和新的理論，開創中國特色的社會主義政治經濟學。

1.3 《資本論》的當代價值

《資本論》所描寫的資本主義社會已經發展了100多年了，雖然面貌迥異，但其本質並没有發生根本性變化，《資本論》所提供的認識與分析資本主義的世界觀和經濟思想、方法對於指導中國特色社會主義建設仍具有指導價值。

---

① 馬克思恩格斯文集：第2卷 [M]．北京：人民出版社，2009：103．
② 林崗．論《資本論》的研究對象、方法和分析範式 [J]．當代經濟研究，2012 (6)．

1.3.1 《資本論》與認識當代資本主義

《資本論》所確立的馬克思主義政治經濟學，既批判繼承了古典政治學的精華，又對其進行了徹底改造，深刻揭示了資本主義運行的一般原理；第一次明確提出了研究經濟問題，其本質在於研究人與人之間的社會關係；創造性地提出了勞動二重性理論，創立了科學的勞動價值論；建立了剩餘價值理論，發現了資本積累的一般規律和歷史趨勢；預見了共產主義取代資本主義的必然規律，提出了社會主義和共產主義的基本特徵。

馬克思寫作《資本論》時，資本主義國家正處在機器大工業時代的初期階段，其現代市場體系仍未形成，生產力發展水平仍不充分。而當代資本主義已進入後工業時代，企業制度和市場運作方式發生了重大變化，這需要我們用發展的馬克思主義基本原理認識和解釋現代資本主義出現的一系列問題。

我們應該認識到，從20世紀50年代起，西方資本主義國家逐漸完成了產業結構的調整，以信息技術爲代表的新技術革命推動了資本主義國家生產力的極大提升；一系列福利制度和保障制度實施，有效緩解了資本主義的社會矛盾，人民的生活水平得到了明顯提高。因此，對資本主義的新發展、新現象不能簡單地套用《資本論》中的一些結論，應形成新的認識、新的研究。

當代資本主義社會，形成了以公司制爲主要特徵的現代企業制度、高度發達的金融體系、政府對經濟調控的多種手段等多種運作機制，這恰恰反應了一個趨勢：生產力不斷提升的資本主義，越來越體現了社會主義的基本特徵，現代資本主義的發展不是離社會主義越來越遠，而是越近。資本主義國家在資本主義範圍內所做出的生產關係方面最大限度的調整，也就越來越接近社會主義的特徵。例如，資本的社會化，使低收入者得益的福利，勞動者擁有股權（個人所有制），等等。就如馬克思和列寧當時所講的股份公司、國家壟斷是社會主義的人口一樣，這些現代經濟組織和企業制度可能離社會主義更近。這意味着用《資本論》原理說明現代資本主義時，關鍵點已不在於由誰來推翻資本主義，而在於關註《資本論》中闡述的替代資本主義的社會主義因素在發達的生產力水平基礎上逐漸產生和發展。如果說在馬克思時代社會主義取代資本主義寄希望於無產階級革命的話，那麼現在要實現這種替代則寄希望於社會主義國家的生產力水平超過資本主義國家。

當今的經濟全球化包含了市場經濟的全球化，在空間上並存着資本主義市場經濟與社會主義市場經濟兩種經濟形態和經濟制度，用馬克思主義政治經濟學來分析現代資本主義時，應有三個方面的認識。一是當代資本主義制度和社會主義制度存在着一定的共融性。在兩種經濟制度並存的條件下，許多經濟活動和經濟組織存在相互學習和相互融合的過程。分析現代資本主義國家與先進社會生產力相適應的經濟形式和經濟組織，對社會主義國家來說本身就是一種學習，由此推動社會主義國家的生產力超過資本主義國家的生產力。二是制度存在着競爭性。兩種經濟形態、兩種制度在推進生產力發展中是存在相互競爭的，研究當代資本主義，就是要爲社會主義能夠更大地推進生產力發展提供對策性的理論支持。三是制度自信。資本主義發展到現代階段，這要求我們要用與時俱進的理論和方法來揭示其新的矛盾和規律，需要與時俱進地形成中國特色社會主義政治經濟學，從而始終保持制度自信。

1.3.2 《資本論》與完善中國特色社會主義市場經濟體制

《資本論》雖然反應的是資本主義運行的內在規律性，但其也揭示了包含一切社會都適用的一般經濟規律。正如馬克思在《資本論》第一卷序言中明確指出，"本書的最終目的就是揭示現代社會的經濟運動規律"。儘管這裏的"現代社會"是指當時的資本主義社會，但也闡明有關商品經濟、市場經濟運行的一般原理和規律，這對當代中國特色社會主義經濟建設也具有重要的指導意義。正是基於這一認識，改革開放以來，中國共產黨繼承和發展了《資本論》的一般經濟原理和規律，取得了中國特色社會主義經濟建設的巨大成功。

（1）《資本論》與社會主義市場經濟體制的建立。

《資本論》對資本主義生產方式的研究是從商品開始的，抽去資本主義經濟關係的性質，揭示了商品經濟、市場經濟運行的一般規律性。中國仍處於社會主義的初級階段，發展市場經濟仍然是我國經濟社會發展的必然選擇，掌握市場經濟的一般運行規律對於我國建設社會主義市場經濟有着重要的指導意義。

《資本論》研究了市場在資源配置中的作用，提出了在市場經濟中，價值規律並不直接調節或影響資源配置效率，而是以兩種社會必要勞動時間爲衡量標準，靠競爭、供求和價格三大市場機制來影響企業的經濟行爲，從而起到優化資源配置的作用。企業爲了獲得利潤，就會根據市場的需求變化，不斷提升其資本的有機構成，從而推動技術進步，提升生產效率。馬克思指出，商品、價值、貨幣、市場、市場機制等範疇本身並不具有階級性，可以與多種社會經濟相結合，不能與特定性質的社會經濟畫等號，也不能用商品經濟來說明和判斷任何生產方式的特點。正因爲如此，鄧小平強調："社會主義和市場經濟之間不存在根本矛盾。問題是用什麼方法才能更有力地發展社會生產力。"在改革開放以來，黨和國家先後提出了商品經濟的發展是社會經濟發展的不可逾越的階段，是實現我國經濟現代化的必要條件，經濟體制改革的目標是建立社會主義市場經濟體制，黨的十八屆三中全會《決定》中已明確指出，使市場在資源配置中起決定性作用。要深化對社會主義市場經濟規律的認識，應充分尊重和發揮價值規律，使經濟活動遵循價值規律的要求，適應供求關係的變化。市場對資源配置具有決定性作用等一系列市場配置資源的論斷和理論，這一系列理論創新都離不開《資本論》的理論指導。

(2)《資本論》與企業制度改革。

市場經濟的最主要的主體就是企業，建立現代企業制度對於企業發展意義重大，其中產權制度是根本。馬克思是最早在所有制概念下研究產權理論的經濟學家。《資本論》在所有制概念下對產權理論進行了詳盡的論述。在馬克思看來，所有制範疇具有多重性，一方面表現爲經濟權利，是經濟主體在生產、交換、分配和消費過程中，對客觀生產條件的所有、占有、支配、使用而獲得收益的權利；另一方面表現爲法權，是法律主體對占有對象的支配權利。前者是本源，屬於經濟基礎的範疇，後者是前者的法律表現形式，屬於上層建築的範疇。並且，隨著經濟關係的複雜化和技術進步，一項獨立的所有權可以分解爲所有、占有、支配、使用等多項權能，歸屬多個不同的經濟主體，並獲取相應的收益。結合這一理論，馬克思深入地研究了資本主義股份制、信用和虛擬資本等範疇。這爲我國實現國有企業改革，建立現代企業制度提供了思路和方法。

(3)《資本論》與產業結構優化升級。

當前，我國經濟發展最重要的問題就是結構失衡。馬克思對於經濟結構有着非常深刻的認識。《資本論》中的社會再生產和流通理論、有機構成等理論對市場經濟發展中的供需結構、產品結構、產業結構變化有着非常精闢的論述。他認爲，在生產、分配、交換和消費的關係中，生產在總體上是具有支配和決定作用，分配、交換與消費就單方面而言對生產也產生影響。如供需關係，他認爲消費歸根到底取決於生產，但同時消費從兩方面影響着生產：一方面，"產品只是在消費中才成爲現實的產品"；另一方面，"消費創造出新的生產的需要""創造出生產的動力"。同時，馬克思也指出，在簡單再生產和擴大再生產條件下，各部門內部和各部門之間，以及生產、交換、分配和需求之間應保持規模和結構上的適當比例。可見，馬克思在研究社會再生產和流通領域中，強調生產的決定性作用，強調生產結構必須與消費結構相匹配，強調各種經濟關係的協調性。我國現在出現的結構失衡，最重要的表現就是消費結構與生產結構的不一致，生產出來的產品並不適應需求的變化，從而"失去了生產的動力"。因此，供給側結構性改革成爲必然選擇，這是實現經濟協調可持續增長的關鍵。

關於產業轉型升級，馬克思在其資本積累和資本有機構成理論中進行了詳細的論述，揭示了外延的擴大再生產與內涵的擴大再生產的原理、粗放型增長和集約型增長的原理、生產力發展和技術變遷的原理。近年來，我國加快推進中國製造向中國智造的轉變，實施"互聯網+"行動計劃，將創新打造爲推動經濟增長的第一動力,集中力量突破關鍵技術,促進科技成果向現實生產力轉化,加快形成結構合理、持續創新、節約能源資源和保護生態環境的新型產業結構等一系列實踐和理論創新,都體現了《資本論》中資本積累和資本有機構成理論的基本原理,並與此形成了一脈相承的關係。

(4)《資本論》與分配制度改革。

經濟發展始終是爲了實現人的發展,人民群衆共享改革成果是社會主義市場經濟發展的必然要求。馬克思的勞動價值論在某種程度上回答了如何實現這一目標的問題。勞動價值論是馬克思主義經濟學的理論基石。在馬克思看來,無論是國內價值還是國際價值,活勞動是創造價值的唯一源泉;無論何種勞動,都在價值和財富的創造中做出了重要貢獻。資本主義社會在進行價值分配時,否定了活勞動在價值創造中的"源泉"作用,僅依靠投入要素的所有權來分配,從而使勞動者的權益難以得到實現。我們應該充分認識到,人民群衆的活勞動是社會主義市場經濟發展的本質源泉,持續推進分配制度改革,才能讓人民群衆能夠共享改革成果。

當然,勞動的貢獻不僅在於其是使用價值和價值生產的必要條件,還要認識到客觀生產要素背後的所有者通過競爭手段最終決定商品能否在流通領域實現"驚險的跳躍"和能夠獲得的現實價值量。因此,在我國分配制度改革過程中,黨和國家結合當代中國的國情,提出了實行按勞分配爲主,提高勞動報酬在初次分配中的比重的政策,維護了勞動者的權益,是對馬克思關於活勞動"價值源泉"規定性的回歸;而提出"把按勞分配和按要素分配結合起來",確立"勞動、資本、技術和管理等生產要素按貢獻參與分配"的原則,並將該原則納入我國的分配制度,則是根據我國的基本經濟制度繼承了勞動價值論的一般原理,即客觀生產要素本身及其所有者在價值創造與實現中做出了貢獻。

1.3.3 《資本論》與中國特色社會主義政治經濟學

黨的十一屆三中全會後,中國共產黨將馬克思主義政治經濟基本原理同中國特色社會主義建設的鮮活實踐結合在一起,形成了關於社會主義生產方式及其發展規律的新認識、新創新,不斷發展了馬克思主義政治經濟學。黨的十八大以來,習近平總書記高度重視對馬克思主義政治經濟學的研究,對堅持和發展馬克思主義政治經濟學提出重要論述,並明確提出了中國特色社會主義政治經濟學這一重要範疇。這表明,我們黨對社會主義建設的認識上升到一個新的高度,充分體現了中國共產黨在經濟理論上的自信與自覺。

(1)方法論的一致性。

"對社會生活形式的思索,從而對它的科學分析,遵循着一條同實際運動完全相反的道路。這種思索是從事後開始的，是從已經完全確定的材料、發展的結果開始的。"[1] 這是馬克思主義歷史認識論的重要方法，也是《資本論》的基本研究方法。中國特色社會主義政治經濟學的建構正是遵循這一方法，通過對我國社會主義建設歷程、經驗的總結、分析和創新，力求揭示中國特色社會主義運行的内在規律性。

1956年，我國完成了生產資料私有制的社會主義改革，社會主義制度正式確立。在此後，中國共產黨將工作重心轉向發展社會生產力，同時也開始了對中國特色社會主義政治經濟學的理論探討。1956到改革開放前，我國走過了探索社會主義建設道路的曲折歷程，也形成了一系列的理論認識。習近平在中共中央政治局第二十八次集體學習時，曾高度評價了以毛澤東爲核心的第一代中央領導集體在政治經濟學的理論貢獻，他指出："在探索社會主義建設道路過程中對發展我國經濟提出了獨創性的觀點，如提出社會主義社會的基本矛盾理論，提出統籌兼顧、註重綜合平衡，以農業爲基礎、工業爲主導、農輕重協調發展等重要觀點。這些都是我們黨對馬克思主義政治經濟學的創造性發展。"[2]

改革開放以後，以鄧小平爲核心的第二代中央領導在深刻分析研究當代社會發展的基礎上，對於如何建設中國特色社會主義，提出了一系列開創性的理論。中共十二屆三中全會通過了《中共中央關於經濟體制改革的決定》，首次提出了"在公有制基礎上的有計劃的商品經濟"的概念，肯定了商品經濟的充分發展是社會主義經濟發展不可逾越的階段，是實現我國經濟現代化的必要條件。從理論上不再將計劃經濟與商品經濟完全對立，這邁出了形成社會主義市場經濟理論的重要一步。鄧小平在評價《中共中央關於經濟體制改革的決定》時，認爲其"寫出了一個政治經濟學的初稿，是馬克思主義基本原理和中國社會主義實踐相結合的政治經濟學"。此後數年，我國生產力得到了極大解放，實踐證明了理論的正確性。1992年，鄧小平系統地闡述了社會主義市場經濟論，他指出："計劃多一點還是市場多一點，不是社會主義與資本主義的本質區別。計劃經濟不等於社會主義，資本主義也有計劃；市場經濟不等於資本主義，社會主義也有市場。計劃和市場都是經濟手段。"[3] 同期，鄧小平對社會主義本質也做了系統表達："社會主義的本質，是解放生產力，發展生產力，消滅剥削，消除兩極分化，最終達到共同富裕"。此後，黨的十三大對社會初級階段理論進行詳細的論述。這一系列理論創新，既標誌着中國經濟體制改革實現了理論突破，也是中國特色社會主義政治經濟學的里程碑。

隨著我國社會主義經濟建設的不斷推進，以江澤民同志爲核心的第三代中央領

---

[1] 馬克思恩格斯全集：第49卷 [M]. 北京：人民出版社，1982：191.
[2] 立足我國國情和我國發展實踐 發展當代中國馬克思主義政治經濟學 [N]. 人民日報，2015-11-25.
[3] 鄧小平文選：第3卷 [M]. 北京：人民出版社，1993：83.

導集體確立了社會主義市場經濟的基本框架，以胡錦濤同志爲總書記的黨中央提出了科學發展觀，這都極大豐富了中國特色社會主義政治經濟學。

黨的十八大以來，我國經濟改革進入了新階段，經濟發展進入了新常態，國內外發展環境發生了巨大變化，機遇和風險前所未有。以習近平爲核心的黨中央領導集體提出了一系列治國理政的新理念、新思想和新戰略，進一步豐富了中國特色社會主義的理論體系，也初步形成了系統化的中國特色社會主義政治經濟學，這是馬克思主義政治經濟學中國化、時代化的最新成果。

（2）研究基礎的一致性。

《資本論》是在生產力、生產關係矛盾統一的框架下，研究社會生產方式及其發展規律的嚴密而完整的經濟學巨著，其自始至終貫穿了唯物史觀關於生產力和生產關係矛盾運動的規律。要從本質上認識一切經濟關係以及它們變化發展的規律就離不開對所有制的分析，所有制理論是馬克思政治經濟學分析的基礎，也是中國特色社會主義政治經濟學研究的基礎。《資本論》指出，生產力決定生產關係，經濟基礎決定上層建築；同時，生產關係、上層建築也反過來影響生產力和經濟基礎。從社會演進的歷史來看，生產力的發展首先會引發所有制實現形式的變化，進而又逐步引起所有制的基本存在形式的改變，然後促使生產關係其他組成部分也發生相應變化，這體現了生產力對生產關係的決定性作用。

我國是中國共產黨領導下的社會主義國家，公有制經濟是長期以來在國家發展歷程中形成的，是歷史和人民的選擇。毫不動搖地鞏固和發展公有制經濟，堅持公有制的主體地位，發揮國有經濟的主導作用，不斷增強國有經濟的活力、控制力、影響力，是發展中國特色社會主義的必然路徑。正如2016年3月習近平在民建、工商聯界聯組會講話中所指出的，"實行公有制爲主體，多種所有制經濟共同發展的基本經濟制度，是中國共產黨確立的一項大政方針，是中國特色社會主義制度的重要組成部分，也是完善社會主義市場經濟體制的必然要求"。

當前，我國經濟社會發展面臨着一系列的實踐問題，如產能過剩、收入分配不公、市場競爭無序等，這也正是中國特色社會主義政治經濟學所要研究的內容之一。研究這些問題，就必須堅持以馬克思所有制理論爲基礎，研究當前所有制結構的深刻變化，從所有制和生產關係的基本特點入手，分析矛盾，解決矛盾。

從我國實際來看，我國的所有制結構已發生了重大變化，公有制經濟和私有制經濟對經濟的發展都有着巨大的推動作用。勞動者在國有經濟中是企業的主人，根據按勞分配規律享有自己創造的剩餘價值；國有經濟控制着國民經濟的關鍵部門，在貫徹國家方針政策、履行社會責任方面起着主要作用；公有制經濟在技術創新、經濟結構調整、生態環境保護方面發揮着明顯的帶頭作用和示範效應。私有經濟的發展，改善了市場環境，促進了市場競爭、產業分工協作。特別是公有制企業與非公企業相互融合形成了混合所有制，在一定程度上改善了國有企業經營機制，增強了國有企業的活力。但也要看到，公有經濟和私有經濟中都出現對利潤過度追求的問題，產能盲目擴大，刻意壓低工資，勞資關係矛盾尖銳等一系列問題也日益凸顯，這些問題都違背了社會主義的生產目的。

總之，在生產力仍然落後的社會主義初級階段，兩種所有制長期共存發展是必然的，中國特色社會主義政治經濟學就是要研究在以公有制爲主體的基礎上，如何處理好兩者的關係，平衡兩者的發展，充分發揮各自的優勢，化解各種社會矛盾。

(3) 理論的關聯性。

中國特色社會主義市場經濟的建設是前無古人的創舉，深入把握其內在規律性需要不斷地進行思想創新和理論創新。中國特色社會主義政治經濟學正是將《資本論》的普遍原理、方法與中國發展理論創新相結合的產物，回答了在建設中國特色社會主義過程中，怎樣處理好生產力與生產關係相適應的關係問題。

在關於社會主義發展方向上，提出了社會主義本質論，這是中國特色社會主義政治經濟學的重要基石。中國共產黨結合社會主義的歷史和現實，科學地闡明了社會主義的本質就是解放生產力，發展生產力，消滅剝削，消除兩極分化，最終達到共同富裕；社會主義的本質要求既要促進經濟的發展，又要促進社會的全面進步和人的全面發展；社會主義制度的本質要求維護和實現社會公平和正義。

在關於社會主義建設的任務上，提出社會主義初級階段論，明確了社會主義所處的歷史方位及其基本國情，是進行社會主義經濟建設的基本依據。十一屆三中全會以來，我黨做出了我國正處於並將長期處於社會主義初級階段的科學判斷，提出我國要解決的主要矛盾是人民日益增長的物質文化需求同落後的社會生產之間的矛盾，從根本上解決了我國社會主義經濟建設與發展的現實起點問題，爲中國特色社會主義政治經濟學的理論創新提供了平臺和支撐。

在關於社會主義經濟建設的制度設計方面，提出並建立了社會主義市場經濟體制，改革和完善的基本經濟制度，建立了有利於生產力發展的制度體系。在所有制關係上，形成了堅持以公有制爲主體，多種所有制經濟共同發展的基本經濟制度。在分配關係上，明確了堅持以按勞分配爲主，多種分配方式並存的分配制度。在交換關係上，確定了市場化的交換體制。

在關於社會主義怎麼發展方面，提出了科學的發展理念與發展方式，這是中國特色社會主義政治經濟學的重大理論創新，也是馬克思主義中國化的最新成果[①]。《資本論》尖銳地批判了資本主義的價值觀和發展觀，資本主義"生產只是爲資本

---

① 杜人淮，孫峰.《資本論》與中國特色社會主義經濟理論的"源流"關係 [J]. 南京政治學院學報，2009 (1).

而生產，而不是反過來，生產資料只是生產者社會的生活過程不斷擴大的手段"①，這種以拋棄人的主體發展，以及人與社會、自然的和諧發展爲代價的生產方式，終究要被"炸毁"。自由王國存在於真正的物質生產的"彼岸"，那里"生產勞動給每一個人提供全面發展和表現自己全部的即體力和腦力的能力的機會，這樣，生產勞動就不再是奴役人的手段，而成瞭解放人的手段，因此，生產勞動就從一種負擔變成一種快樂"②。中國特色社會主義生產方式的實質就是要實現生產力發展和人本身發展的有機統一，既要把發展社會生產力作爲根本任務，同時又要堅持人民群衆的歷史主體地位，促進人本身的全面發展，這是中國特色社會主義區别於資本主義的根本點，也是設計和創新中國特色社會主義經濟理論的基點所在。正如習近平所指出的："人民對美好生活的向往，就是我們的奮鬥目標。""發展爲了人民、發展依靠人民、發展成果由人民共享"體現着中國特色社會主義政治經濟學的科學内涵。

　　馬克思提出社會主義的發展應實現社會經濟發展合規律性與合目的性的統一，但並没有爲其給出具體現實路徑。十一届三中全會以來，我們黨不斷破解什麽是發展、爲什麽發展、怎樣發展的問題，在人本價值、經濟價值和社會價值内在統一的建構中，提出了關於社會主義的根本任務是發展生產力和發展是硬道理的理論，關於社會主義經濟發展戰略與全面建設小康社會的理論，關於科學技術是第一生產力和科教興國的理論，關於轉變經濟發展方式、切實走新型工業化道路的理論，關於做到"五個統籌"、全面協調可持續發展的理論，關於建立資源節約型和環境友好型社會的理論，關於堅持走生產發展、生活富裕、生態良好的文明發展道路的理論，等等。十八大以後，我黨在經濟發展進入新常態時，提出"創新、協調、緑色、開放、共享"五大發展理念，進一步豐富了中國特色社會主義政治經濟學，充實了中國特色社會主義政治經濟學的理論體系。

---

① 馬克思恩格斯全集：第46卷 [M]. 北京：人民出版社，2003.
② 馬克思恩格斯選集：第3卷 [M]. 北京：人民出版社，1995.

2 《資本論》中經濟倫理思想及其當代價值

《資本論》自問世以來，人們更多地把它看作"政治經濟學的經典之作"或"馬克思學說的經濟學部分"或"馬克思哲學的案例分析部分"，也有把它看作"歷史唯物主義的經典之作"或"辯證邏輯學的經典運用"，只有爲數不多的人把它看作一部"經濟倫理學著作"。事實上，《資本論》不僅放射着歷史唯物主義的科學之光，同時也放射着解放全人類的倫理之光。《資本論》的倫理面主要體現在"《資本論》自始至終都貫穿了對資本主義經濟生產過程的倫理分析和批判"上。《資本論》從資本主義社會最司空見慣的"商品"出發，抽絲剝繭地發現剩餘價值規律，揭示了工人階級苦難深重的社會根源，揭露了資本主義生產關係內在的反倫理本質，形成了"從主觀上分析批判資本所產生的經濟關係和倫理關係"，又是相對於"從客觀上考察分析資本產生、發展和消亡的歷程"而獨立存在的另一條主線。

2.1 《資本論》中經濟倫理思想的形成和發展

2.1.1 經濟倫理概述

（1）經濟倫理提出的背景。

經濟倫理一般被認爲是對經濟現象中的倫理道德問題提出探討，發端於20世紀70年代的企業倫理，主要研究微觀經濟主體行爲中的非道德部分，例如環境污染、隨意處置有毒有害物質、無視工人和客戶身體健康、非法操縱市場及內幕交易等，對這些問題的研究不是以經濟合理性爲滿足，而是追求經濟存在、經濟行爲是否具有倫理合理性。正如戢克非所說，"經濟學是以人類社會經濟活動爲對象，探索經濟發展自身內在規律性的科學，但是，人類的經濟活動和經濟行爲究其實質是離不開從事經濟活動的人。經濟學中所研究的市場、價值、價格、生產要素和資源配置，等等，表面看起來是在研究物，但所有這些都直接涉及經濟行爲的主體——人的需要和生存發展，直接涉及人與人之間的關係。因此，經濟學者要研究經濟行爲就必須結合研究這種行爲主體的倫理規範，即對經濟行爲合理性進行價值論證"①。

20世紀80年代，由於早前歐洲工業革命遺留下生態危機、環境危機、勞資危機、公平與效率矛盾、道德關係緊張、人性危機等一系列與經濟有關的倫理道德問題，有關方面開始重視對經濟倫理的研究，並把經濟倫理問題作爲一門學科，開設建立經濟倫理學，經濟倫理思想發展進入一個高潮。

（2）經濟倫理的内涵。

經濟倫理具有豐富的内涵和外延，但由於近些年才將其作爲一門學科加以研究，尚未形成完整的學科體系，因而沒有關於經濟倫理統一的、一致性的定義。縱觀關於經濟倫理的諸多概念，可以發現無外乎以下兩種類型。一種是從交叉學科的視角對經濟倫理學進行定義，認爲"經濟倫理學是研究經濟領域中道德發展規律和道德社會功用的一門交叉學科"②。"經濟倫理學是以社會經濟生活中的道德現象爲研究對象，揭示經濟活動中道德的形成、發展和發揮作用的規律，倫理有着必然的邏輯聯繫。作爲一門學科的經濟倫理學，應該是研究人們在社會經濟活動中完善人生和協調各種利益關係的基本規則以及明確善惡價值取向及其應該不應該行爲規定的學問。"③

另一種概念是從經濟與倫理的關係對經濟倫理學進行定義，認爲"經濟倫理學既有經濟事實與經濟科學爲背景，又有倫理規範與價值理性爲取向，它無疑具有經濟學與倫理學的雙重品格。作爲發展了的經濟觀，它表現爲對價值賦予的吸納與認同；而作爲新的倫理觀，又表現爲對經濟規律與經濟事實的尊重。它既要求着眼於經濟事實，從事實出發，又要求超越給定的經濟事實而時刻體現出倫理價值的意蘊，所以它並不是在經濟學和倫理學之間徘徊遊移，而是一種綜合平衡，呈現出經濟與倫理的螺旋式、回環式思維範式，是經濟學與倫理學發展的新高度與新空間"④。

從廣義上來說，經濟倫理應是研究經濟制度、經濟政策、經濟決策及經濟行爲的倫理合理性，並進而研究經濟活動中的組織和個人的倫理規範的學科，探索現代經濟的倫理内涵和倫理道德問題。狹義的經濟倫理主要研究經濟學和倫理學的價值同構，尋找人的利益追求和人的道德完善的内在統一。

---

① 戢克非.關於經濟倫理學的思考 [J].學術交流，1991（5）：107–110.
② 羅國杰.加強經濟倫理學研究——爲《經濟的德性》序 [M] // 王小錫.經濟的德性.北京：人民出版社，2003.
③ 喬法容，朱金瑞.經濟倫理學 [M].北京：人民出版社，2004：4.
④ 王福霖，劉可風.經濟倫理學 [M].北京：中國財政經濟出版社，2001：11.

2.1.2 《資本論》經濟倫理的理論淵源

馬克思的經濟倫理思想的形成，是對古典政治經濟學、19 世紀空想社會主義以及其他同時代的經濟倫理思想進行批判繼承與發展的結果。古典政治經濟學的倫理思想主要有以下具有代表性的四種：

（1）亞當·斯密的利己性和利他性思想。

亞當·斯密身處歐洲資本主義發展初期，面對封建制度的瓦解和工場手工業在英國初具規模，一方面肯定經濟發展的成就，另一方面開始研究倫理道德；一方面為經濟發展中所存在的社會問題尋找倫理道德依據，另一方面又為倫理道德的發展尋找經濟支持，並先後著有《道德情操論》和《國富論》兩本對資本主義後世影響深遠的大作，其經濟倫理思想主要體現在這兩本著作中。

在《道德情操論》中，亞當·斯密從同理心出發，討論了善惡、美醜、爭議、責任等一系列概念，儘管斯密認同人的本性是自利的，但他不認為人類的利己性和利他性是對立的。人類的利己性不代表罪惡，它不是評判是非的標準，而是人類追求自由、幸福生活的原動力；同理心則是評判是非的標準，人在追求自身物質利益的同時，要受到道德倫理的約束，不能以傷害他人利益為代價來獲取不正當利益，而是要形成一種互惠互利的關係。就如他在開篇中提到"無論人們會認為某人怎樣自私，這個人的天賦中總是明顯地存在着這樣一些本性，這些本性使他關心別人的命運，把別人的幸福看成是自己的事情，雖然他除了看到別人幸福而感到高興以外一無所得。這種本性就是憐憫或同情，就是當我們看到或逼真地想象到他人的不幸遭遇時所產生的感情。最大的惡棍，極其嚴重地違犯社會法律的人，也不會全然喪失同情心"[1]。

《道德情操論》中關於利己性和利他性如何結合的問題，斯密在《國富論》中給出了答案，就是通過"看不見的手"，人們在利己的追求自身效用最大化的過程中，也利他地促進了經濟的發展和社會的進步。斯密在《國富論》中這樣描述到，"像在其他許多場合一樣，他受一只看不見的手的指導，去盡力達到一個並非他本意想要達到的目的，也並不因為事非出於本意，就對社會有害。他追求自己的利益，往往使他能比真正出於本意的情況下更有效地促進社會的利益"[2]。正是在這樣的經濟倫理思想下，斯密提出政府應對經濟發展採取不干涉的放任自由的政策。馬克思在《資本論》中研究資本主義經濟發展與人的自由發展時，吸收了亞當·斯密在經

---

[1] 亞當·斯密. 道德情操論 [M]. 蔣自強，等譯. 北京：商務印書館，1997：60.
[2] 亞當·斯密. 國民財富的性質和原因研究 [M]. 郭大力，王亞南，譯. 北京：商務印書館，1974：252.

濟分析中應蘊含倫理道德規範的合理內核。

(2) 馬爾薩斯的人口經濟倫理思想。

馬爾薩斯的人口經濟倫理思想概括起來是，造成社會越來越貧困，窮人越來越窮的原因是人口數量呈幾何增長，而人類生存所需的物質生活資料只能按算數增長，因此馬爾薩斯將過剩人口看作是一切社會共有的現象，對人口增長加以控制是符合倫理道德的，如提倡晚婚，將生育子女數控制在自己撫養能力之內等，當單純的道德約束不能達到控制人口數量的目的時，還需要採取利益約束，即讓那些多生育者受到貧窮的懲罰才能真正達到控制人口過度增長的目的，其實質是否認勞動的基礎地位，代之以生育範疇來討論人口過剩問題。

馬克思認爲相對過剩人口是資本主義特有的人口規律，他的人口規律理論擺脫了馬爾薩斯抽象的人口規律外觀，使人口規律理論獲得了具體的歷史規定。

(3) 大衛·李嘉圖的勞資倫理思想。

英國古典經濟學的集大成者正是大衛·李嘉圖的《政治經濟學及其賦稅原理》。與斯密一樣，李嘉圖認爲自利與整個社會、整個人類的利益是不衝突的，主張採用自由主義原則，反對政府干預，提高勞動生產力，增進資產階級財富。與斯密不同的是，李嘉圖將整個資產階級經濟理論建立在勞動價值論的基礎之上。他發現決定價值的勞動和勞動的價值並不是同一概念的轉換，決定價值的勞動是生產商品的必要勞動量，然而，勞動的價值則是勞動的報酬，即工資。這兩者之間不僅性質不同，而且數量也是有差異的。他認爲勞動工資總是小於勞動所產出的商品的價值。至於其中的原因，他沒有進行解釋說明。他還提出在沒有工資的時代，商品價值尺度是由相對勞動量決定的。那麼即使在工資出現之後，相對勞動量也依然是決定商品價值的根本尺度，但商品中多含的相對勞動量同工資是毫無關係的。也就是說，商品中歸工人所有的量同商品中所包含的相對勞動量是無關的。雖然李嘉圖並沒有明確說出，但從其字里行間，呼之慾出的就是雖然勞動人民是財富的創造者，然而工人勞動所創造的商品價值遠遠超過他們出賣勞動力所獲得的工資。

馬克思合理吸收了李嘉圖對資本主義經濟發展對社會進步的肯定。生產力的發展確實促進了社會財富的增加，但在李嘉圖那里，受益的、他所謂的最大多數人，僅僅是資產階級而已。對於真正創造財富，卻被資本家剝削的，生活在社會最底層的工人，他卻視而不見。工人階級是社會中最大多數的人群，然而，他們創造財富，卻沒有對應地享受到創造社會財富所帶來的成果。這是馬克思批判資本主義經濟勞資倫理關係中最爲重要的一點。

(4) 西斯蒙第的平均私有思想。

西斯蒙第在其著作《政治經濟學新原理》中提出福利主義經濟觀，認爲"政治經濟學的目的是，或者應當是爲組成社會的人類謀求幸福。它尋求使人類得到符合他們本性的最大福利手段；同時，它也要尋求盡可能使更多的人共享這種福利的方法"①。與亞當·斯密和李嘉圖擁護自由經濟不同的是，西斯蒙第並不認同自由經濟，認爲自由經濟引發的競爭有好有壞，壞的競爭是由於資本家不顧公衆利益，對利潤無止境的追求，採用廉價出售的方法擊垮較弱的競爭對手，形成壟斷，並迫使工人日夜不斷地勞作，僅提供維持生存的工資，雇傭婦女和兒童等方式，不但沒有增進社會公衆的利益，還導致了供求失衡。

2.1.3 世紀空想社會主義的經濟倫理思想

（1）聖西門的實業制度思想。

聖西門是著名的三大空想社會主義者之一。聖西門從資本主義社會化大生產的視角出發，批判了資本主義社會的根基——財產私有制，認爲"實業制度"是最理想的社會制度，以滿足人們的需要爲目的，人人都要勞動，勞動成果按貢獻分配，在實現手段上，主張採用計劃經濟，由政府機關完成對生產資料的分配，結束資本主義的無政府狀態。不難看出，馬克思在《資本論》中對科學社會主義的論證繼承和吸收了聖西門關於社會主義的合理成分，架通了社會主義通往現實的橋樑。

（2）傅立葉的"和諧制度"思想。

傅立葉對於美好社會的構想同樣是從對資本主義社會的批判開始的，他認爲，在資本主義制度下，私人利益和社會利益是矛盾的，每個人都在盡可能地從集體利益中爭奪更多的個人利益，如醫生爲了獲得盡可能多的個人利益而希望病人不斷，律師爲了獲得盡可能多的個人利益而希望官司不斷，而這種私人利益與社會利益的矛盾本質上是階級的矛盾。他指出："文明制度的機構在一切方面都只是巧妙地掠奪窮人和使富人發財致富的組織"②，傅立葉提出的理想社會制度就是"和諧制度"，在和諧制度下，每個人都是根據興趣選擇工作，勞動不再是爲了生存，勞動恢復了它本來的價值。雖然傅立葉對未來和諧社會的暢想是美好的，但他依然認爲私有制是合理的，可以股份的形式存在，在分配上他反對平均主義，主張按比例分配，沒有認識到按勞分配只能在以生產資料公有制的前提下才能實現。

（3）歐文的勞動公社思想。

歐文是空想社會主義者中對資本主義私有制批判最徹底的。他明確指出，私有制是現存的資本主義社會最主要的禍害，是過去的封建地主和現在的資本家所犯下的對人們的剝削、壓榨、殖民等無數罪行的根源，把財產的擁有者變成了唯利是圖

---

① 西斯蒙第. 政治經濟學新原理 [M]. 北京：商務印書館，1997：19.
② 傅立葉. 傅立葉選集：第3卷 [M]. 汪耀三，等譯. 北京：商務印書館，1982：242.

的純粹的利己者，使人們拜倒在金錢的腳下，是現行社會存在的各種不道德的醜惡的行為的禍根，必須廢除，取而代之的是新的共產主義制度。歐文從李嘉圖的勞動價值論入手，運用勞動價值理論對資本主義進行剖析。他說出了李嘉圖認識到卻不願意承認的事實，那就是勞動是財富的源泉。進而初步探究了資本主義生產的秘密。因此，他認為工人有權利分享他們勞動所得的成果。在他描述的共產主義社會，私有制為公有制取代，人們共同勞動，按需分配，最終實現物質極大豐富，人類的精神追求獲得極大滿足，這些都為後來的馬克思主義理論和科學社會主義提供了豐富的理論素材。

2.2 《資本論》中經濟倫理思想的主要內容

《資本論》是馬克思畢生精力的結晶，雖以資本主義生產方式及其與之相適應的生產關係和交換關係為研究對象，但其中始終貫穿著倫理分析和倫理批判。在對《資本論》經濟倫理思想內容進行總結梳理時，有的學者從資本主義生產過程中的生產、分配、交換和消費四個環節分別批判資本主義社會的經濟倫理狀況；有的學者單從資本的角度出發，從資本的增殖性、掠奪性和壓迫性角度對資本乃至資本主義社會進行徹底的批判；有的學者從人的角度出發，強調《資本論》的人文主義關懷，批判了資本主義制度下人的異化和工人階級被壓迫、被奴役的命運，只有通過制度變革到共產主義社會才能實現人的解放和人的自由全面發展，此外，也有學者從歷史唯物主義哲學觀以及法經濟學角度說明《資本論》經濟倫理思想。本文分別對資本主義經濟活動和資本主義經濟制度，從微觀和宏觀兩個層次對資本主義經濟倫理進行系統批判，在批判中闡明《資本論》經濟倫理思想的主要內容，並在此基礎上進一步闡述馬克思對未來社會的設想。

2.2.1 對資本主義經濟活動的倫理批判

（1）對商品拜物教的倫理批判。

拜物教，顧名思義就是人們把某種特定的物體看作如同人一樣的有意識的，並加以崇拜。拜物教最大的特點就是將物體人化，甚至神話，賦予它無限的神秘性。馬克思認為"最初一看，商品好像是一件自明的極普通的東西，但分析一下，才知道它實際是一件極奇怪的東西，充滿著形而上學的煩瑣性和神學的固執性"。

馬克思認為，商品的神秘性質，不是由它的使用價值和規定價值要素的內容發生，而是在於勞動生產物取得商品這種形態本身。馬克思認為勞動生產物之所以能夠成爲商品，是因爲它具有二重性，即使用價值和價值。使用價值是勞動生產物對人的有用性，人類通過勞動改造自然物，使它們能爲人所用，豐富人類的物質生活。這本身並沒有什麼神秘可言，但從社會總的勞動生產物角度分析，因爲私人勞動的總和即社會總勞動，私人勞動生產的勞動生產物，除了滿足自己的有用性以外，對他人也是具備有用性的。人們通過交換勞動生產物，來換取對自己有用的勞動生產物，勞動的社會性就是在這種交換中顯現出來的。私人勞動之所以能成爲社會總勞動的一部分，就是因爲交換在勞動生產物間，以及間接的生產者之間，樹立了一種社會關係，使得生產者誤以爲，勞動不是人與人之間的社會關係，是人與人之間的物的關係，以及物與物之間的社會關係。勞動生產者交換勞動生產物的使用價值，這種使用價值是通過勞動獲得的，而非勞動生產物自身所擁有的。所以，交換的是不同的私人勞動所生產的勞動生產物而已。在交換不同的勞動生產物時，抽象具體的勞動生產物，尋得它們的共性，即價值。這里的價值，是生產勞動生產物所花費的人類的勞動時間。不同勞動的社會平等性就是通過價值體現的。價值的多少，即人類生產勞動生產物所花費的人類勞動的物質表現。勞動生產物的價值是由勞動時間決定的。但是，在交換過程中，價值通過貨幣表現，即價格展現。但在這個完成的形態中，不但不能顯示私人勞動的社會性質，反而將它隱蔽起來，使它看起來像是物本身存在的東西一樣。我們看到，商品外在的這種社會關係，是勞動的社會性，但卻被認爲是商品自身所特有的。馬克思在研究資本主義經濟的時候，由經濟最基本的元素——商品開始。在研究商品時，馬克思發現了商品的拜物教性質，並揭開了它神秘的面紗。馬克思在剖析商品的拜物教性質的同時，也對其進行經濟倫理批判。

商品的拜物教性質，首先，表現在人的社會關係的扭曲。一是人與人之間物的關係。在資本主義社會之前的社會，人與人之間的關係是社會勞動的關係，而在資本主義社會，人與人之間的關係，簡單地可以歸結爲物的關係。這種物質關係開始弱化人與人之間最基本的情感，或者可以說，任何人類的情感關係都可以用物質來衡量。二是物與物之間的社會關係。商品之間的社會關係其實是生產商品的勞動所獨有的特別的社會性質。但在人們看來，這種關係就是商品本身所特有的。三是人與物的關係。人是生產物質爲自己所用的，所以說人應該是支配物質的，但是，當商品具有拜物教性質時，物開始獨立於人，並發生異化，物可以像人一樣，並開始支配人，人受到物的奴役。人追求物質應該是爲了更加美好的未來，但當物發生異化後，人類開始爲了追逐物質而一再地追逐物質，看不到自己，看不到自由。人被束縛在物質的世界，苦苦挣扎。

其次，掩蓋資本家剝削工人的本質。在資本家那里，他們認爲剩餘價值產生於商品價值本身，是商品價值在流通中發生的價值增殖。就如同地租產生於土地之中，巧妙地掩蓋了資本家剝削人的本質。馬克思通過揭露商品的拜物教性質及其秘密，批判資本家通過榨取工人的剩餘勞動時間，獲取剩餘價值的本性。在商品、貨幣、資本的背後，都有資本家的身影。商品本身不會產生剩餘價值，利潤不是來自於商品本身。而資本家卻用這一道理掩蓋他們貪婪地剝削、壓榨工人的本性。

最後，表現在物質對人的奴役。從勞動者的角度看，勞動者出賣勞動力生產剩餘價值，生產出資本。但在資本生產過程中，勞動力卻受資本運行規律的支配，是資本自行增殖的工具。也就是説，在資本主義的經濟過程中，勞動者不是自己支配自己，而是由資本支配。資本不是由勞動者支配的，而是呈現出一種在人的控制之外的獨立性。這就説明，勞動形成了資本，而資本卻又作爲獨立於勞動者之外的力量支配和控制着勞動者。這種异化勞動是極度的反倫理。

(2) 對勞動力買賣活動的批判。

商品交換一般是物與物的交換，勞動產品成爲商品。但在資本主義社會，勞動力也是商品，成爲能夠進行買賣的對象。在資本主義社會，勞動力買賣的過程看起來是自由平等的，工人把自己的勞動出賣給資本家，獲得貨幣，以維持生存，而資本家付出貨幣購買勞動力一定時間內的使用價值。工人和資本家都是自由人，在法律上是平等的，都是遵循着自己的自由意志來賣和買的。但這背後所隱藏的卻是不自由、不平等，是違背商品交換所必須遵循的一般原則的。

首先，所謂等價交換雙方所交換的價值是不等價的，因爲資本家購買勞動力所獲得的是勞動力的使用價值，而工人通過出賣自己的勞動所得到的只是勞動力的價值，而勞動力的使用價值和勞動力的價值之間是不等值的。勞動力的價值是由"生產從而再生產這種獨特物品所必要的勞動時間決定的"[1]，其最小限度是工人"維持身體所必不可少的生活資料的價值"[2]。而勞動力的使用價值所創造的價值卻遠遠超過勞動力的價值，工人不僅要爲資本家生產剩餘價值，還要生產出資本家用於支付工人勞動力價值的價值。

其次，工人和資本家之間起點是不公平的，資本家擁有資本、廠房和設備，可以用自己所擁有的資本來購買勞動力。工人則一無所有，不得不將自己的勞動出賣給資本家。工人從表面上看是自由人，能夠支配自己，出賣自己的勞動，但實際上工人是不自由的，他沒有商品可以出賣，"自由得一無所有"[3]，他沒有必要的生產資料實現勞動力的價值，更沒有生活資料來維持自己及家庭的生存，他不得不向資本家出賣自己的勞動，他是被迫的，是被逼的，是不自由的。

最後，資本家支付給工人的工資看似"公平"，但實際上卻是完全不公平的，

---

[1] 馬克思. 資本論：第一卷 [M]. 北京：人民出版社, 2004：198.
[2] 馬克思. 資本論：第一卷 [M]. 北京：人民出版社, 2004：201.
[3] 馬克思. 資本論：第一卷 [M]. 北京：人民出版社, 2004：197.

工人並沒有得到他幹一天活所應得的工資，工資的形式消滅了有酬勞動和無酬勞動的區別，掩蓋了雇傭工人的無代價勞動。工人的工資是不公平的，因爲資本家擁有工廠和資本，而工人則一無所有，資本家不愁沒人給他幹活，但工人卻不得不去工作，因爲他不出賣自己的勞動就會挨餓。工人爲了生存必須找到工作，而由於市場的供大於求，會出現多名工人爭搶一份工作的局面，資本家就可以借此機會降低工人的工資，甚至會出現工人工作拿不到工資的現象，但工人沒有選擇，只能被動地接受。這樣資本家就增強了奴役工人的力量，使工人陷入更加深重的災難之中。

工人工資包括計時工資和計件工資兩種基本形式。計時工資是勞動力按照一定的時期來出賣的，"直接表現勞動力的日價值、周價值等的轉化形式"，"計件工資無非是計時工資的轉化形式"[①]。在兩種形式中，資本家支付給工人的工資都是低於勞動力的價值的，在計時工資里，資本家往往不顧工人的身體界限和工作日的道德界限，把工作日延長到正常工作日以外，占用了工人吃飯、睡覺等的時間，卻不給工人相應的工資。而計件工資是資本家根據工人一定時期內生產產品的數量來給予工資的，但產品的質量和生產產品所需要的社會必要勞動時間是由資本家來設定的，這時資本家就有機會以達不到質量要求和沒在規定的時間內完成任務而克扣工人的工資。計件工資是最適合資本主義剝削的工資形式，是資本家克扣工資和進行欺詐的最常用的方式，是提高勞動強度和延長工作日的手段，也是資本家降低工資水平的手段。

2.2.2 對資本主義經濟制度的倫理批判

2.2.2.1 對剩餘價值生產過程的批判

（1）對資本總公式的分析。

資本進入市場的最初的姿態就是以貨幣的形式，貨幣通過一定的過程轉化爲資本。資本的總公式是 G—W—G，從這個公式可以看出，資本的開端和終端都是以貨幣的形式出現的。在資本的開端，資本以貨幣的形式購買商品，從而使貨幣轉化爲商品，再由商品轉化爲貨幣。在此公式的第一階段 G—W 上，貨幣轉化爲商品；在第二階段 W—G 上，商品又再次轉化爲貨幣。這兩個階段的統一，就是一個完整的資本運動過程。因爲它，貨幣與商品相交換，相交換來的商品再與貨幣交換，也可簡單地解釋爲以貨幣購買商品，再以商品購買貨幣，這個過程的結果就是貨幣與貨幣的交換，即 G—G。因此，這個資本總公式的完全形態是 G—W—G′。在其中，G′=G+ΔG，ΔG 是一個增加量，馬克思稱之爲剩餘價值。原來爲賣而買所花費的貨

---

① 馬克思. 資本論：第一卷 [M]. 北京：人民出版社，2004：523.

幣，在流通中，加進了一個增加量，即剩餘價值，是貨幣增殖了，繼而轉變爲資本。對資本總公式的解釋過程，即資本生產過程。貨幣之所以可以轉化爲資本，是因爲貨幣取得商品的價值形式，在流通過程中，使其價值增殖，成爲資本。這種當作資本的貨幣的流通，是以自身爲目的的，價值的增殖就發生在這種不斷更新循環的運動內，從而得知，資本的增殖是無限的。在這個過程當中，從表面上看，價值會在貨幣形態與商品形態的轉換中，自行通過它的量的變化，從原價值生出剩餘價值，使自身的價值增殖。它產生剩餘價值的運動，就是它自身的運動。它的增殖，就是它自身的增殖。因爲它是價值，所以能產生價值。貨幣所有者，就是資本家，他是貨幣的出發點和復歸點，價值的增殖是他的主觀目的。

（2）對剩餘價值生產的倫理批判。

既然資本生產的實質就是剩餘價值生產，那麼對於資本生產過程的倫理批判，也就是對剩餘價值的生產進行倫理批判。商品價值在成本價格上的超出部分，是直接產生於生產過程中的。但在資本家那裡，他們掩蓋了剩餘價值的真正來源，認爲剩餘價值是由其投入的價值自身增殖出來的，是他們理應獲得的，是正當且公正的。他們對於剩餘價值的追逐被掩蓋爲對商品利潤的追逐。但掀開資本家遮掩剩餘價值的神秘面紗時，不難發現商品中所包含的價值量，是由其生產所耗費的勞動時間決定的。而勞動總和，則是由有償勞動和無償勞動兩部分組成的。無償勞動部分所獲得的價值，就是剩餘價值。但在表面上，它暗含在有償勞動部分內。將這兩部分勞動合二爲一，只支付工人有償勞動部分的工資，是資本家獲得剩餘價值的手段，也是剩餘價值產生的來源。

馬克思對剩餘價值生產中的勞資倫理關係進行了嚴厲批判，資本家爲獲取更多的剩餘價值，只能對工人進行血腥壓榨。其壓榨表現在三大方面，一是想方設法增加生產剩餘勞動的時間，其具體方式主要有兩方面。①延長勞動時間，在工資和必要勞動時間不變的情況下，延長工人勞動時間。比如，原工作時間爲 10 小時，必要勞動時間爲 6 小時，剩餘勞動時間爲 4 小時。資本家將工作時間延長兩小時，在工資不變的情況下，也就是延長了兩個小時的剩餘勞動時間，從而獲取更多的剩餘價值。或者是，有的資本家會提前開工十多分鐘，同時，再晚十多分鐘放工。有的壓縮工人用餐時間，導致工人過度勞動。資本家爲了追逐更多的剩餘價值，是期望把勞動日無限延長的。他們會不擇手段地去增加工人的勞動時間，造成工人的過度勞動，無限地壓榨工人的剩餘價值。②縮短必要勞動時間。在工作時間和工資不變的情況下，通過機器的引進，勞動分工的更加明確，或者工人勞動技術的提高，等等，大大縮短了必要勞動時間，從而相對延長了剩餘勞動時間，使資本家獲取更多的剩餘價值。無論是延長工作時間，還是縮短必要勞動時間，工人的生活不會因爲剩餘價值的增加而得到改善，反而因爲資本家對剩餘價值的無限渴望，而愈加勞累。資本家在延長工人勞動時間的同時，還會不斷縮短必要勞動時間，盡可能多地從工人身上榨取剩餘價值。二是法律對工人階級權利的漠視。比如，有的地方的兒童在天未亮的時候，就從污穢的床上被拖起來工作，一直工作到夜裡10點，甚至12點。馬克思這樣形容："他們的四肢是破裂的，他們的身體是萎縮的，他們的面容是慘白的，他們的人性完全麻痹了，叫人想到就害怕。"他們是營養不良的，發育不完善的，並且都是短命的。像這樣的無底線地榨取工人的剩餘價值的事情，並沒有法律的監管。資本主義國家在成立之初，曾宣稱人性，資本家卻爲了剩餘價值，無視人性，甚至泯滅人性，使大多數人的權利得不到保證，生活痛苦不堪。爲了生存，他們別無選擇。由於法律的不作爲，更加使資本家們瘋狂地榨取，血腥地牟利。三是勞動人民惡劣的工作環境和貧窮的生活狀態。爲了追求利益最大化，一方面資本家增加工人工作的強度和時間，另一方面，盡可能地縮小生產成本。比如惡劣的工作環境，在狹小的工廠廠房裡，沒有通風設施，沒有防護措施。這里悶熱，而且盡可能多的工人擠在一起，很多人都得了肺病，或者其他呼吸道疾病。由於某些行業的原料是有毒的，或者勞動是有危險的，但是資本家卻從不爲工人提供任何防護措施，每年都有很多工人因此而喪命。再談談工資方面，工人的工資水平在很長一段時間內，都僅僅維持在剛剛夠生活的水平上。如此低的工資水平，使得工人家庭生活日益貧困，兒童也不得不爲了生存而選擇爲資本家工作。總之，資本家會用各種方法不擇手段地促使資本增殖，追求剩餘價值最大化，實現貨幣到資本的轉化，從而使一般的生產勞動淪爲被剝削的境地，也使正常社會分工的倫理變爲不平等的人倫異化，演繹着資本主義剩餘價值生產中貪婪、殘酷、隱蔽剝削的非道德性。

2.2.2.2 對資本積累過程的倫理批判

（1）相對過剩人口和無產階級貧困。

剩餘價值的資本化過程，就是資本積累的過程。還是回到資本總公式進行分析，$G-W-G$，$G+\Delta G=G'$，ΔG 爲剩餘價值，資本家將這部分剩餘價值轉化爲資本，用於購買擴大再生產所需的生產資料或者勞動力。而這部分轉化爲資本的剩餘價值又會形成新的剩餘價值，以此類推，無限循環下去。隨著它的無限循環，資本主義的擴大再生產也在不斷擴張。此過程，就是資本家從工人那裡剝削來的剩餘價值，轉化爲資本，再向工人購買勞動的繼續剝削的過程。既然資本的出現與資本家對工人的剝削是分不開的，那麼，資本積累的過程不僅不能緩和資本家對工人的剝削，甚至使剝削的程度大大加深，並出現了新的形式。剩餘價值產生於生產過程中，是工人無償勞動那一部分生產的價值。當這部分剩餘價值以貨幣的形式進入到資本的領域時，它會產生新的生產過程中的剩餘價值，從而使資本的總量不斷增加。生產過程所產生的剩餘價值分爲兩部分，一部分爲消費，即資本家自身消費的部分。這部分不會形成資本，不會產生新的剩餘價值。另一部分即爲投入到擴大化再生產的部分，會產生新的剩餘價值，也就是資本積累的來源。以資本家貪婪的本性，大多數的剩餘價值都會用來擴大再生產。隨著資本積累的基數不斷加大，越是積累，資本的增殖部分越大，積累得就越多。也就是說，對於資本家而言，越積越富。然而，對於工人來說，情況是與資本家恰恰相反的。資本家若越來越富，那工人則是越來越窮。首先，因為擴大再生產對勞動力的需求，更多的人會淪為勞動力。資本家所支付的工資除了僅夠工人生活以外，還保證他們的後代可以出生。但是出生以後，為了生存，這些兒童中的大多數都淪為童工。其次，資本家擴大再生產是為了追逐更多的剩餘價值，而工人出賣的勞動力是剩餘價值產生的源泉。資本家追逐得越多，工人被剝削得就越慘。

（2）社會問題凸顯。

隨著資本積累的不斷發展，使得擴大再生產越發集中。不變資本與可變資本的比率逐漸發生變化，不變資本的比重逐漸擴大，可變資本部分不斷縮小。因為技術的變革，資本總價值中轉化為勞動力的部分，將逐漸遞減。換言之，隨著總資本的增大，對生產力的需求卻逐漸減少。資本能夠積累的最初的原因是勞動力，但隨著資本積累的不斷增加，勞動力使自己漸漸淪為相對多餘的了。本已在生存線上苦苦掙扎的人們，再一次面臨雪上加霜的境地。除了面臨著繁重的工作量與可憐的工資以外，可能還面臨著工作的競爭，甚至失去工作的風險。勞動力的大量產生，源於資本主義經濟發展的需要，資本家在資本積累初期，對勞動力的需求量是迫切的，他們使盡一切手段，增加勞動力的數量，為他們生產剩餘價值，這可見於資本家瘋狂血腥的資本的原始積累。然而，隨著資本積累的不斷發展，剝削不但愈加厲害，而且使大量的勞動力失業。

2.2.3 馬克思對未來社會的設想

馬克思在《資本論》中關於設想未來社會這一方面說得很少，並沒有系統地闡述過，只有很少的一些設想零落地分散在一些章節之中。但在這些零散的內容裡，我們也能夠大致看出馬克思所設想的未來社會的大體面貌。未來社會是共產主義社會，是以生產資料公有制為基礎的自由人聯合體，是以人的自由全面發展為目的。未來社會生產過程中的生產、分配、交換和消費四環節也是以人的自由全面發展為目的。

馬克思在《資本論》中並沒有對未來社會的所有制進行相關的專門性論述，只是在其中的"資本主義積累的發展趨勢"一節中對未來社會的特徵作了明確的提示："從資本主義生產方式產生的資本主義佔有方式，從而資本主義的私有制……在協作和對土地及靠勞動本身生產的生產資料的共同佔有的基礎上，重新建立個人所有制。"在資本主義社會之前，勞動者和生產資料直接相結合。隨著生產力的發展，出現了生產資料的私有制，這時的私有制是分散的，是以自己的勞動爲基礎的。在資本主義社會，資本主義私有制完成了對以前私有制的第一次否定，它是以協作和生產的社會化爲基礎的，勞動者與生產資料相分離，資本家無償占有勞動者所生產的剩餘價值。隨著資本主義的迅速發展，生產的社會化範圍不斷擴大，生產資料的少數人占有與之形成尖銳的矛盾，資本主義必然會被共產主義所取代。在資本主義時代的成就的基礎之上，勞動者和勞動資料再次相結合，完成對私有制的第二次否定。這個所有制是聯合起來的個人所有制，是在公有制的基礎上，作爲聯合體的個人所有制。這聯合起來的個人並不是普通的單個個人，而是聯合體中的勞動者個人。這個聯合體是共產主義社會所要建立的自由人聯合體，是聯合起來的全體社會成員。

在未來的共產主義社會中，社會生產的目的是爲了實現人的自由全面發展。在未來的社會中，生產資料是屬於整個社會的，其占有方式有兩種，一是勞動者與生產資料的直接結合，二是生產資料歸社會勞動者所共有，不論哪種方式，其所有權的主體都是全社會的勞動者，是不能夠轉讓的。與生產資料相結合的勞動者通過控制先進的機器，掌握先進的科學技術，縮短勞動時間，創造出更多的社會財富，從而滿足自身的物質和精神需求，促進自身的自由全面發展。

在未來社會中，勞動者個人通過按勞分配或者按需分配的方式得到消費資料，並獨自享用。如果遵循等價交換的原則，消費資料是可以轉讓和交換的，因爲消費資料是屬於個人所擁有的，並且這只是勞動與勞動的交換。共產主義社會初級階段採取的分配原則是按勞分配的原則，共產主義社會高級階段採取的分配原則是按需分配的原則。由於生產力的發展程度不同，前者的分配權利只能達到形式上的平等，內容上實際是不平等的。而在共產主義的高級階段，生產力高速發展，社會財富大量積聚，能夠滿足所有人的需要。只有在這樣的情況之下，分配才能夠達到真正的公正與平等。

在未來社會中，由於生產資料公有制，社會中的生產資料和消費資料只存在分配，不存在着交換，沒有像資本主義社會中的商品交換形式。在這樣的社會中要說存在交換也只是人們等量勞動的直接交換，這樣交換實現了真正意義上的公正與平等。

在未來社會中，人們的消費活動是與生產相統一的，而不是相對立的。在未來社會由於生產力的極大提高，人們的消費水平、消費能力和消費範圍都會有很大程度的提高與擴大，反過來這又促進了生產力的更快、更全面的發展。

2.3 《資本論》中經濟倫理思想的當代價值

2.3.1 正確處理效率與公平的關係

從歷史和社會整體發展的角度來看，效率與公平是對立統一的辯證關係。從人類社會發展的整個歷史進程來看，效率與公平是相互支持、相輔相成的；而就社會經濟發展的某一具體階段，公平與效率作爲兩種不同價值目標，在經濟發展的實際過程中又常常產生着種種衝突。然而，不在這種衝突中找到某種解決辦法，使效率與公平在衝突之中達到相對和諧，實現相對平衡，就不可能實現經濟、政治、文化的全面進步，實現物質文明和精神文明的協調發展。

（1）初次分配註重效率。

"解放生產力，發展生產力"是社會主義本質的内在要求，社會主義的根本任務是發展生產力，社會主義優越性的根本表現在於高度發達的生產力，在於創造出更多的物質財富，貧窮不是社會主義。而生產力的發展是與效率密不可分的，提高效率才能大力促進生產力的發展。堅持初次分配註重的是效率，在根本上是由發展生產力的歷史任務決定的。生產決定着消費和分配，生產效率的高低決定着利益分配的價值内容、規模乃至具體方式。没有生產，一切就無從談起。

（2）再分配註重公平。

作爲社會主義國家，我們的目標是"消滅剥削，消除兩極分化，最終達到共同富裕"，這是我們和資本主義的本質區别。因此，在強調發展社會主義市場經濟的同時，要避免兩極分化，不能以犧牲公平爲代價來追求經濟一時的發展，這是社會主義公平的應有之意。一味地追求經濟的發展，而不顧不同階層居民收入差距擴大和貧富懸殊，必然會影響到社會穩定，並最終動摇人們對社會主義的信念。

社會主義市場經濟本身有一定的局限，市場經濟追求的是效率，不會也不可能過多註意公平。公平不是抽象的，抽象的公平没有意義，它是與一定的所有制相聯繫。在社會主義市場經濟條件下，我們實行公有制爲主體，多種所有制經濟共同發展的基本經濟制度以及由此決定的"確定勞動、資本、技術和管理等要素按貢獻參與分配的原則，按勞分配爲主體、多種分配方式並存的分配制度"，使得個人收入必然會存在一定的差距，甚至會相差很大。一方面，私營經濟的發展必然導致企業主與工人、私營企業主與公有制老板、職工之間的差距；另一方面，即使在公有制經濟内部也會存在一些差距——主客體差別。市場經濟條件下，勞動實現程度差別等也會導致差距；此外，在多種所有制混合的企業中，由於存在多種級層，也必然會有差距，再加上一些人爲的因素，如灰色收入、黑色收入的存在等使得人們收入差距有拉大的趨勢，這與社會主義本質是相背離的。應該看到，一定的合理的差距有利於打破平均主義，調動人們的積極性，然而收入差距過大則會激發社會矛盾，使得社會動蕩不安；而且，社會不公平的存在也必然影響人們的積極性、創造性，打擊人們的工作熱情。因此，再分配要註重公平，加強政府對收入分配的調節職能，調節差距過大的收入。規範分配秩序，合理調節少數壟斷性行業的過高收入，取締非法收入。以共同富裕爲目標，擴大中等收入者比重，提高低收入者的收入水平。

2.3.2 建設競爭有序的市場體系，規範微觀主體行爲

黨的十八屆三中全會強調，"經濟體制改革是全面深化改革的重點，要使市場在資源配置中起決定性作用"，實現這一目標，核心路徑是"建設統一開放、競爭有序的市場體系"。在經濟體制發生革命性變革的同時，社會道德也發生着巨大的變化。馬克思經濟倫理思想中對人的异化分析同樣體現在個體道德和社會道德的新變化。就個體道德方面來說，其變化首先表現在對自身利益的確認上，隨著市場經濟體制的逐步確立，等價交換原則及隨之而來的追逐利益的觀念在人們的日常生活中經常出現，從而人們勢必要求在個體需求、經濟利益的合理性與必然性被充分肯定的前提下，重新設定個體道德的價值取向定位基礎。這種變化其次表現爲個體價值選擇的主體性確立。當個體的自身利益被確立了之後，人們將更多地從個體的需求滿足出發，去塑造主體性價值選擇標準，以肯定個體價值，展示自我個性，從而實現自我價值與社會價值的統一。就社會道德方面來說，其變化首先表現在道德價值核心導向從政治到經濟重心的變換，它使人們的價值追求從空洞的浪漫主義走向講求實際功效的現實主義，這是社會道德方面值得註意的一個根本性變革。這種變化其次表現在道德準則從一元到多元的轉化。

社會主義市場經濟的發展，是需要内在的動因和外在的動力的結合並促動支撐的。而其社會的發展無外乎需要四個基礎：經濟基礎、社會制度、軍事力量以及精神文化。一個社會的正常發展應該需要一個明確貫穿於整個社會領域的原則。馬克思經濟倫理思想的社會價值表現在：用倫理規則調節行爲主體之間的利益關係，即爲社會發展提供一系列的經濟倫理規則。這些規則以非強制性方式約束人們的活動，使道德的行爲得到發揚，不道德的行爲受到抑制。

市場經濟是規範經濟，是契約經濟，是道德經濟。誠信爲本的道德觀及商業規則的提倡和發揚，對於糾正當前我國經濟生活中存在的失範現象、失德現象，必將起到積極作用；對於引導人們正確地認識和處理謀利與守義、個人利益和社會利益、經商與做人的關係，必將起到積極作用；對於引導人們提高道德境界、克服拜金主

義，必將起到積極的作用，從而規範市場經濟秩序，促進市場競爭公平化、有序化，推動國民經濟建設朝着健康快速的方向發展。作爲一種觀念和社會意識，現代的馬克思經濟倫理思想也是隨著社會的不斷發展逐步形成和完善起來的。馬克思經濟倫理思想的社會價值更進一步強調公民的誠信意識；構建公平、誠信的市場經濟環境，調整人們的社會關係，維護社會活動的正常秩序，指導並促使人們的行爲朝有利於社會進步的方向發展。

2.3.3 構建社會主義和諧社會，實現人的全面發展

馬克思認爲和諧社會觀的產生是對片面的經濟發展模式的超越，即在理論指導上，應該用社會進步理論代替經濟決定論；在目標上，用全面發展的社會理論代替片面發展的社會理論。他還認爲生產力和生產關係之間、經濟基礎和上層建築之間的矛盾是社會的基本矛盾，正是它們的矛盾運動推進社會由低級社會形態發展到高級社會形態。人類社會從低級向高級階段的發展，歸根到底都是生產力發展的結果。只有生產力的充分發展，物質財富的源泉涌流，才能爲階級和階級差別的消滅創造物質基礎，才能爲人的全面發展提供充分的物質條件，保證社會一切成員有充裕的物質生活，社會才能實行"各盡所能，按需分配"，才能達到真正和諧的共產主義社會。

和諧社會是以人的全面自由發展爲最高價值趨向和最高評價標準的社會。我們在構建社會主義和諧社會中一定要堅持以人爲本，反對重經濟發展輕人的發展的傾向，在促進經濟社會發展的過程中大力促進人的發展，積極爲實現人的全面發展創造條件。以人爲本的科學發展觀並不否認經濟發展、GDP 增長，相反，它所強調的正是經濟發展、GDP 增長，其歸根到底都是爲了滿足廣大人民群衆的物質文化需要，保證人的全面發展，人是發展的根本目的。建設和諧社會，根本在於社會主義市場經濟的和諧發展，發展爲構建和諧社會提供了堅實的物質基礎。發展社會主義市場經濟的一個重要方面是建構社會主義經濟倫理，它深刻地影響着社會成員的心理結構、價值取向和倫理觀念，從而不可避免地影響市場經濟的運行和社會變遷的進程。因此構建社會主義和諧社會的經濟倫理思想並不是憑空提出，而是符合馬克思經濟倫理思想的基本原理，有着深厚的馬克思主義理論淵源。

而作爲現實的、具體的個人不僅是物質生產活動的承擔者，而且也是一定政治活動和精神活動的承擔者。他不僅與生產力和生產關係的矛盾運動聯繫在一起，而且與經濟基礎和上層建築的矛盾運動聯繫在一起。他還通過不同方式推動着社會生產力的發展，形成了一定的社會關係和經濟結構。如果在社會發展中只重視物的尺度而忽視人的尺度，只重視經濟增長而忽視人的道德思想進步，這種發展的結果只

能導致與人的價值實現目標的背道而馳。馬克思始終註重以人爲本，把人的精神建設和自我價值的實現放在首位，從他關於和諧社會的思想中我們可以看出，在市場經濟中，作爲上層建築的倫理道德建設，是人的精神活動中至關重要的一項，也是實現人與經濟、人與社會相和諧的重要樞紐。所以，在馬克思經濟倫理思想的基礎上構建切實有效的經濟倫理體系，是加快建設和諧社會的必要環節。

3 《資本論》中協調發展思想及其當代價值

19世紀中期,馬克思對重農主義學派代表魁奈的思想進行了研究,並對其著作《經濟表》給予了很高的評價,通過研究發現,重農學派的研究有一定的思維局限。馬克思通過對亞當·斯密的研究發現,斯密的分析依然沒有擺脫重農學派的狹隘眼界,並對社會總資本再生產的分析明顯有倒退的痕跡。斯密以後的經濟學家,李嘉圖、拉姆塞、施托爾希等,無論是資產階級經濟學家還是小資產階級經濟學家,他們的研究基本上是對斯密觀點的教條,在對社會總資本再生產問題的分析上,並無多大創見。馬克思針對斯密等思想的局限性,提出了協調發展理論。

3.1 社會生產的兩大部類

馬克思在研究和批判一衆經濟學家的思想基礎上,運用動態分析法和科學抽象方法,將社會生產分成了兩大部類:生產生產資料的第一部類和生產消費資料的第二部類[1]。正如列寧在其《卡爾·馬克思》文章中所言,"馬克思要考察的不是個別現象,而是普遍現象;要考察的不是社會經濟的零星部分,而是全部社會經濟的總和"[2],這是對馬克思分析社會總資本特點的高度概括。所以,馬克思從分析的開始就對社會生產進行了兩大部類的劃分,即把社會生產的各個部分,無論進行社會生產的部門數量是多少,也不區分社會產品的種類有多少,對每一種產品而言,不是作爲生產資料使用,就是被作爲消費資料使用。即便生產資料和消費資料之間難免有交叉現象存在,也不妨礙將社會總產品劃分成兩大類,將社會生產劃分成兩大部類。

---

[1] 馬克思恩格斯全集:第25卷[M].北京:人民出版社,1972:438.
[2] 列寧全集:第21卷[M].北京:人民出版社,1984:46.

3.1.1 社會資本再生產出發點

社會總產品是物質生產部門在一定時期（通常指一年）內所生產的全部物質資料的總和。馬克思將社會總產品依照實物形態劃分成了生產資料和消費資料兩大類：①生產資料，只適用於生產消費；②消費資料，只適用於個人消費。兩大類產品分別由生產生產資料的第一部類和生產消費資料的第二部類提供，其中，每一部類的所有不同生產部門總和起來就形成一個單獨的大生產部門，並且兩個生產部門各自使用的資本都形成社會總資本的一個特殊的大部類。所以，社會總產品就是生產資料和消費資料之和。

馬克思對社會總資本再生產的分析，是對《資本論》第一卷已經闡明的原理的再運用。在《資本論》第一卷中，馬克思將資本主義每一種商品的價值都分成了三個部分，因此，兩大部類生產的產品依照價值形態也分成了這樣的三個部分：①不變資本價值；②可變資本價值；③剩餘價值。

用公式表達如下：

$$I = c + v + m$$
$$II = c + v + m$$

公式代表各部類的價值總和。其中，第一部類用 I 表示，第二部類用 II 表示，c 代表不變資本，v 代表可變資本，m 代表剩餘價值。這兩個部類中，每一個部類所生產的年產品總價值都是由兩個部分組成的：一是不變資本 c 的轉移，形成的轉移價值；二是通過勞動創造的價值部分。通過勞動創造的價值部分，又分成預付可變資本 v 的補償價值和剩餘價值 m 兩部分。所以，部類年產品的價值，與每一個商品的價值一樣，都是由 c + v + m 組成的。

3.1.2 社會總資本的再生產和流通

社會總產品按實物形態分為生產資料和消費資料兩大類，按價值形態分為不變資本、可變資本和剩餘價值三部分，這是馬克思研究社會總資本再生產的兩個基本理論前提。

社會總資本再生產得以周而復始地循環進行，其核心是社會總產品的實現問題，即社會總產品的價值補償和實物補償得以實現的問題。研究社會總資本再生產的起點是社會資本簡單再生產，繼而到社會資本擴大再生產。

3.1.2.1 社會資本簡單再生產

社會資本簡單再生產是在原有生產規模上進行的重複生產，它為社會資本擴大再生產的實現奠定基礎，是擴大再生產的前提和組成部分。

馬克思指出："如果要研究簡單再生產基礎上的各種必要交換，假定這里的全部剩餘價值都是通過非生產的途徑消費掉了，並且先不考慮作爲交換的媒介流通的貨幣因素，所以，研究必須要基於以下三個基本要點而開始。"①

（1）第二部類工人的工資部分 v 和資本家的剩餘價值部分 m，必須用於購買消費資料實物，即第二部類生產的產品。同時，這兩部分的價值也沉澱在了消費資料中，流向第二部類的資本家手中並被用於補償預付的 v+m。所以，第二部類的工資和剩餘價值部分，是在第二部類內部通過與該部類的產品進行交換實現的。經過這樣的交換，在第二部類的總產品中，v 和 m 以消費資料的實物形態消失了。

（2）第一部類的 v+m，也要用於消費資料上，即消耗在第二部類的產品上。只要和第二部類產品的 c 部分交換，並且價值上剛好相等就可以實現。所以，通過交換，第二部類得到了數額相等的生產資料，並替換掉了已經消耗掉的不變資本 c。此時，第二部類中的 c 和第一部類中的 v+m 也從價值數量的計算中抵消了。

（3）公式中剩下來的第一部類中的 c，是由生產資料的不變資本部分構成，只能在第一部類內部交換使用，並替換部類內部消耗掉的不變資本。所以，只能通過從事第一部類生產的各個資本家之間的交換來解決。此時，第一部類總產品中的 c 部分，也以生產資料的形態抵消了。

社會總資本簡單再生產就是通過這三個方面的交換來實現的：第二部類中代表可變資本和剩餘價值的那部分產品價值通過在本部類內部的交換得以實現；第一部類中代表可變資本和剩餘價值的那部分產品通過與第二部類中代表不變資本的那部分產品相交換得以實現；第一部類中代表不變資本的那部分產品通過在本部類內部的交換得以實現。

三個方面的交換，其中：公式 I（v+m）= IIc，是實現社會資本簡單再生產的基本條件，表明了兩個部類之間相互依存、不可分割的密切關係。以基本實現條件爲基礎，延伸出另外兩個條件：① I（c+v+m）= Ic+ IIc，表明了生產資料在價值和實物形態上的補償路徑；② II（c+v+m）= I（v+m）+II（v+m），表明了消費資料在價值和實物形態上的補償路徑。

經過上述兩大部類之間和各部類內部的交換，在理論上，社會總產品的使用價值和價值兩個方面在實物形態上都得到了相應的補償，在價值形態上也實現了等額的價值補償，因此，社會總資本的簡單再生產也隨之實現了。上述分析也僅僅是在理論分析的層面上，基於資本主義社會資本再生產的現實，無論是兩大部類之間的交換還是各部類內部的交換過程，都是充斥着許多的衝突和矛盾的。

---

① 馬克思恩格斯全集：第 25 卷 [M]．北京：人民出版社，1972：441．

3.1.2.2 社會資本擴大再生產

擴大再生產是社會生產在擴大了的規模上進行的重複生產。要進行社會資本的擴大再生產，先要擴大生產規模，生產規模的擴大依賴於生產投入的增加，這就要求社會總產品在滿足了社會資本簡單再生產中對生產資料和消費資料的需求後，必須有一定的剩餘，以保證滿足社會資本擴大再生產條件下對追加投入的生產資料和消費資料的需要。

用公式表示如下：① I（v+m）> IIc，只要滿足這個公式，就能夠提供生產資料的追加投入；② II（c+m-m/x）>I（v+m/x），只要滿足這個公式，就能夠提供消費資料的追加投入。

社會總資本的簡單再生產和擴大再生產的實現都要求兩大部類之間和兩個部類內部保持合理的比例關係，社會資本的再生產都必須按比例進行。

3.2 協調發展思想

19世紀中期的工業革命，促進了資本主義的極速擴張，社會分工和私有制得到進一步發展，這也促使了以物質資料生產爲主的商品經濟的飛速發展。社會分工下的社會化大生產對當時的生產提出了更高的要求，高度專業化、集中化和組織化是對生產的新要求。同時，生產的社會化要求社會對生產資料進行有計劃、按比例的分配使用，生產成果應根據全社會的需要進行分配。而資本主義私有制下的無政府狀態造成的盲目競爭卻阻礙了這一客觀要求的實現。因資本家逐利的本性，爲了追求更多的剩餘價值，社會生產中各個部門的企業受利益驅使，以市場價格的高低作爲企業生產的出發點，不斷擴大生產並提高勞動強度以加強對勞動者的剝削程度，造成了生產與積累無限擴張，而資本主義剝削下的人民群衆卻日益貧困的矛盾局面。隨著生產過剩與人民相對購買能力不足之間的矛盾的不斷加劇，社會生產中兩大部類的比例關係出現了嚴重的失衡，協調關係被破壞，使得"資本主義的商品生產，平衡本身成了一種偶然現象"①。

3.2.1 資本主義生產方式與協調發展

馬克思對社會資本再生產理論的分析，也揭示了一個重要的基本原理：因爲資本主義制度下的生產，社會總資本再生產中各部門生產的比例關係，常處於失衡狀

---

① 馬克思恩格斯選集：第24卷 [M]．北京：人民出版社，1995：558.

態，而導致資本主義基本矛盾的不可調和和資本主義經濟危機的週期性爆發。所以，社會再生產要得以順利循環，社會生產的兩大部類之間和兩大部類內部必須要保持合理的比例關係，也就是必須保證社會生產各部門之間要按比例協調發展。兩大部類協調發展思想是馬克思社會總資本再生產理論的核心部分，兩大部類協調發展是資本主義生產得以順利進行的關鍵。

經濟危機是資本主義生產方式發展不協調的集中表現，也是馬克思在資本論中總體論證"資本主義生產方式不協調發展"命題的有力佐證。馬克思的《資本論》本身就是一部對古典政治經濟學批判繼承的理論經典，當初馬克思對古典政治經濟學中關於資本主義生產方式協調發展思想的批判和繼承，在強有力的證據面前是成立的。馬克思在《資本論》中對資本主義生產方式發展協調可能性持根本性的否定態度，通過探析資本主義社會總資本的生產、流通、再生產過程對資本主義不協調發展的規律性進行論證，從而揭示人類社會協調發展的一般規律，並最終創立了關於人類社會協調發展的科學思想。

從生產力與生產關係二者的關係來看，生產力決定生產關係，生產力發展的要求決定生產關係的變革；生產關係對生產力具有反作用，既可以推動生產力的發展，也可以阻礙生產力的發展。所以，社會發展必定建立在物質生產力發展這一唯物史觀基礎之上，資本主義社會的發展也不例外。"只有把社會關係歸結於生產關係，把生產關係歸結於生產力的水平，才能有可靠的根據把社會形態的發展看作是自然歷史過程，否則，就沒有社會科學。"[①] 因此，忽視生產力本身的發展水平和階段是無法建立協調發展的目標的，除非社會生產力實現了高度發達，而這要取決於社會生產力的不斷發展和積累，否則，是不能逾越的。所以，人類社會協調發展是客觀規律發揮作用的必然要求。

馬克思的人類社會協調發展的科學思想以實現人的全面自由發展爲目標。資本主義商品經濟中興起的拜物教，只見物不見人的思想影響深遠，嚴重抑制了人的全面自由發展。在資本主義生產條件下，資本家瘋狂追逐剩餘價值，物質利益高於一切的思想甚至使資本家敢於鋌而走險。資本主義社會發展不協調的表現都與人的全面自由發展背道而馳。

3.2.2 協調發展思想的理論指導意義

馬克思兩大部類協調發展的原理思想爲學者對第Ⅰ部類和第Ⅱ部類概念外延的研究奠定了基礎。學者劉宇、逄金玉、陳偉在研究中指出："在社會主義現代化生

---

① 張宇、孟捷、盧荻. 高級政治經濟學 [M]. 北京：中國人民大學出版社，2012：56-57.

產過程中，維持簡單再生產或實現擴大再生產，如果僅僅依靠實現的物質形式的產品補償和積累，那肯定遠遠不能滿足生產和生活的需要。金融、信息、通信、交通運輸等一系列服務業的發展和支持，也是維持簡單再生產和實現擴大再生產不可或缺的條件。因此隨著社會生產力的不斷發展，伴隨非物質產品在生產消費和生活消費中所占比例的提高，第Ⅰ部類和第Ⅱ部類概念的外延也應該相應擴大，應該將物質產品和非物質產品同時納入第Ⅰ部類和第Ⅱ部類的概念之中。"①

外延擴大再生產理論的分析與研究，其意義在於在遵循兩大部類比例合理關係協調的基礎上，有助於厘清兩大部類與三次產業之間的關係，並依託生產優化資源配置，使其促進經濟發展的優勢得以發揮。

馬克思兩大部類的劃分依據是產品的經濟用途，第一部類生產的生產資料和第二部類生產的消費資料都是物質資料，兩大部類是物質生產部門，涉及的是物質生產領域。目前國際通用的分類標準是三次產業分類法，其分類依據是社會生產活動的順序。第一產業是農業，包括種植業、林業、畜牧業和漁業；第二產業包括工業（包括製造業、採掘業和煤電水等）和建築業；第三產業是指除第一和第二產業之外的各行業，即廣義的服務業。兩種分類方法既有區別又有聯繫，三大產業中的第一產業和第二產業與兩大部類都是從事物質生產性活動，第三產業提供的服務性勞動主要是非物質生產性活動，其所創造的價值主要依附在生產資料和消費資料的產品身上，最終通過生產資料和消費資料的使用和消耗獲得價值補償。

非物質資料的生產部門，第三產業主要為社會提供生產性服務和生活性服務兩大類。生產性服務主要用來滿足中間生產的需求，通過市場化模式向生產企業或其他經濟組織提供中間投入的服務②。生活性服務主要用於滿足人們的消費需要，具有較強的消費型特徵。第三產業中提供服務的各產業部門，是社會生產與消費的中間環節，將兩大部類的生產緊密地銜接了起來。生產性服務業為第一和第二產業服務，必將提高兩大產業的勞動生產率並促進兩大產業的技術進步和創新。生活性服務業通過滿足人民群眾日益增長的物質文化生活需要，將大大提高人們的生活水平，改善人們的生活質量。

兩大部類的協調發展，三大產業之間的協調發展都離不開第三產業的良性循環。隨著產業分工日益細化，第三產業服務的行業範圍越來越廣，其對國民經濟的推動力越來越強，逐漸成為吸納勞動力最多、提供就業崗位最多的產業。《中國統計年鑒》的數據顯示，2014年第三產業對全國GDP增長的貢獻率是48.9%，超過了第一產業的4.7%和第二產業的46.3%，成為拉動經濟增長的主要驅動力。

---

① 劉宇，逢金玉，陳偉. 兩大部類協調性：量化測算——基於我國現實經濟活動的視角[J]. 經濟學家，2007（6）.

② 高覺民，李曉慧. 生產性服務業與製造業的互動機理——理論與實證[J]. 中國工業經濟，2011（6）.

3.2.2.1 協調發展思想有助於實現社會主義市場條件下生產消費和生活消費的協調發展

社會再生產由生產消費和個人生活消費兩部分構成。生產消費是指在生產過程中勞動力和生產資料的使用和消耗,以滿足生產和生活物質資料的需要,直接的生產過程主要發生的是生產消費。個人生活消費是指爲滿足個人的生存和發展需求而對產品的使用和消耗。

新中國成立初期,中國是一個人口多、底子薄、基礎弱的國家。二戰後,20世紀40年代日本等國通過一系列政策加強基礎工業設施的建設,取得相當成效之後轉向重工業建設發展的方向,通過又一個10年的發展時間,繼而向新興技術產業邁進,一系列措施使得日本在20世紀70年代一躍成爲當時僅次於美國的第二大發達經濟體。爲了使我國盡快從落後的農業國發展成先進的工業國,也爲了盡快趕上當時的發達經濟體的發展速度,我國開始優先發展重工業。改革開放之後,我國依靠資源禀賦帶來的比較優勢,加上技術創新和產業升級的後發優勢推動,經濟持續高速發展,一躍成爲世界第二大經濟體。隨著2009年4萬億政策投資紅利的消失,我國政府主導的高投資、高積累拉動經濟增長的方式,重投資輕消費、重生產輕生活的增長模式已經不適應當前生產力的發展狀況。這種產業結構不合理導致的結構性供需不適,表明單純依靠投資、依靠外需拉動經濟增長的模式已經不能維持經濟的協調和可持續發展。2014年我國GDP增長率是改革開放30多年以來的最低點,2015年的GDP更低,足以證明。

由於長期以來的政策,投資需求主要拉動了生產消費的增長,擴大內需,既要拉動投資需求,還要帶動消費需求,而消費需求主要是指生活消費。在社會主義條件下,生活消費是社會再生產順利進行的重要條件,也是社會再生產的根本目的①。生產消費的生產主要由第一部類的生產部門完成,生活消費主要由第二部類來完成。生活消費的不足,勢必對第二部類的生產產生重大影響,從而產生連鎖反應影響到第一部類的生產,最終導致兩大部類之間的比例失調,影響社會再生產的正常運行。所以,加強生活消費觀念的意識,扭轉長期以來重視生產消費而對生活消費認識不足的觀念;合理優化生產結構方面的投資結構,以消費促投資,以投資引導消費升級;除此之外,還要增加居民收入,建立和完善公共服務政策和加強各種保障機制以明確消費預期,並建立擴大消費的長效機制。所以,投資、消費和出口三大需求之間的協調發展,生產消費和生活消費的協調發展都對社會主義生產和生活建設有著極其重要的意義。

---

① 劉國光. 馬克思的社會再生產理論 [M]. 北京:中國社會科學出版社,1981:134.

3.2.2.2 協調發展思想將我黨對社會主義建設規律、我國經濟發展規律的認識提升到了一個新的高度

我黨通過對社會主義建設規律、我國經濟發展規律的再認識，提出了科學發展觀，爲推動中國經濟改革與發展指明道路。馬克思創立的社會協調發展的科學思想是我國科學發展觀這一重大戰略思想提出的理論基礎，並將指導我黨不斷深化對科學發展觀的認識。馬克思的協調發展思想以實現人的全面自由發展爲目標，也是"堅持以人爲本，樹立全面、協調、可持續發展的發展觀，促進經濟社會和人的全面發展"的科學發展觀要實現的目標。科學發展觀的基本要求是全面、協調、可持續發展，實現的根本方法就是統籌兼顧。

科學發展觀要求統籌區域協調發展，走新型工業化道路。區域競爭就是比較優勢的競爭，可以通過加強區域競爭從比較優勢角度出發謀劃推進區域產業發展。發展是第一要務，可以在發展中進行調整以尋求轉變，以改造提升傳統產業、培育戰略性新興產業。

科學發展觀要求統籌城鄉協調發展，走新型城鎮化道路。統籌產業協調發展要與工業化進程相適應，以推進城鄉結構的戰略性調整。

科學發展觀要求統籌經濟與生態、經濟與社會協調發展，走人與自然、人與社會和諧發展的道路。保護生態重在治本，邊污染邊治理、先發展後治理的陳舊思維模式使人類受到了大自然的嚴懲，必須接受教訓，把循環經濟理念貫穿經濟發展的全過程，企業等微觀經濟主體要嚴格按照國家的節能減排政策開展生產，以實現能耗最小化、排放最低化的目標，這也是生態文明建設的要求。科學發展觀還要求統籌政治、經濟、社會、文化這四個文明的協調發展。

3.2.2.3 協調發展思想是五大發展理念的理論依據

創新、協調、綠色、開放和共享五大發展理念，集中反應了我國改革開放30多年的發展經驗，也是我們黨對我國經濟發展規律的新認識[1]。"創新"是引領經濟發展的第一動力，生產領域的科技創新將成爲第二產業發展的直接驅動引擎。除了科技創新，還要加強理論創新、制度創新和文化創新，使經濟體制、政治體制、文化體制和生態文明體制之間彼此和諧、相互帶動並互相促進，共同促進我國經濟的全面、協調、可持續發展。"協調"主要是做好四個統籌兼顧，統籌區域協調發展、統籌城鄉協調發展、統籌經濟與生態的協調發展、統籌經濟與社會的協調發展，處理好人與自然的關係、人與社會的關係。"綠色"是生態文明建設的目標，通過處理各方複雜的矛盾，實現綠水青山就是金山銀山的願景，共同爲創建新型的綠色生產和生活方式而努力，協同推進國家富強、人民富裕。在面對新的國際形勢的情形

---

① 中共中央關於制定國民經濟和社會發展第十三個五年規劃的建議 [M]. 北京：人民出版社，2015.

下,"開放"不僅要求我國統籌利用好國際和國內兩種資源、兩個市場,構建高層次的開放經濟,還要求我國以積極的姿態推動新型國際關係的形成,爲促進全世界人類的共同繁榮和持續擁有和平發展的生活環境做出貢獻。"共享"是五大發展理念的落腳點,是社會主義的本質要求,也是我國在國際上體現社會主義大國的責任和擔當的勇氣和魄力。中國經濟發展的成果,將惠及國際社會的廣大民衆,人的全面自由發展的目標的實現,需要全世界人民的共同努力。

3.2.3 以協調發展思想指導產業結構優化升級,轉變經濟增長方式

3.2.3.1 以馬克思協調發展思想指導我國經濟產業結構轉型升級

馬克思兩大部類協調發展的理論思想是社會再生產順利進行的基礎條件,在當代社會主義市場條件下,馬克思中國化的現階段國情下,馬克思協調發展的科學思想煥發出更強大的生命力和思想指導力,對於我國當前的經濟結構調整、實現產業結構的優化升級有着重大的現實指導意義。

馬克思對社會再生產理論的核心問題,兩大部類各部門之間及部類内部各部門之間比例發展的協調性研究,是我國合理調整經濟結構、實現產業結構轉型升級的理論依據。目前我國實體經濟低迷,經濟下行壓力波及的產業範圍較廣,經濟增長率放緩是中國經濟新常態要面臨的現實境況,也是當前正在解決的問題。依照馬克思協調發展思想的邏輯,"建立在個人全面發展和他們共同的、社會的生產能力成爲從屬於他們的社會財富這一基礎上的自由個性"[①]的結構調整是社會主義生產的方向,即突破經濟以利潤率衡量的標準,代之以滿足人類的需要、以全面發展標準和人文發展指數衡量中國經濟的發展,與社會主義市場經濟的本質要求"滿足人民群衆日益增長的物質文化需要"也是相適應的。馬克思協調發展思想指導下的產業結構關係調整,要處理好以下三個方面的關係。

(1) 充分發揮市場和政府的雙重作用。

在資本主義發展過程中,隨著生產力的不斷發展,資本主義生產曾處於盲目競爭和無政府的生產狀態,因此,資本主義生產和人民群衆日漸貧困的基本矛盾不斷加深,並爆發週期性的經濟危機,對生產力造成極大的破壞。學者劉國光說:"市場經濟是一切商品生產發達到社會化大生產階段所客觀必需的資源配置方法,基本上不依存於社會制度的性質。"[②] 在社會主義市場經濟條件下,充分發揮市場對資源的配置作用,通過平等、開放、競爭的機制,市場發揮其優勝劣汰的競爭機制,去

---

① 馬克思恩格斯全集:第30卷[M]. 北京:人民出版社,1995:107.
② 劉國光. 劉國光自選集[M]. 北京:學習出版社,2004:363.

除當前第二產業中尤其是能源產業的過剩產能並激發企業轉型升級、積極尋求產業優化升級的路徑,以實現社會資源的優化配置。

政府應積極轉變其職能,從對微觀經濟主體的過多干預向服務型政府轉變,以徹底打破我國產業在優化升級過程中受到過多體制性障礙限制的局面。政府還應加快產業管理體制的改革速度,爲我國產業的優化和升級創造良好的體制和制度環境。比如,健全投融資體制改革,以促進高新技術企業、中小型創新型企業的發展;建立規範企業的信用評價制度和產品質量信用制度,保持良好的市場競爭秩序;支持產業技術創新的研發並加大在資金等方面對其的投入和支持力度,並完善知識產權、技術產權的保護機制。產業結構的調整,還需要合理有效的產業政策的保護和支持。政府通過制定和完善產業政策,以推動三次產業之間的良性互動和發展。合理的產業政策,首先要鞏固第一產業的基礎地位,然後改善第二產業的內部結構比例以促進國民經濟質量和效益的提高,還要加快第三產業的整體發展,以從整體上實現三次產業之間的優勢互補和資源在三次產業之間的合理有效流動。只有將市場對資源的配置作用與政府的宏觀調控作用結合起來,發揮二者的協調作用,才能更好地實現我國產業結構的優化和升級。

(2) 協調各產業之間及產業內部的比例關係。

首先要處理好農業和工業的關係。國民經濟的兩大產業部門,農業和工業之間存在相互依存的關係。工業是社會財富的主要物質資料生產部門,是農業發展的物質和資金的強大動力和保障。農業爲工業的發展提供原材料,爲勞動者提供基本的生活資料,是工業發展的基礎保障部門。改革開放以來,工業發展迅速,成爲國民經濟的主導產業,而農業的基礎地位越來越薄弱。應該深化農村改革,實現工業對農業的反哺作用,以改變農業和農村經濟在資源配置和國民收入分配地位中的弱勢地位,協調好農業的基礎作用與工業的主導作用之間的關係。

第三產業服務業的發展,可以提供更多的就業機會,提升服務業的整體水平。這就需要創造有利於服務業發展的體制和政策環境,把服務業的發展放到更加突出的位置,以不斷提高服務業的產值和就業比重。馬克思也指出:"由於這種勞動的使用價值,由於這種勞動以自己的物質規定性給自己的買者和消費者提供服務。對於提供這些服務的生產者來說,服務就是商品。服務就有使用價值和交換價值。"[①]馬克思對服務活動的高度評價,也說明了加快現代服務業發展的必要性和重要性。

還要協調好工業內部不同生產部門之間的關係。傳統的製造業產業因我國資源禀賦的相對優勢曾在我國的工業化進程中發揮了主導作用,但也因高投入、高能耗的粗放型增長方式,經濟上出現結構性短缺與過剩的矛盾。所以,在工業結構調整

---

① 馬克思恩格斯選集:第 24 卷 [M]. 北京:人民出版社,1972:149.

中，要註重傳統產業和新興產業的共同發展，尤其是用先進的科學技術提升和改造傳統產業。

（3）推動企業的自主創新、科研能力，促進產業優化升級。

生產領域的科技創新是企業的核心競爭力，應該以技術的創新和升級爲突破口推進我國產業的優化和轉型升級。要做強工業，必須加大投入以提高我國科技的自主研發能力，加強技術和知識密集型的高新技術產業和中高端裝備製造業的發展，積極引進先進生產技術並加強消化、吸收和改良，並用先進生產技術改造傳統產業和傳統工藝，淘汰落後的技術設備和工藝，以加快我國高新技術產業步伐，振興我國製造業的發展。將技術的創新和升級作爲調整我國經濟結構、優化和升級我國產業結構的突破口，也是協調經濟與社會、人與自然協調發展的路徑。通過技術創新、科技突破，開發新能源、發展循環經濟，使資源向高效、環保方向靠攏，使企業向環保、污染少的方向發展，控制工業發展對生態環境的破壞並註重資源的節約和高效利用，通過技術進步來完善企業的組織結構並進行產業關聯以提高企業的規模效益和綜合競爭力，帶動其他各部門的共同發展。

3.2.3.2 以馬克思的協調發展思想推動經濟增長方式轉變

馬克思協調發展的科學思想，引領了我們黨對我國經濟發展規律的新認識。黨在十八大報告中指出，經濟要持續健康發展，必須從速度至上和規模擴張的增長方式和發展方向向質量和效益優先的方向轉變。這就要求切實轉變我國經濟的增長方式，一改過去靠投入大量人力、物力、資金以求經濟在數量、速度和產值上高增長的粗放型發展方式，爭取走出一條以生產領域的科技創新爲核心驅動力、經濟效益好、資源消耗低、環境污染少、人力資源優勢得到充分發揮的新型工業化道路，保證經濟向高質量、效益優先的方向發展，實現人口、資源與生態環境協調發展的集約型經濟發展方式。

（1）轉變經濟增長方式，要突破技術瓶頸，實現科技創新，引領生產發展的新方向。

科學技術創新是轉變經濟增長方式的前提條件，我國生產尤其是製造業出現的結構性短缺與過剩並存的局面，就是由於我國生產技術的瓶頸、核心技術短缺，致使我國生產長期處於低端的加工製造環節，對於中高端的新興技術產業因技術能力不足、創新不夠而鮮少涉及。

要實現科技創新，就要增強企業自主創新、自主研發的能力，政府需要加大在資金方面、人力物力保證方面對企業創新和研發的支持力度。政府要充分發揮其在建設創新型國家體系中的主導作用，爲企業的自主創新提供必要的外部環境與內部人力、財力的支持。作爲市場經濟的主體，政府在政策、制度上對於企業的自主創新給予更多支持的同時，必然要明確企業才是自主創新、自主研發的主體。企業是以利潤最大化爲生産目的，技術的突破和創新是企業建立自主知識産權的必由之路，也爲企業能够參與當今激烈的國際競爭提供可能性。所以，需要對企業自主創新的渠道進行挖掘，企業既可以通過引進國外的先進生産技術並對其進行消化和吸收後，在此基礎上進行二次開發以提升企業自身的技術水平，也可以由國家採取政府採購的方式實現企業的技術創新。企業增强了自主研發和自主創新的能力，實現了科學技術的進步和升級，我國的産業結構也將趨於合理和優化。

高校和科研院所作爲我國的科研陣地，企業可以與其廣泛開展"校、院、企"合作模式，充分發揮理論與實踐的結合作用，在科學技術的研發領域開闢出一片新天地。政府也要積極引導和鼓勵高校和科研院所依靠自身的科研優勢，通過與企業合作創建、建立産研一體化辦學模式，與企業多開展横向或縱向的科研課題研究等方式，快速建立具有規模化的創新集聚效應，以提高企業自主創新、自主研發的科研成果的轉化率。

(2) 轉變經濟增長方式，要加强對科技人才的培養，以發揮人力資源的優勢。

馬克思指出，在社會化大生産中，勞動工具（科學技術）、勞動對象（資源）和勞動力是生産力發展的三大要素。在馬克思的擴大再生産理論中，如果以外延式的方向發展，側重在廣度上以投入更多勞動力創造更多就業崗位的形式擴大生産，那麽勢必造成勞動生産率水平的低下，與不斷提高的社會化生産專業化水平不相適應。隨著生産力水平的不斷提高，社會化分工越來越細，企業對勞動生産率水平的要求也越來越高，對勞動者的素質要求也越來越高。要想解决勞動者的就業問題，就要提高勞動者的綜合素質，以適應不斷向縱深方向發展的企業的生産要求。科學技術的創新是科技人才智慧的凝結，加强對科技人才的培養，提升人力資源的要素禀賦，是促進科技創新實現經濟增長方式轉變的必要途徑。科技創新對人才的專業素養要求很高，在提升人力要素禀賦時，必須註重加强人才培養的針對性和定向化，可以以産業的優化和升級爲導向對人才實施定向的專業化的培養和教育，以不斷提高企業的勞動生産率水平，不斷提高産業的專業化分工水平，實現企業的優化和轉型升級，增加企業的經濟效益，改變拉動經濟增長的方式。

(3) 轉變經濟增長方式，要協調好人與自然、經濟增長與生態環境的關係。

馬克思協調發展的科學思想，引導社會的擴大再生産由外延式向内涵式轉變。馬克思在對内涵式擴大再生産的分析中强調，高投入、高消耗、高污染的傳統模式只會造成經濟發展對環境的負擔，增加人與自然環境之間的矛盾和不和諧，經濟要得以健康可持續的發展，必須通過提高對自然資源的使用效率、降低能耗、减少經濟發展對環境造成的污染程度、發展循環經濟等方式來實現。

全面、協調、可持續的科學發展觀，以及黨的十八届三中全會提出的五大發展理念，都要求經濟不能再以資源的過度消耗、自然環境的日趨惡化爲代價來尋求發展和增長。如何實現我國經濟的發展與自然環境的協調發展是我國經濟發展目前面臨的重大現實問題。我國企業參與國際競爭，既有硬件的競爭，也有軟環境和軟實力的較量。科技創新和技術進步已經成爲拉動經濟增長的決定性力量。黨在十六屆五中全會上提出"提高企業自主創新能力，並把增強自主創新能力作爲調整產業結構、轉變經濟增長方式的中心環節"的號召。要以企業的自主創新爲突破口轉變經濟的增長方式，首先要樹立建設低碳經濟發展模式的思想。要順應世界經濟的發展趨勢，走綠色經濟的發展道路，建立"綠水青山就是金山銀山"的發展思路，着力發展低碳經濟和生態經濟的高新技術產業，做到資源使用率的提高與環境保護的有機統一。經濟的發展對環境的破壞難以避免，國家和政府應該建立強有力的政策、法規，以加強企業環境保護的觀念和意識，杜絕發展高能耗、高污染的產業。同時，國家應加強生態恢復的經濟補償機制和獎懲制度的建設，增加高污染、高耗能企業的運營成本，促使企業轉型升級向低耗能、環保低碳的發展方向轉變。

經濟發展中對生態的保護重在治本，以"減量化、再使用、可循環"爲原則的循環經濟發展模式，是建設低投入、低消耗、少排放、高產出、能循環、可持續的經濟發展新模式的可行性路徑。把循環經濟理念和低碳發展模式貫穿我國產業發展的全過程，通過企業增強的自主創新能力的提升，我國經濟由資源的高投入向主要依靠提高資源利用率的方向轉變，由資金的高投入向主要依靠科技的創新和進步的方向轉變，從而改變經濟的發展和增長方式，實現科學地發展經濟的目標。

統籌經濟增長與生態環境、經濟與社會之間的協調發展關係，建立低碳經濟模式，大力發展循環經濟，不斷提高我國企業自主研發的能力，從而不斷增強我國經濟自主的能力，我國經濟才能實現既快又好的發展。轉變我國經濟的增長方式，建立節約型社會，才能使我國走上人與自然、人與社會、經濟與社會和諧發展的道路。

馬克思協調發展的科學思想，是我國經濟的發展方向和發展戰略制定的理論依據。它對我國國民經濟實現三大產業各部門之間及各產業內部各部門之間的協調發展，對我國科學發展觀及"五大發展理念"的提出，對我國經濟結構的調整及產業結構的優化和升級，對我國經濟增長方式的轉變，對構建和諧社會、踐行社會主義核心價值觀等都有重要的理論意義和現實指導作用。

4 《資本論》中轉型發展思想及其當代價值

4.1 《資本論》中轉型發展思想評價

4.1.1 轉型發展是經濟社會發展的客觀規律

(1) 轉型發展的歷史具有客觀性。

馬克思曾經指出:"生產的一切時代有某些共同標誌與共同規定"[1],人類歷史從低級到高級的過程不可逆轉,每一階段調整的都是生產者之間的關係,生產力的關係,以及生產工具的進步。從原始社會到社會主義社會,從人類的歷史來看都是這些關係的進步,並且從未發生過改變。所以說這些內容都是客觀存在的,並不會因為歷史前進而發生轉變。而共同標誌主要體現為勞動工具,勞動工具在每個時代都有可能發生進步,但作為工具的使用性本質是沒有發生變化的,是客觀存在的。貨幣作為交換工具也是客觀存在於諸多的社會形態當中的,這也可以視為共同的標準與規定。所以《資本論》中,馬克思指出"最簡單的商品形式……包含着貨幣形式的全部秘密,因此也就包含着萌芽狀態中的勞動產品的一切資產階級形式的全部秘密"[2]。

(2) 轉型發展的階段具有承接性。

在馬克思眼中,資本主義的發展分為"比較不發展的階段"和"比較發展的階段"。"比較不發展的階段"又稱"資本主義生產的幼年時期"[3],前一個階段都為後一個階段奠定了發展的基礎,後一個階段都是前一個階段的完善與進步。具體表現為:第一,兩個階段的相互關係不能顛倒;第二,二者都是需要時間來傳承;第

---

[1] 馬克思恩格斯選集:第 2 卷 [M]. 北京:人民出版社,1995:3.
[2] 馬克思,恩格斯,列寧,斯大林. 馬克思恩格斯《資本論》書信集 [M]. 北京:人民出版社,1976:216.
[3] 馬克思. 資本論:第一卷 [M]. 北京:人民出版社,1975:694.

三,這種承接性不是對上一階段的簡單復製,而是體現爲勞動協作與技術進步。

"規模不斷擴大的勞動過程的協作形式日益發展,科學日益被有自覺地應用於技術方面,土地日益被有計劃地利用,勞動資料日益轉化爲只能共同使用的勞動資料,一切生產資料因作爲結合的社會勞動的生產資料使用而日益節省。"①

(3) 轉型發展是經濟社會的自我否定。

"現代工業通過機器、化學過程和其他方法,使工人的職能和勞動過程的社會結合不斷地隨著生產的技術基礎發生變革","大工業的本性決定了勞動的變換、職能的更動和工人的全面流動性","用適應於不斷變動的勞動需求而可以隨意支配的人員,來代替那些適應於資本的不斷變動的剝削需要而處於後備狀態的、可供支配的、大量的貧窮工人人口;用那種把不同社會職能當作互相交替的活動方式的全面發展的個人,來代替只是承擔一種社會局部職能的局部個人"。工人們的職能自發生轉變,轉變的實質是對工人們過往職能和勞動形式的否定,這種否定提高了社會生產能力以及資本家的剩餘價值,所以發生起來也是必然的②。馬克思又指出:"在我們的資本主義社會里,勞動形式……變換是必定要發生的。"③

(4) 轉型發展是更高級的形態。

恩格斯指出:"馬克思的從商品到資本的發展……是具體的發展,正如現實中所發生的那樣。"④ 馬克思所說,"商品按照它們的價值或接近它們的價值進行的交換,比那種按照它們的生產價格進行的交換,所要求的發展階段低得多。而按照它們的生產價格進行的交換,則要求資本主義的發展達到一定的高度"⑤。轉型發展是自身發展的高級形態,從商品交換到資本的循環,社會發展到一定階段,資本積累到一定程度的產物,同時也要求資本主義發展到一定的高度。所以,在馬克思看來,轉型與發展一定是在過去基礎上的提升,是更高層次的發展。更高級的形式是本質上的提升,是資本與技術的更多結合,也是資本更加全面的融合。

4.1.2 轉型發展的主要內容是生產關係轉型

生產關係是生產過程中,人與人的關係。在馬克思看來,即便是簡單商品也是人與人關係的體現。資產階級行爲目的是"在資產階級生產關係下如何獲得財

---

① 馬克思. 資本論:第一卷 [M]. 北京:人民出版社,1975:831.
② 馬克思. 資本論:第一卷 [M]. 北京:人民出版社,1975:533-535.
③ 馬克思. 資本論:第一卷 [M]. 北京:人民出版社,1975:56-57.
④ 馬克思,恩格斯,列寧,斯大林. 馬克思恩格斯《資本論》書信集 [M]. 北京:人民出版社,1976:519.
⑤ 馬克思. 資本論:第三卷 [M]. 北京:人民出版社,1975:197-198.

富"①,這就意味着資產階級所涉及的人與人的關係包括資本家與資本家,資本家與工人階級的關係。資本家與資本家整體來説是競爭關係,但共同的利益又使資本家在對待工人階級的問題上趨於一致。工人階級内部也有矛盾,但主要還是和整個資產階級的矛盾,因爲這涉及兩大階級的財富的分配。"生產資料的集中和勞動的社會化,達到了同它們的資本主義外殼不能相容的地步。這個外殼就要炸毁了。"②

(1) 勞動者的轉型發展。

"勞動力所有者要把勞動力當作商品出賣,他就必須能夠支配它,從而必須是自己的勞動能力、自己人身自由的所有者"③,資本主義的發展,尤其是資本的積累離不開能夠自由出賣勞動力的勞動者,無論這種自由是真實的還是虚假的,至少看起來,勞動者的人身是自由的。縱觀歷史,勞動者雖然在原始社會是不受國家的約束和管控的,但依然受着氏族的影響。最關鍵的是原始社會生產力極端低下,勞動者最大的不自由來自於外界自然環境。有了一定財富積累,原始社會開始向奴隸社會轉型,勞動者進一步擺脱自然約束,但社會的枷鎖一直都存在。資本主義社會相對封建社會更是一次新的發展與轉型。

(2) 勞動過程的轉型發展。

社會轉型與發展的結果往往是人們的需求没有發生根本性改變,但是人們的滿足需求的手段卻進一步提高了。引起這種提高的結果就是生產流程、生產工藝及生產工具的發展。引入新的流程與新的工具以後,產品的產量得以提高,產品的品質得以改善。而生產者之間爲獲取市場的競爭也會由此變得更加激烈。"如果供求調節着市場價格,或者確切地説,調節着市場價格同市場價值的偏離,那麼另一方面,市場價值調節着供求關係。"④ "市場價格,並且進一步分析也就是市場價值,又決定供求。"⑤

同時,馬克思還認爲"各種經濟時代的區别,不在於生產什麼,而在於怎樣生產,用什麼樣的勞動資料生產。勞動資料不僅是人類勞動力發展的測量器,而且是勞動借以進行的社會關係的指示器"⑥。

(3) 生產關係的轉型發展。

生產力水平决定生產關係,生產關係反作用於生產力。生產力的發展也要求資本能夠以適合生產力的形式存在,正如恩格斯要求的那樣,"迫使資本家階級本身在資本關係内部一切可能的限度内,愈來愈把生產力當作社會生產力看待",如果

---

① 馬克思恩格斯選集: 第 1 卷 [M]. 北京: 人民出版社, 1995: 154.
② 馬克思. 資本論: 第一卷 [M]. 北京: 人民出版社, 1975: 831.
③ 馬克思. 資本論: 第一卷 [M]. 北京: 人民出版社, 1975: 190.
④ 馬克思. 資本論: 第三卷 [M]. 北京: 人民出版社, 1975: 202.
⑤ 馬克思. 資本論: 第三卷 [M]. 北京: 人民出版社, 1975: 213.
⑥ 馬克思. 資本論: 第一卷 [M]. 北京: 人民出版社, 1975: 204.

資本不能夠適應生產力的要求，那麼需要改變資本存在的形式，比如債券、股票、等等。"在一定的發展階段上，這種形式也嫌不夠了。"①

馬克思指出，"作爲資本家，他只是人格化的資本。他的靈魂就是資本的靈魂，而資本只有一種生活本能，這就是增殖自身，獲取剩餘價值"②，這里對資本的要求不但是資本要改變自己存在形式來適應生產力，還意味着人格化的資本即資本家也要改變自己的形式，但是這些形式總是歸集與落實在物的基礎上，即社會產品的基礎之上。因此，恩格斯指出，"經濟學研究的不是物，而是人和人之間的關係，歸根到底是階級和階級之間的關係；可是這些關係總是同物結合着，並且作爲物出現。"③ "這些簡單經濟關係單獨來看，是純粹的抽象，但在現實中卻是以各種最深刻的對立爲媒介的。"④ "產品本身屬於任何勞動方式，而不論勞動方式的社會形式如何。產品只有在它表示一定的、歷史上一定的社會生產關係時才是資本。"⑤

4.1.3 資本有機構成提高體現轉型發展高度

（1）社會勞動分爲兩大部類。

社會產品通常依據行業來細分，比如分爲農業、工業或者製造業等，還可以分爲實體行業和金融行業等。在馬克思這里，他把社會產品分爲兩大部類。馬克思認爲，"社會的總產品，從而社會的總生產，分成兩大部類。第Ⅰ部類爲生產資料：具有必須進入或至少能夠進入生產消費的形式的商品。第Ⅱ部類爲消費資料：具有進入資本家階級和工人階級的個人消費的形式的商品"⑥。兩大部類生產各自進行並完成各自的積累，同時兩大部類之間還相互將剩餘產品進行交換，以獲取對方的產出以及滿足自己的所需。兩大部類思想是馬克思產業結構理論的間接論述，從兩大部類平衡的角度論證了產業升級換代以及產業調整優化升級的理論。對世界各國的產業機構發展都有指導意義。

（2）轉型發展與資本有機構成的提高。

"這兩個部類中，每一部類擁有的所有不同生產部門，總合起來都形成一個單一的大的生產部門：一個是生產資料的生產部門，另一個是消費資料的生產部門。"⑦ "第Ⅰ部類的商品資本中的 $v+m$ 價值額，必須等於不變資本Ⅱc，也就是第

---

① 馬克思恩格斯選集：第3卷 [M]．北京：人民出版社，1995：751．
② 馬克思．資本論：第一卷 [M]．北京：人民出版社，1975：260．
③ 馬克思恩格斯選集：第2卷 [M]．北京：人民出版社，1995：44．
④ 馬克思恩格斯全集：第46卷（上）[M]．北京：人民出版社，1979：201．
⑤ 馬克思恩格斯全集：第47卷 [M]．北京：人民出版社，1979：173．
⑥ 馬克思．資本論：第二卷 [M]．北京：人民出版社，1975：438-439．
⑦ 馬克思．資本論：第二卷 [M]．北京：人民出版社，1975：438-439．

Ⅱ部類的總商品產品中分出來的與此相應的部分；或者説，Ⅰ (v+m) = Ⅱc。"①

基於馬克思兩大部類的基本論述，在馬克思看來，兩大部類首先要滿足自身的生產與再生產，然後再去進行兩大部類之間的交換。兩大部類交換的基礎是社會必要勞動時間，它是指人類無差別的勞動時間，當然，這里存在着簡單勞動與複雜勞動的換算關係，但總體來説可以遵循這樣的判斷。驅動着兩大部類自身滿足與跨部類滿足的動力就是社會生產的平均利潤。社會利潤在市場出清的情形之下，雖然會出現價格的波動，但從長期來看，波峰與波谷之間相互平錯，會形成行業的平均利潤，行業的平均利潤還會突破兩大部類形成兩大部類的利潤水平。

如果行業之間以及兩大部類之間存在着壟斷或者產業之間的比例關係不合理，則產能的不足與產能的過剩會同時出現。價格機制無法形成，資源也缺乏在行業之間以及在兩大部類間流動的信號，最終兩大部類的生產與再生產得不到實現。作爲兩大部類的生產資料的生產和生活資料的再生產都是在這樣的動態平衡過程中實現各自滿足的，從而兩大部類才有簡單再生產和擴大再生產的可能。

(3) 資本有機構成提高必然引起產業結構升級。

馬克思在《資本論》中認爲"由資本技術構成決定並且反應技術構成變化的資本價值構成，就是資本的有機構成"，是資本在技術層面的體現和在勞動力層面的體現的比例。資本在積累過後會在技術層面和勞動力層面沉澱。資本在技術層面的比重越大，勞動力所在比重越輕。在勞動者數目不變的情況下，產業在技術的推動下，結構越發優化，產品越發適宜。這就是資本有機構成與產業結構升級的正相關關係。

4.2 《資本論》中經濟轉型理論與其他相關理論比較

4.2.1 轉型發展與"企業轉型升級"的理念

社會整體經濟的轉型與發展在微觀層面就是企業的轉型與升級。早在20世紀90年代末，Gereffi (1999) 將其引入全球價值鏈 (Global Value Chain, GVC) 分析模式認爲"企業升級是一個企業或經濟體提高邁向更具獲利能力的資本和技術密集型經濟領域的能力的過程"②。

---

① 馬克思. 資本論：第二卷 [M]. 北京：人民出版社，1975：446.
② Gereffi G. International Trade and Industrial Upgrading in the Apparel Commodity Chain [J]. Journal of International E-conomics, 1999, 48 (1)：37-70.

這種獲利來自於資本與技術的密集，也來自於資本和技術驅動下的協作分工。馬克思說，"正如協作發揮的勞動的社會生產力表現爲資本的生產力一樣，協作本身表現爲同單個的獨立勞動者或小業主的生產過程相對立的資本主義生產過程的特有形式"，"這個起點是和資本本身的存在結合在一起的。因此，一方面，資本主義生產方式表現爲勞動過程轉化爲社會過程的歷史必然性，另一方面，勞動過程的這種社會形式表現爲資本通過提高勞動過程的生產力來更有利地剝削勞動過程的一種方法"。

Gereffi 也指出"企業升級就是製造商成功地從生產勞動密集型低價值產品向生產更高價值的資本或技術密集型產品這樣一種經濟角色轉移的過程"[1]。Kaplinsky（2001）認爲企業升級就是企業製造更好的產品、更有效地製造產品或者是從事需要更多技能的活動[2]。

馬克思認爲機器"創造了無限度地延長工作日的新的強大動機，並且使勞動方式本身和社會勞動體的性質發生這樣的變革，以致打破對這種趨勢的抵抗"，在這個意義上，機器是技術與資本的載體[3]。

Humphrey 和 Schmitz 認爲，從企業層面來講，升級是指企業通過獲得技術能力和市場能力，以改善其競爭能力以及從事高附加值的活動[4]。

"競爭鬥爭是通過使商品便宜來進行的。在其他條件不變時，商品的便宜取決於勞動生產率，而勞動生產率又取決於生產規模"[5]，所以規模也驅動着產業發展與轉型。

4.2.2 推動轉型發展的動因評述

市場的需求使企業有進一步擴大生產規模的衝動，從而勞動者也有了更廣泛的參與生產的機會。全社會就在這樣的動力之下追求產品的量與質，在追求過程中也推動了社會的轉型與發展。一如馬克思所說，"工業企業規模的擴大，對於更廣泛地組織許多人的總體勞動，對於更廣泛地發展這種勞動的物質動力，也就是說，對於使分散的、按習慣進行的生產過程不斷地變成社會結合的、用科學處理的生產過

---

[1] Poon T S C. Beyond the Global Production Networks: a Case of Further Upgrading of Taiwan's Information Technology Industry [J]. International Journal of Technology and Globalisation, 2004, 1 (1): 130–144.
[2] Kaplinsky R, Morris M. A Handbook for Value Chain Research [M]. Ottawa: IDRC, 2001.
[3] 馬克思. 資本論: 第一卷 [M]. 北京: 人民出版社, 1975: 447.
[4] Humphrey J, Schmitz H. Chain Governance and Upgrading: Taking Stock [A]. Schmitz H. Local Enterprises in the Global Economy: Issues of Governance and Upgrading [C]. Cheltenhan: Elgar, 2004: 349.
[5] 馬克思. 資本論: 第一卷 [M]. 北京: 人民出版社, 1975: 686.

程來説，到處都成爲起點"①。

馬克思指出："生產的規模越是隨著預付資本量一同擴大，生產的全部發條也就越是開動得有力。"②

從中國當前的情況而言，毛蘊詩認爲中國產業轉型的困難主要體現在以下六個方面："出口退税加工貿易政策調整、人民幣升值、原材料價格上漲、生產附加值低和反傾銷、質量環境認證等貿易、技術壁壘。"③ 幾年過去了，毛蘊詩所認爲的制約中國產業轉型的六大困境有的依然没有改變，有的卻發展到了相反的方向。出口退税政策我們没有改變，原材料價格上漲愈加劇烈，產品質量、技術壁壘等都還在。另一方面人民幣出現了貶值的趨勢，貶值的真正原因也是產品缺乏技術支持以及產業亟待轉型升級。

馬克思歸納到："生產逐年擴大是由於兩個原因。第一，由於投入生產的成本不斷增長。第二，由於資本使用的效率不斷提高。"④ 與馬克思相比斯特金和英斯特（Sturgeon & Lester）認爲除了產量，產業以及企業的轉型升級能力取決於產業或者企業所處的環境，包括内部環境與外部環境⑤。外部環境的競爭造就了產業的靈魂，強烈刺激着產業轉型與發展的衝動。"一種没有競爭的商業，這就等於有人而没有身體，有思想而没有產生思想的腦子"，"競爭會把社會資本這樣地分配在不同的生產部門中，以致每個部門的生產價格，都按照這些中等構成部門的生產價格來形成，也就是説，它們等於 k+kp"⑥。

產業結構的優化與轉型發展表現爲微笑曲線兩端的強化，微笑曲線兩端越高，説明產業的研發能力和銷售能力越强。毛蘊詩、鄭奇志在大陸和臺灣對幾十家企業調研的結果顯示，資源的整合能力、動態權變能力都是影響企業轉型發展的變量因素。這些轉型升級路徑與微笑曲線都是匹配的⑦。

4.2.3　貿易自由主義與全球化中的轉型發展

自由貿易理論的基礎爲產業相對優勢理論，即落後國家與地區也可以參與到發

---

①　馬克思. 資本論：第一卷［M］. 北京：人民出版社，1975：688.
②　馬克思. 資本論：第一卷［M］. 北京：人民出版社，1975：668.
③　毛蘊詩，吴瑶，鄒紅星. 我國 OEM 企業升級的動態分析框架與實證研究［J］. 學術研究，2010（1）.
④　馬克思恩格斯全集：第 26 卷（中）［M］. 北京：人民出版社，1973：598.
⑤　Sturgeon T, Lester R. Upgrading East Asian Industries: New Challenges for Local Suppliers［R］. Cambridge, Mass. Industrial Performance Center, MIT, 2002.
⑥　馬克思. 資本論：第三卷［M］. 北京：人民出版社，1975：193.
⑦　毛蘊詩，鄭奇志. 基於微笑曲線的企業升級路徑選擇模型——理論框架的構建與案例研究［J］. 中山大學學報（社會科學版），2012（3）.

達國家或者地區的貿易活動中去，原因就是這些發達國家或者地區自己生產的成本比從相對落後國家購買還昂貴。在這種理論支持下，國際分工也就順理成章，但從自由貿易的實踐來看，欠發達國家和地區非但沒有從國際貿易中獲得持久的利益，更有可能被固定在產業鏈分工的低端，並且持久不得翻身。除非產業鏈低端國家一開始就不盲從這種分工，並且臥薪嘗膽，時刻力圖往產業鏈上遊突破。那麼這樣的國家和地區也有可能成爲轉型與發展典範。

在資本主義制度下，參與產業鏈低端的資本對應的是商品的絕對剩餘價值，粗放型的經濟增長方式。參與產業突破的是相對剩餘價值以及集約型經濟增長方式。儘管資本家眼中的絕對剩餘價值和相對剩餘價值都是帶來利潤的源泉，只是不同時期比重不同而已。

正如馬克思所說："資本的趨勢是把絕對剩餘價值和相對剩餘價值結合起來。"馬克思一針見血地指出："資本來到世間，從頭到腳，每個毛孔都滴着血和骯髒的東西。"① 資本天然逐利的本性，是資本家並不關心利潤究竟是來自於絕對剩餘價值還是相對剩餘價值。

"這種呈階梯式發展的升級規律基本上可以通過東亞衆多國家工業化進程來加以佐證，但也有學者指出，全球化的結果使得價值鏈條的升級軌跡變得並不是不可逆轉的，例如當技術出現突破性創新的時候就是一個突破常規升級軌跡的一次好時機。"② 正如馬克思所說："現代工業通過機器、化學過程和其他方法，使工人的職能和勞動過程的社會結合不斷地隨著生產的技術基礎發生變革。"③

4.2.4 轉型發展風險評述

從產業鏈低端往產業鏈上遊突破的過程是异常艱難的，企業從简單的代工到研發設計都需要走很長的路，一部分幸運的產業還可以建立起自己的品牌。但產業升級還意味着對橫向的相關產業的推動以及整個國家和社會的產業機構的調整，遠遠超越了企業自身的興衰。OBM（建立自主品牌）並不是企業轉型升級的終極目標，把 OBM 作爲產業垂直升級的最高境界是一種理論誤區④。

"在資本主義生產在歷史上剛剛產生的時期，情況則不同。新興的資產階級爲了'規定'工資，即把工資強制地限制在有利於賺錢的界限內，爲了延長工作日並

---

① 馬克思恩格斯全集：第 44 卷 [M]．北京：人民出版社，2001：871.
② 張輝．全球價值鏈下地方產業集群轉型和升級 [M]．北京：經濟科學出版社，2006.
③ 馬克思．資本論：第一卷 [M]．北京：人民出版社，1975：533-534.
④ 陳明森，陳愛貞，張文剛．升級預期、決策偏好與產業垂直升級——基於我國製造業上市公司實證分析 [J]．中國工業經濟，2012（2）.

使工人本身處於正常程度的從屬狀態，就需要並運用了國家權力"①，這種敘述也展示了轉型的艱辛與不易。但積極的意義在於產業結構無論是以哪種方式總能夠得以突破和前進。正如馬克思所說，"無論哪一個社會形態，在它們所能容納的全部生產力發揮出來以前，是決不會滅亡的"②。

事實上由臺灣企業家施振榮提出的微笑曲線模型是新興經濟體企業轉型升級實踐的獨特產物。微笑曲線在原來單一價值鏈維度的基礎上增加了附加值維度，因此更能解釋新興經濟體企業轉型升級的現象③。

4.3 《資本論》中轉型發展思想對當前的啟示

當前中國經濟和社會發展面臨諸多挑戰，包括經濟增長問題、環境保護問題、人口增長問題等。歸結起來還是馬克思所認為的，社會生產關係和生產力之間發生了嚴重的矛盾，只有進行產業結構的升級與轉型才可能解決這些衝突。正如馬克思指出："生產資料所有者與直接生產者之間的社會生產關係，在生產條件的所有者同直接生產者的直接關係——這種關係的任何形式總是自然地同勞動方式和勞動社會生產力的一定的發展階段相適應。"④

4.3.1 經濟社會轉型發展的驅動

在當代中國，人們對經濟增長與經濟發展的認識也有一個漸進的過程，這其中既繼承了馬克思主義基本理論的理論傳統，又體現了馬克思主義經濟理論中國化的過程，更有對經濟發展認識的重大轉變與理論的重大創新。改革開放後，我國就一直在探索社會主義經濟建設之路。對於一個長期生產力落後的國家來說，有著比發達國家更強烈的經濟增長願望，急於擺脫短缺經濟困境，讓轉型後的中國極為註重GDP總量的增長。加上一直以來趕超思想影響著國家經濟發展的思路，所以，以GDP為核心的經濟增長成為當時國家經濟建設的主要方向。

對於中國當前經濟的增長模式，我們也是在實踐當中加深認識的。在一個積貧積弱的國度上建立起一個社會主義嶄新的國家是人類歷史上的偉大狀舉。同時超趕發達國家的意願也時常鞭策著我們這個自尊心極強的民族。從基於發展經濟的角度

---

① 馬克思. 資本論：第一卷 [M]. 北京：人民出版社，1975：806.
② 馬克思恩格斯選集：第 2 卷 [M]. 北京：人民出版社，1995：83.
③ 施振榮. 再造宏碁——開創、成長與挑戰 [M]. 臺北：天下遠見出版股份有限公司，1996：296-298.
④ 馬克思. 資本論：第三卷 [M]. 北京：人民出版社，1975：891.

註重 GDP 的量的提升無可厚非，在一定歷史階段中還顯得尤其必要。但是經過半個多世紀的偉大實踐後，我們卻需要重新反思唯 GDP 論的思考模式。土地財政、房價高企、企業創新能力不足等都與 GDP 的至高地位有關，也出現許多不和諧的音符，當然，這些發展中的問題不能和馬克思所處的時代相比。在馬克思時代，馬克思指出，"僅僅為了一個階級的利益，竟有這麼多的人成為畸形者和殘疾者，竟有這麼多的勤勞的工人在替資產階級服務的時候因資產階級的過失而遭遇不幸，從而陷入窮困和饑餓的厄運"①，今天顯然我們比馬克思時代文明和進步了許多。

2013 年以後我國經濟進入了所謂"新常態"時期，表現在很多方面，最明顯的就是失業率增加以及 GDP 增長率的變化。首先是失業率增加，沿海城市很多工廠訂單減少，被迫停產，有的甚至不堪重負，直接倒閉，這些企業的停產和倒閉直接影響着用工數量，導致大量人員失業，很明顯的一點就是火車站出現了大量打工返鄉的人。其次，是我國 GDP 增長變化比較大，由於我國以出口為主，經濟危機以後，出口量顯著減少，使得我國經濟增長速度變慢，導致我國 GDP 開始下降。

產業機構落後以及人工成本增加使我國出口受阻，已經不能完全依靠出口帶動經濟的發展了，所以我國在認清國際經濟形勢後，也就是需要從"供給側"的角度來發展經濟，這一經濟政策就是要增加政府財政支出來用於民生建設，主要涉及公共建設、醫療、文化、路橋、教育等方面。

"每一個階段都是必然的，因此，對它發生的那個時代和那些條件說來，都有它存在的理由；但是對它自己內部逐漸發展起來的新的、更高的條件來說，它就變成過時的和沒有存在的理由了；它不得不讓位於更高的階段。"②

4.3.2 經營主體的轉型發展

在《資本論》中，馬克思指出："工場手工業分工通過手工業活動的分解，勞動工具的專門化，局部工人的形成以及局部工人在一個總機構中的分組和結合，造成了社會生產過程的質的劃分和量的比例，從而創立了社會勞動的一定組織，這樣就同時發展了新的、社會的勞動生產力。"③

"結合工作日的特殊生產力都是勞動的社會生產力或社會勞動的生產力。這種生產力是由協作本身產生的。這是一種新的生產力。"④ 在馬克思的時代，工場生產是經營的主體，企業組織也是生產和經營的主體。主體的對行為的選擇是它們個體

---

① 馬克思恩格斯全集：第 23 卷 [M]．北京：人民出版社，1972：452．
② 馬克思恩格斯選集：第 4 卷 [M]．北京：人民出版社，1995：217．
③ 馬克思．資本論：第一卷 [M]．北京：人民出版社，1975：403．
④ 馬克思．資本論：第一卷 [M]．北京：人民出版社，1975：366．

意願所左右的。但正是這樣以價格爲標誌的組織生產的行爲決定着產品產量的多少。可能準確，也可能不準確，在資本主義歷史上，最終是通過經濟危機來修正的。

當前中國的企業同樣要在自身組織經營的過程中，在價格信號的指引下完成自己的轉型與發展。供給側改革歸根結底是企業生產的轉型與升級，因爲整個社會已經從對產品量的需求轉化爲對品質的要求。普通的產品供過於求，但是以人爲本能給人更好品質與關懷的產品卻供不應求，以至於消費者要到國外去購買。諸如我們看到的在日本購買馬桶蓋，到荷蘭購買奶粉等都是這方面的問題。當下的中國企業只有練好内功，全面把握消費者需求，從產品質量，從以人爲本的角度在技術上下功夫，在質量上下功夫，才可能改變這一尷尬的局面。

4.3.3 市場結構的轉型與發展

《資本論》中馬克思提到資本主義社會轉型發展的路徑過程，主要指的是資本主義從簡單的商品經濟發展到初級商品經濟以及高級的商品經濟階段。高級的商品經濟指的就是市場經濟。市場經濟是否專屬於社會主義或者資本主義，在對這個問題的認識上，我們過去存在着極大的誤區。今天看來，只要有商品存在就有市場存在，社會主義有商品則社會主義就應該存在市場。

市場與計劃一樣都是對資源進行調節的手段，尤其在社會主義初級階段，市場更應該對資源起到基礎性調節作用。黨的十八大，在論述資源與市場的關係時，明確肯定了市場對資源的決定性和基礎性配置作用，這是中國社會主義在實踐中形成的偉大共識。

市場是用來交換的場所，這種場所在傳統意義上一定是實體以及物化的，但是隨著互聯網技術的進步，市場有可能以虛擬的形式存在。以虛擬形式存在的網路市場極大地解決了交易雙方信息不對稱的問題，將社會的交易成本盡可能降低到最小。但無論是實體的市場還是虛擬的網路市場，市場的交換本質沒有發生改變，交換之前的產權關係需要明確與認可也沒有發生變化。馬克思認爲，成爲市場主體的條件是擁有明確的產權，即財產的所有、使用、收益、支配與處置等權利，他指出：在市場上，無論是資本家還是地主，"只是經濟範疇的人格化，是一定的階級關係和利益的承擔者"[1]。

當前中國市場發育水平同中國生產力發展要求還有一定的差距，還需要進一步完善和成熟。第一，壟斷尤其是國有大型壟斷企業的壟斷地位越發穩固。對於國計民生的行業，國有企業占主導地位無可厚非，但壟斷的結果是效率的低下和價格的

---

[1] 馬克思. 資本論：第一卷 [M]. 北京：人民出版社，1975：12.

高昂，這就有違我們發展國有骨干企業的初心。大企業尾大不掉，直接的結果就是形成對民間資本的擠出。2016年上半年，國内民間資本增速急速下降，民間投資意向顯著退去。原因固然諸多，但是受大型國企的擠出也是原因之一。第二，地方政府劃分下的區域性市場還存在，地方保護主義還很明顯，這些都不利於多層次的、全方位的社會主義大市場的形成。我們所熟知的假冒商品與山寨商品，僞劣商品與殘次商品的背後都有地方政府的影子。第三，市場經濟本質上是競爭的經濟，良性的競爭可以促進企業能夠更快的發展，促進產品質量的提高。不完善的市場經濟則走向了它的反面即劣幣驅逐良幣，逼迫守信者離開這個市場。第四，培育和完善市場機制還需要尊重市場主體的契約自由。馬克思認爲，"必須彼此承認對方是私有者。這種具有契約形式的法權關係，是一種反應着經濟關係的意志關係。這種法權關係或意志關係的内容，是由這種經濟關係本身決定的"[1]。馬克思同時認爲：市場體系應該是統一開放的。他指出歐洲一些國家在形成統一關稅的同時，也形成了統一的市場體系的事實。

4.3.4　企業融資方式的轉型與發展

從2016年中國的經濟數據來看，中國經濟正面臨着一場前所未有的調整。實體企業收益持續下滑，政府財政收入銳減，土地財政難以爲繼。中國經濟唯有從制度上進行根本的變革，對既得利益進行調整，方能轉危爲安。所以中國政府應當機立斷，從制度層面重新爲實體企業註入新的活力，這就是企業融資方式的根本性轉變。當時資本主義迅速發展的金融制度，也爲投機提供了機會，實體企業將從過去的對金融機構的間接融資方式爲主轉變爲今後的直接融資爲主。中國資本市場的作用將得到前所未有的提升，資本市場的各個參與方需要適應這一套經濟規則。

企業家要學會用資本語言與投資人對話，投資人要學會甄別企業信息的真僞。企業家還要提高企業的内在實力，充分發揮股權激勵的作用，提升企業在資本市場的價值，同時，資本市場的所有參與者都應當規避資本運作過程中企業所伴隨的稅收風險，需找到資本市場參與各方與國家稅收利益的均衡點，即"一個没有財產但精明強干、穩重可靠、經營有方的人，通過這種方式也能成爲資本家"[2]。基於上述認識，資本市場的業務能力不是孤立和分立的，一定是全方位綜合考量的結果。

同時，持續性的貨幣增發與實體經濟增速下滑也預示着我們的貨幣政策也趨於失靈，或者説貨幣並没有進入我們期望的實體企業，而是以打滑的方式停滯在了金

---

[1] 馬克思.資本論：第一卷[M].北京：人民出版社，1975：102.
[2] 馬克思.資本論：第三卷[M].北京：人民出版社，1975：679.

融領域，包括房地產領域等。馬克思指出："一旦勞動的社會性質表現爲商品的貨幣存在，從而表現爲一個處於現實生產之外的東西，獨立的貨幣危機或作爲現實危機尖銳化的貨幣危機，就是不可避免的。"[1]

4.3.5 政府治理模式的轉型與發展

（1）政府應當堅持對外開放，增強國際核心競爭力。

產業結構轉型與發展在尋找參照系的時候，總會不自覺地和西方發達國家做比較，其核心理念就是對發達國家進行模仿和追趕。這種理念帶來的正是對自身特色的忽視，產業結構不合理、招商引資缺乏效率等根源都在於此。因此，產業結構升級發展建立在過去幾十年發展的基礎之上，所以應該有更高的起點。首先，產業結構轉型升級要求我們對自身的優勢和劣勢做全面的把握，並把這些優勢和劣勢作爲產業升級的前提條件。其次，產業結構轉型發展中，要把過去的招商引資變爲招商選資，優化地區產業結構。最後，產業結構轉型發展還應該立足於世界產業中心轉移這樣一個趨勢，發掘自身的全球定位，勇於爭取向全球產業鏈上游突破。

（2）大力發展節能環保新興產業。

產業結構轉型與發展不能再走東部地區先污染再治理的老路，必須在產業選擇上有超前意識。首先，必須限制對環境污染大的項目上馬，主要指水泥、鋼材、電解鋁等傳統項目。同時還要吸取以往的教訓，對電子產品和電子垃圾的污染問題也要高度關注。其次，產業選擇還需要放眼全球，立足高點。從全球來看，世界經濟在新技術、新能源的推動下，正走出頹勢，逐步趨好，主要包括三個方面：第一，3D打印技術的出現，改變了製造業嚴格的屬地原則，使得人們在家就可以解決部分產品的需求問題；第二，頁岩氣和可燃冰技術開拓了未來的新的能源領域，使得未來能源價格有着下降的預期；第三，大數據時代來臨，促進客户價值和企業利潤的實現。

（3）產業結構轉型與發展中實現精準扶貧。

中央政府要調配全國的人力和財力對西部地區進行支持，保障西部地區的公共服務水平與東部地區盡快持平，讓西部地區在教育、醫療、社保等方面達到與東部地區具有同樣的水平。同時，加大對連片開發地區的扶貧工作，使南疆地區、青藏高原東緣地區、武陵山區、烏蒙山區、滇西邊境山區、秦巴山—六盤山區等集中連片困難地區迅速擺脫貧困。優惠政策主要包括產業發展的優惠以及資源稅的改革等。總之，通過精準扶貧使全體社會成員都能分享到社會發展進步的成果。

---

[1] 馬克思. 資本論：第三卷 [M]. 北京：人民出版社，1975：585.

（4）產業化和城鎮化互動發展。

在產業機構轉型和發展過程中，東部地區以產業化爲先導，先有了產業的發展才有了就地的城鎮化問題。這樣一種發展路徑的好處在於城鎮隨著產業化而生，城鎮化一開始就服務於產業化，因此，這樣的產業化是有支撐的，也是可持續的。西部地區的城鎮化源自政府行爲，着力點是西部人口的居住問題。先天就是先有人的集中，然後再尋求產業支撐。這種產業化和城鎮化的發展順序所帶來的問題是，如果沒有好的產業支撐，人口聚居在一起，也仍然無法持續。這種情況頂多是房地產的城鎮化，還談不上人的城鎮化，城鎮化的前提條件一定是區域產業蓬勃發展。所以產業結構轉型和發展還要處理好產業化與城鎮化的互動問題。

5 《資本論》中生態思想及其當代價值

5.1 客觀認識和研究《資本論》中的生態思想

《資本論》中有沒有生態思想,是學術界長期爭論不休的話題。

一種觀點認爲,馬克思的《資本論》中不包含關於生態的思想和理論。一方面是因爲《資本論》的寫作目的旨在對資本主義制度和資本主義生產關係進行批判,揭露資本主義社會深刻矛盾;另一方面是因爲從馬克思、恩格斯所處的時代來看,資本主義工業化所造成的生態危機還沒有嚴重到危害人類生存的地步。因而在《資本論》中,馬克思所重視的是生產力的發展,並沒有專門的環境議題,沒有專門的生態危機剖析。美國生態馬克思主義者詹姆斯·奧康納認爲,馬克思主義理論中存在着生態學方面的"理論空場","馬克思的觀點中的確不包含把自然界不僅指認爲生產力,而且指認爲終極目的的所謂生態社會的思想"[①]。國內也有一些學者認同這種觀點,認爲《資本論》中根本就沒有生態思想,那些所謂的"生態思想"是後人出於各種目的強加臆造出來的。

另一種觀點認爲,馬克思的《資本論》中已經内在地包含了豐富的生態文明理論。西方大多數的生態社會主義者肯定了《資本論》中包含了豐富的生態思想,並將其作爲研究對象。如施密特的博士論文《馬克思的自然概念》一書以《資本論》爲參照,認爲馬克思在《資本論》中使用了"自然被人化,人被自然化"爲内容的"物質變換"概念。福斯特指出,"我最終得出結論:馬克思的世界觀是一種深刻的、真正系統的生態世界觀,而且這種生態觀是來源於他的唯物主義的"。"馬克思對生態的見解通常都是相當深刻的,這些見解並不只是一位天才瞬間閃爍的火花。相反,他在這方面的深刻見解來源於他對 17 世紀的科學革命和 19 世紀的環境所進行的系統研究,而這種系統研究又是通過他對唯物主義自然觀的一種深刻的哲學理

[①] 詹姆斯·奧康納. 自然的理由:生態學馬克思主義研究 [M]. 臧佩洪,唐正東,譯. 南京:南京大學出版社,2003:4.

解而進行的。"① 國內學者大多數認同這一觀點。韋建樺《在科學發展觀指引下創建生態文明》一文中指出："馬克思、恩格斯在考察人類文明的歷史進程和發展方向時，堅持社會視角和自然視角的統一，既周密分析人與人之間的社會關係，又高度重視人與自然之間的生態關係，同時科學地揭示了這兩種關係之間既相互制約又相互促進的辯證聯繫。"② 潘岳認爲："馬克思主義是對資本主義的超越，包含着對工業文明的反思，從而使生態文明成爲馬克思主義的內在要求和社會主義的根本屬性。"③ 方世南認爲，馬克思的生態思想與環境意識"其內容博大精深，其哲理意味深長"④。

　　思想家所處的時代，既是他們思考寫作的對象，也是制約他們思考寫作的帷幕。從《資本論》寫作的時代來看，當時資本主義工業化所造成的生態危機，其廣度還沒有擴展到全世界，其深度還沒有嚴重到危害人類生存的地步。因此，把生態問題作爲一門專門的、系統的、包含社會屬性在內的科學來進行研究，並不是他們當時的主要關註點。如果說《資本論》中已經有了完整系統的生態思想，顯然是不符合事實的。但是，馬克思、恩格斯在把主要精力放在分析資本主義人與人之間的關係的同時，就在時刻關註着人與自然的關係。在他們看來，人與自然的關係，是人與人之間關係的前提和基礎，並在《資本論》中用唯物主義的辯證法將唯物主義的歷史觀和唯物主義的自然觀有機地結合在一起，闡述了人與自然、人與人、人與社會、自然與社會的關係。馬克思主義的生態思想就包含、滲透、散見於這些"關係"的研究之中。循着這一理論體系，特別是從人與自然、自然與社會的關係的理論中，可挖掘和梳理出豐富的生態思想。因此對於《資本論》中的生態思想，既不能簡單、武斷地採取否定的態度；也不能牽強附會，把馬克思、恩格斯沒有講過的東西說成是他們的生態思想。正確的態度應該是：一是堅持從馬克思主義的整體性中來理解馬克思主義的生態思想，按照馬克思主義的方法，根據馬克思主義的內在邏輯加以具體的、完整的和準確的理解和把握；二是與時俱進地推進馬克思主義生態思想的發展和創新，推進馬克思主義生態思想的現代化和中國化，能夠對指導中國探尋有效的生態文明建設路徑，切實轉變經濟發展方式，實現經濟與社會、人與自然的全面協調可持續發展具有重要的指導作用。

---

　　① 福斯特. 馬克思的生態學——唯物主義與自然（前言）[M]. 劉仁勝，等譯. 北京：高等教育出版社，2006：3，23.
　　② 韋建樺. 在科學發展觀指引下創建生態文明 [M] //俞可平. 生態文明構建：理論與實踐. 北京：中央編譯出版社，2008：6.
　　③ 潘岳. 生態文明的前夜 [J]. 瞭望，2007（43）.
　　④ 方世南. 馬克思的環境意識與當代發展觀的轉換 [J]. 馬克思主義研究，2002（3）.

5.2 《資本論》中的生態思想:內在邏輯和核心內容

人類要生存,就必須不斷地生產出物質和精神產品。自然生態系統所發生的變化(除純粹的自然生態系統自我循環之外)與人類勞動密切相關。人類所能支配的生產力通過生產過程和消費過程對自然生態系統產生影響,從而使其朝着有利於或不利於人類社會再生產的方向變化。生態危機本質上是由於人類行爲所引起的自然生態系統結構和功能失調、生態系統動態平衡被破壞、自然生態補償能力減弱,從而威脅到人類的生存和發展。遵循人與自然之間正常的物質變換規律,人類生態系統的失衡是可以避免的。循着這樣一條基本線索,剖析《資本論》中的生態思想。

5.2.1 《資本論》中生態思想的內在邏輯

勞動價值論是馬克思生態思想的理論基石。"勞動首先是人和自然之間的過程,是人以自身的活動來中介、調整和控制人和自然之間的物質變換的過程。"[①] 儘管馬克思在《資本論》中關於人與自然之間物質變換的概念大約只使用過五次,但它是馬克思生態思想的核心內容,貫穿於《資本論》分析的整個過程。馬克思不僅把人與自然之間的物質變換作爲自然循環的一部分,而且揭示了資本主義生產對人與自然之間物質變換的干擾和破壞,導致人與自然關係的"斷裂"。爲了合理調節和控制人與自然之間的物質變換,必須變革資本主義生產方式,遵循"消耗最小的力量"和"最適合於人類本性"的根本原則,實現人與自然和諧共生。

馬克思在《資本論》中以資本邏輯爲推演,借助人與自然之間物質變換的概念,以人與自然之間的內在統一爲出發點,從社會制度去認識人與自然之間的關係,並指出資本主義社會制度是產生經濟危機和生態危機的根本原因,只有變革資本主義社會制度,以社會主義的生產方式和生活方式來代替資本主義的生產方式和生活方式,才能最終實現人的解放和自然的解放。資本邏輯是指資本不斷追求剩餘價值最大化的邏輯。馬克思在《資本論》中詳細論述了資本邏輯產生的歷史過程和歷史條件。"有了商品流通和貨幣流通,絕不是就具備了資本存在的歷史條件。只有當生產資料和生活資料的所有者在市場上找到出賣自己勞動力的自由工人的時候,資本才產生;而單是這一歷史條件就包含一部世界史,因此,資本一出現,就標誌着

[①] 馬克思. 資本論:第一卷 [M]. 北京:人民出版社,2004:207-208.

社會生產過程的一個新時代。"① 在馬克思看來，資本主義社會是一個按照資本邏輯運行的社會，在資本主義生產方式下，資本的本性是追求最大利潤。在追逐利潤的過程中，資本家必然會不顧一切地掠奪自然和勞動，忽視對自然生態環境的保護和對勞動者基本權利的保障，造成自然生態環境的破壞和人類生存環境的危機，最終將會把人類帶入"一個着了魔的、顛倒的、倒立着的世界。在這個世界里，資本先生和土地太太，作爲社會的人物，同時又直接作爲單純的物，在興妖作怪"②。因此，馬克思在《資本論》中通過批判異化了的資本主義社會，提出了與它相對立的、消除了異化的理念：共產主義社會。只有到了共產主義社會，"社會化的人，聯合起來的生產者，將合理地調節他們和自然之間的物質變換，把它置於他們的共同控制之下，而不讓它作爲一種盲目的力量來統治自己；靠消耗最小的力量，在最無愧於和最適合於他們的人類本性的條件下來進行這種物質變換"③。共產主義社會是資本主義社會的邏輯延伸，是人的解放和發展以及自然的解放和發展的統一。

5.2.2 《資本論》中生態思想的核心內容

5.2.2.1 "兩大關係"的研究是貫穿於馬克思主義生態思想的精髓

任何一種社會，都是一個紛繁複雜的個人和團體活動組成的龐大共同體。而這一紛繁複雜的龐大共同體的關係大體上可以劃分爲兩類：一類是人與自然之間的關係；一類是人與人之間的關係。這兩類關係是交織在一起的，兩者通過人類社會物質資料的生產和再生產而連接起來。馬克思指出："人們在生產中不僅僅影響自然界，而且也互相影響……爲了進行生產，人們相互之間便發生一定的聯繫和關係；只有在這些社會聯繫和社會關係的範圍內，才會有他們對自然界的影響，才會有生產。"④ 而馬克思研究這些"聯繫""關係"的集大成者便是《資本論》。《資本論》不僅研究資本主義物質資料生產條件下人與人之間的關係，而且研究資本主義物質資料生產條件下人與自然的關係，同時也研究這兩大關係之間的相互關係。馬克思主義的生態思想，就包含在對這兩大關係的研究之中。

（1）關於人與自然的關係。

在《資本論》中，馬克思通過勞動過程闡明人與自然之間的關係。"勞動首先是人和自然之間的過程，是人以自身的活動來中介、調整和控制人和自然之間的物

---

① 馬克思. 資本論：第一卷 [M]. 北京：人民出版社，2004：198.
② 馬克思. 資本論：第三卷 [M]. 北京：人民出版社，2004：940.
③ 馬克思. 資本論：第三卷 [M]. 北京：人民出版社，2004：928-929.
④ 馬克思恩格斯文集：第1卷 [M]. 北京：人民出版社，1995：344.

質變換過程。"① "勞動過程……是製造使用價值的有目的的活動，是爲了人類的需要而對自然物的占有，是人和自然之間的物質變換的一般條件，是人類生活的永恒的自然條件。"② 可見，馬克思是從"人和自然之間的物質變換"來理解人與自然之間的關係的。

馬克思關於勞動是人與自然關係的紐帶的論述是深刻而有豐富内涵的。人可以通過勞動改造自然，使自然成爲人的作品；人也可能人爲地破壞自然，破壞人與自然之間的生態平衡。隨著人類生產水平的提高，人不斷地擴大自己的活動範圍，迫使自然界不斷地收縮自己的範圍。"產業越進步，這一自然界限就越退縮。"③ "勞動生產率也是和自然條件聯繫在一起的，這些自然條件的豐饒度往往隨著社會條件所決定的生產率的提高而相應地減低。"④ 人在認識世界和改造世界的過程中，因爲自身控制和駕馭自然的能力增強，而使自然逐漸成爲一種完全异己和不可抗拒的力量，站在了人類的對立面，人類儼然以主人、徵服者的姿態傲視自然，攫取自然資源，創造巨大的社會物質財富，享受着現代工業文明帶來的"勝利之果"。恩格斯指出："我們不要過分陶醉於我們人類對自然界的勝利。對於每一次這樣的勝利，自然界都對我們進行報復。每一次勝利在第一步都確實取得了我們預期的結果，但是在第二和第三步都有了完全不同的、出乎預料的影響，它常常把第一個結果重新消除。"這一論述給向大自然無限制攫取物質資源的人類敲響了警鐘，人類的角色不是完全駕馭自然界，無限制地改造自然界，甚至對抗自然界。無休止的索取雖然開始給人類帶來了巨大的財富，但是隨著時間的推移，自然界就會對人類進行"完全不同、出乎意料"的報復，這種報復會使人類付出雙倍的代價，這也是人與自然主客關係單一化、絶對化的必然結果。

馬克思在論述資本主義地租理論時指出，人類不是自然的所有者，自然不是人類的奴僕，人類不能對自然界肆意妄爲，任意破壞自然，而應該尊重自然萬物的生存權，遵循客觀自然規律。"從一個較高級的經濟的社會形態的角度來看，個別人對土地的私有權，和一個人對另一個人的私有權一樣，是十分荒謬的。甚至整個社會，一個民族，以至一切同時存在的社會加在一起，都不是土地的所有者。他們只是土地的占有者，土地的受益者，並且他們應當作爲好家長把經過改良的土地傳給後代。"⑤ 人類作爲自然生態系統的一部分，在享受利用自然資源來滿足人類生存和發展需要權利的同時，也要本着對子孫後代高度負責的態度，認真履行保護土地等

---

① 馬克思. 資本論：第一卷 [M]. 北京：人民出版社，2004：207-208.
② 馬克思. 資本論：第一卷 [M]. 北京：人民出版社，2004：215.
③ 馬克思. 資本論：第一卷 [M]. 北京：人民出版社，2004：589.
④ 馬克思. 資本論：第三卷 [M]. 北京：人民出版社，2004：289.
⑤ 馬克思. 資本論：第三卷 [M]. 北京：人民出版社，2004：878.

自然資源的義務，使自然得以持續發展，使人類對自然能夠持續利用，實現人與自然之間合理的物質變換。

（2）關於人與人之間的關係。

人們在物質資料生產過程中，不僅要同自然界發生關係，而且人與人之間也要發生關係。前者屬於生產力範疇；後者屬於生產關係範疇。人與自然關係的發展水平，決定了人與人之間關係的性質和發展階段；但是，人與人之間的關係，又反過來影響着人與自然的關係。馬克思説，勞動"是爲了人類需要而占有自然物，是人和自然之間物質變換的一般條件，是人類生活的永恒的自然條件，因此，它不以人類生活的任何形式爲轉移，倒不如説，它是人類生活的一切形式所共有的"①。這就是説，人們進行物質資料生產的第一個前提，就是對自然物的占有。土地等的自然物"給勞動者提供立足之地，給他的勞動過程提供活動場所"②。正是由於這一點，在人與自然關係的基礎上，發生了人與人之間的關係。這不是説人占有了自然物本身就是人與人之間的關係，而是説在自然物歸誰占有中具有人與人之間的關係。因爲人對自然物的占有，即生產資料所有制關係，是生產關係的核心和基礎。"自然界不是一方面造成貨幣占有者或商品占有者，而另一方面造成只是自己勞動力的占有者。這種關係既不是自然史上的關係，也不是一切歷史時期所共有的社會關係。它本身顯然是以往歷史發展的結果，是許多次經濟變革的產物，是一系列陳舊的社會生產形態滅亡的產物。"③ 自然界開始時並不是歸一部分人所有的，隨著生產力的發展，才出現了一部分人占有自然物，另一部分人不占有自然物的社會。由此產生了私有制條件下的人與人之間的關係。資本主義社會是私有制社會發展的最高形態和最後形態，但是資本主義社會同樣也是建立在人與自然關係的基礎之上的。"形成產品的原始要素，從而也就是形成資本物質成分的要素，即人和自然，是携手並進。"④ 馬克思主義認爲，人與人之間的社會關係一旦發展起來，就立即對人與自然的關係產生巨大的反作用。人與人之間關係的發展水平，極大地制約着人與自然的關係。在資本主義條件下，人與自然的關係的實質是資本同自然的關係，是資本對自然的占有。只有資本才創造出資產階級社會之間的人與人之間的關係，創造出一部分人占有自然界、一部分人占有自己勞動力的社會形態。這一社會形態，強化了資本對自然的普遍占有，強化了人與人之間的普遍聯繫。"由此產生了資本的偉大的文明作用；它創造了這樣一個社會階段，與這個社會階段相比，以前的一切社

---

① 馬克思. 資本論：第一卷 [M]. 北京：人民出版社，2004：215.
② 馬克思. 資本論：第一卷 [M]. 北京：人民出版社，2004：211.
③ 馬克思. 資本論：第一卷 [M]. 北京：人民出版社，2004：197.
④ 馬克思. 資本論：第三卷 [M]. 北京：人民出版社，2004：696.

會階段都只表現爲人類的地方性發展和對自然的崇拜。"① 資本主義社會克服了人對自然界的敬畏之心和崇拜之情，把自然界作爲"有用物"，使自然界服從於人的需要。"於是，就要探索整個自然界，以便發現物的新的有用屬性；普遍地交換各種不同氣候條件下的產品和各種不同國家的產品；採用新的方式（人工的）加工自然物，以便賦予它們以新的使用價值……要從一切方面去探索地球，以便發現新的有用物體和原有物體的新的使用屬性，如原有物體作爲原料等的新的屬性；因此，要把自然科學發展到它的頂點。"②

18世紀中葉，以"蒸汽機"爲代表的技術革命催生了工業革命，資本主義生產方式極大地提高了生產力，極大地提高了物質變換效率。全面開發、利用各類自然資源，創造的財富超過以往人類社會創造的財富總和的上百倍，土地的人口承載能力達到了空前的160人/平方千米。但同時，資本主義社會不僅造成了工人與資本家兩個階級的對立，而且產生了人類社會和生態環境之間的對立。馬克思在《資本論》中一針見血地指出了資本主義生產對生態環境的破壞，這一破壞體現在對自然力與勞動力的破壞上。在《資本論》中，馬克思談道："資本主義生產使它匯集在各大中心的城市人口越來越占優勢，這樣一來，它一方面聚集着社會的歷史動力，另一方面又破壞着人和土地之間的物質變換，也就是使人以衣食形式消費掉的土地的組成部分不能回歸土地，從而破壞土地持久肥力的永恆的自然條件。這樣，它同時就破壞城市工人的身體健康和農村工人的精神生活。"③ 資本主義掠奪式的生產方式極大地破壞了土地的自然力，使得土地的肥力不斷喪失而難以恢復。不僅如此，資本主義急功近利的利潤追求嚴重破壞人類的自然力，即勞動力，使得工人階級在肉體和精神上備受摧殘。資本主義"一開始就同時是對勞動力的最無情的浪費和對勞動發揮作用的正常條件的剝奪"④，在資本主義工場手工業中，"女工或未成熟工人的身體還被喪盡天良地置於毒物等的侵害之下"，"貧困剝奪了工人必不可少的勞動條件——空間、光線、通風設備，等等"⑤。馬克思在談到紡織廠工廠主的時候說，在資本主義生產方式下，一切以顛倒了的方式表現出來，"工人的肺結核和其他肺部疾病是資本生存的一個條件"⑥。

資本主義生產方式破壞了人與自然進行物質變換的基本條件，在形式上表現爲環境污染、資源枯竭、生態災難等人與自然關係惡化的生態危機，實質上是人與人之間關係的危機在人與自然關係上的反應，是人與人之間關係的異化造成了人與自

---

① 馬克思恩格斯全集：第46卷（上）[M]．北京：人民出版社，1979：393．
② 馬克思恩格斯全集：第46卷（上）[M]．北京：人民出版社，1979：392．
③ 馬克思．資本論：第一卷[M]．北京：人民出版社，2004：579．
④ 馬克思．資本論：第一卷[M]．北京：人民出版社，2004：532．
⑤ 馬克思．資本論：第一卷[M]．北京：人民出版社，2004：532．
⑥ 馬克思．資本論：第一卷[M]．北京：人民出版社，2004：555．

然關係的異化。只有改變了不合理的人與人之間的關係，才能使人和自然的關係得到健康和諧的發展；只有當人們真正成爲自己的主人的時候，才能真正成爲自然的主人。

5.2.2.2　生態危機的形成是資本邏輯運行的必然結果

馬克思的資本理論，不僅揭示了資本主義社會經濟危機、人口危機、社會危機的實質和根源，其間也內在地包含了生態危機的實質和根源。馬克思認爲，在資本主義社會中，資本占據統治地位，資本的本質不是"物"，而是一種社會關係，它控制着人及其與世界的關係。馬克思從未掩藏過對資本作用的肯定，但也從未掩飾過對資本的批判。馬克思尖銳地指出："資本來到世間，從頭到腳，每個毛孔都滴着血和骯髒的東西。"① 資本的本性決定了"資本邏輯"，即無限追求資本的增值，不斷地把剩餘價值資本化。馬克思說："生產剩餘價值或賺錢，是這個生產方式的絕對規律。"② 這是資本的生命力所在，也是資本的存在理由。資本增殖的內在驅動機制，必然建構"大量生產——大量消費——大量廢棄"的生產方式和生活方式。這種生產方式和生活方式導致三個方面的結果：

第一，資本家狂熱地追求剩餘價值，盲目地爲生產而生產，毫無節制地從自然界索取大量資源和能量。"在各個資本家都是爲了直接的利潤而從事生產和交換的地方，他們首先考慮的只能是最近的最直接的結果。"③ 這樣，資本主義社會在發展生產力的同時，也帶來了生態環境的嚴重破壞。自然界是人類的共同家園，而利潤是資本家的私人財產。唯利是圖的本性，促使資本家只考慮自己的利益，而不顧別人的得失，包括對自然環境的破壞。"每個人都知道暴風雨總有一天會到來，但是每個人都希望暴風雨在自己發了大財並把錢藏好以後，落到鄰人頭上。我死後哪怕洪水滔天！這就是每個資本家和每個資本家國家的口號。"④ 環境的惡化、資源的枯竭、工人的貧困，不是資本家關心的問題。

第二，資本要在不斷的運動中實現價值增殖，需要所生產的產品能夠順利實現價值補償。馬克思在分析資本循環時指出，"全部商品產品的消費是資本本身循環正常進行的條件"⑤。"當我們把研究的視角放在生態影響的時候，就會發現，一定時期的自然生態環境不僅受到直接生產過程的影響，還受到由生產所決定的消費方式的影響；不僅受到消費方式本身對自然生態環境的直接影響，還受到消費反作用於生產所帶來的間接影響。"⑥ 資本家爲了追求更高利潤而不斷地擴大生產，同時爲了保證擴大生產的順利進行，必須通過各種方式引導人們進行過度消費，在過度消

---

① 馬克思恩格斯選集：第2卷 [M]. 北京：人民出版社，2012：297.
② 馬克思. 資本論：第一卷 [M]. 北京：人民出版社，2004：714.
③ 馬克思恩格斯選集：第4卷 [M]. 北京：人民出版社，1995：386.
④ 馬克思. 資本論：第一卷 [M]. 北京：人民出版社，2004：311.
⑤ 馬克思. 資本論：第二卷 [M]. 北京：人民出版社，2004：108.
⑥ 胡家勇，李繁榮. 《資本論》中的生態思想及其當代價值 [J]. 學術探討，2015：76.

費行爲的牽引下，又進一步引發了過度生產，這種惡性循環導致人類生產活動對自然環境造成了極大的破壞，造成了全球生態危機。正如我國學者宮敬才指出的那樣："具體說，過度消費的刺激和壓力使企業掠取和消耗有限資源的規模不斷擴大，速度逐步加快；排棄有害垃圾的種類、規模和範圍大大增加；上述二者導致人類對生態秩序干預的廣度、深度和力度使生態環境自身難以招架。所以，消費方式上的'貴人癖'是生態環境危機基本和直接的原因。"①

第三，大量的消費伴隨著大量的廢棄，不斷向自然界排放各種廢棄物。這樣，人與自然之間正常的物質變換就被破壞到無以復加的地步，必然陷入生態困境。馬克思將排泄物劃分爲兩類：生產排泄物和消費排泄物。"生產排泄物和消費排泄物的利用，隨著資本主義生產方式的發展而擴大。我們所說的生產排泄物，是指工業和農業的廢料；消費排泄物則部分地指人的新陳代謝所產生的排泄物，部分地指消費品消費以後殘留下來的東西。"② 在馬克思看來，隨著資本主義生產與再生產規模的不斷擴大以及人口的快速增長，資本主義生產方式在促進經濟發展的同時，也產生了大量的生產廢棄物和消費廢棄物，增加了溫室氣體的排放，污染了自然生態環境，擾亂了人與自然之間正常的物質變換，從而造成了全球性的生態危機。爲了解決生態危機問題，實現經濟社會的良性循環，必須消除物質循環過程中產生的污染物。但是資本主義生產方式本身不可能實現解決生態環境問題，正如馬克思所指出的那樣："在利用這種排泄物方面，資本主義經濟浪費很大。例如，在倫敦，450萬人的糞便，就沒有什麼好的處理方法，只好花很多錢來污染泰晤士河。"③

由此可見，被後人概括爲"大量生產——大量消費——大量廢棄"的資本邏輯運行模式在《資本論》中已經爲馬克思所揭示，這種模式的每一個環節，都包含着人類對自然生態環境的過度干擾，是人類超量從自然界獲取物質產品和超負荷向自然界排放的過程。特別是工業化以後，人類開發和改造自然的能力不斷加強，生態危機與經濟危機、社會危機交織在一起，成了資本主義的不治之症。資本主義只能在局部範圍內、在一定程度上緩解危機帶來的危害，但是無法從根本上解決這一問題。"爲此需要對我們的直到目前爲止的生產方式，以及同這種生產方式一起對我們的現今的整個社會制度實行完全的變革。"④

5.2.2.3 解決"生態危機"的共產主義構想

在資本主義私有制條件下，追求剩餘價值的内在動力和競爭的外在壓力，使資本家不顧一切自然的和社會的限制，瘋狂地爲了生產而生產。而正是這樣，恰恰又

---

① 宮敬才. 生態危機的現實性及其原因 [J]. 社會科學論壇（學術評論卷），2008（8）.
② 馬克思. 資本論：第三卷 [M]. 北京：人民出版社，2004：115.
③ 馬克思. 資本論：第三卷 [M]. 北京：人民出版社，2004：115.
④ 馬克思恩格斯選集：第4卷 [M]. 北京：人民出版社，1995：385.

爲未來社會的到來準備了客觀的物質條件。"只有這樣的條件，才能爲一個更高級的、以每一個個人的全面而自由的發展爲基本原則的社會形式建立現實基礎。"① 相對於資本主義私有制基礎上產生的惡性競爭和無政府狀態，馬克思設想了未來社會的人與自然的關係："社會化的人，聯合起來的生產者，將合理地調節他們和自然之間的物質變換，把它置於他們的共同控制之下，而不讓它作爲盲目的力量來統治自己；靠消耗最小的力量，在最無愧於和最適合於他們的人類本性的條件下來進行這種物質變換。"② 馬克思在《資本論》中關於共產主義社會的設想和藍圖，雖然是建立在資本主義創造的物質基礎之上的，但是共產主義是資本主義的邏輯延伸，是人的解放和自然解放的統一，是人與人之間的和解和人與自然和解的統一。"社會上的一部分人靠犧牲另一部分人來強制和壟斷社會發展（包括這種發展的物質方面和精神方面的利益）的現象將會消失。"③ 在公有制條件下，"社會化的人"將根據最符合"人類本性"的要求，"消耗最小的力量""合理地調節"他們和自然之間的"物質變換"。這樣一些共產主義的社會內容的理念與實質，都與現代社會的生態理念相契合。

5.3 《資本論》中生態思想的當代價值

自從人類作爲自然生態系統的主動者，自從純粹自然生態系統向人類生態系統發展以來，生態系統失衡的可能性就已經存在了。隨著人類文明的發展，尤其是工業文明的發展，人類干預自然的能力增強了，而生態系統自我恢復能力遭到了削弱。由於忽略了人與自然之間正常的物質變換關係，人類的生產活動和消費活動在工業文明發展下更加大了人與自然之間物質變換的代謝斷層。對此，馬克思在其一百多年以前的經濟學巨著《資本論》中就早有論述，它所揭示的工業文明發展的生態演替後果，在一百多年以後的今天正在更大程度上繼續發展著。《資本論》中生態思想對於當代生態文明建設有著重要的啓示意義。

5.3.1 當代理論價值

5.3.1.1 完善了馬克思主義理論體系
馬克思主義理論從內容上來看，是由哲學理論、政治理論、經濟理論、社會理

---

① 馬克思. 資本論：第一卷 [M]. 北京：人民出版社，2004：683.
② 馬克思. 資本論：第三卷 [M]. 北京：人民出版社，2004：928-929.
③ 馬克思. 資本論：第三卷 [M]. 北京：人民出版社，2004：928.

論所構成，學者們的研究也大多集中於這些方面。對馬克思主義生態理論的研究，不僅可以有效反駁部分學者對馬克思主義是否存在生態思想的質疑，而且馬克思主義生態思想也滿足了理論與實際相結合的理論發展要求。馬克思主義生態思想從理論與實踐的結合上，深化了人們對實踐的認識，能更好地指導實踐發展。同時，生態文明思想不斷豐富和發展，將逐漸深入社會生活各個方面。由於其思想本身的反思性特質，其對自然和人類社會關係發展所採取的態度，將促進政治領域的執政方式和民主參與的發展，同時在社會生活上，將引起人們社會關係和社會生活的變革，從而推動社會理論的向前發展。因此，馬克思主義生態文明思想從內容上與政治思想、經濟思想、哲學思想、社會思想一起構成馬克思主義完整的理論體系，同時其思想的不斷拓寬，將對其他方面的思想產生影響，推動整個理論體系向着更加完善和科學的方向發展。

5.3.1.2 深化了對生態文明思想的理解

作爲"綠色文明"形態的生態文明，既是人類傳統文明形態發展的必然歸宿，也是人類反思和超越現代性文明樣式的內在要求，是"超越工業文明的、以解決人類和自然之間危機爲使命的、關乎人類未來和發展命運的嶄新的人類與自然之間的關係模式"[①]。生態文明是全面反思工業文明發展道路的理性選擇，是在充分吸收工業文明的積極成果的基礎上對工業文明的超越。馬克思主義生態文明思想主張從人的生存實踐方式出發，來對待當前的生態環境問題。既主張對自然的尊重，但更註重對自然規律的掌握，和對自然規律的合理運用。同時，它從不同時期的生態危機出發闡明的生態文明思想，對當前不同地區的生態文明實踐的指導會更加有力。可以這樣說，馬克思主義生態文明思想既有對自然的關心，還有對危害生態環境做法的批判和分析，也有對生態問題解決的科學方式和制度設計。馬克思主義生態文明思想從理論的科學性和完整性上將生態文明思想的發展推向了更高的層次。

5.3.2 當代實踐價值

5.3.2.1 對解決全球生態危機的價值

進入 21 世紀，生態危機已經成爲一個全球性的問題。自然的衰竭現象還在繼續，生態平衡仍不斷被破壞：全球氣候變暖、臭氧層的損耗與破壞、生物多樣性的減少、酸雨蔓延、森林銳減、土地荒漠化、大氣污染、水污染……

100 多年前，馬克思面對着人類社會突飛猛進的工業文明曾發出這樣的忠告：

[①] 王宏斌. 生態文明與社會主義 [M]. 北京：中央編譯出版社，2011：6.

"文明若是自發地發展，而不是在自覺地發展，則留給自己的是荒漠。"① 如今，全球生態危機已直接威脅著全人類的生存和文明的持續發展。在生態危機面前，依照馬克思主義生態思想的觀點去理解自然、尊重自然就尤為必要。當前，越來越多的人清醒地認識到，社會發展應當沿著尊重自然、保護自然和順應自然的道路，不能以破壞人類的生存環境為代價來實現物質財富的積累，尤其必須拋棄從前那種對自然界貪婪地攫取，把自然界放在自己的對立面，只是將其作為人類徵服和改造的對象，並以此來證明自身力量的幼稚想法。為了維護人類長遠的利益、大自然的和諧與狀美、生態環境的完整與有序，我們必須在自然面前樹立和強化一種珍惜、保護、長期和諧共處的責任意識；國家之間、區域之間不能以損害他國或地區生態環境的做法來維持自身的生存，而是需要擴大保護視野，開展合作。比如在聯合國設立的世界環境與發展委員會，以及應對氣候變化的多邊談判，為國際合作提供了實際的經驗。

5.3.2.2 對中國生態文明建設的價值

改革開放 30 年以來，中國社會主義現代化取得了令世界矚目的成就，成為世界第二大經濟體，人民的生活水平得到極大提高，國家綜合國力極大增強。中國這一時期的現代化模式是以快速工業化、城市化、市場化為主要特徵，以經濟建設為中心任務，以追趕超越發達國家的現代化為目標的模式，因此，也和西方發達國家最初的現代化進程一樣，不可避免地要面對一些新的矛盾和問題，生態危機的日益加深就是其中之一。這主要是由於中國在經濟、科技、管理水平落後的狀態下，急於追求經濟的增長，可以說，中國基本上走了一條高消耗、高污染、高排放、低效率的快速粗放式發展道路。這種發展方式不可避免地導致資源匱乏和生態環境被破壞，不僅阻礙著經濟社會的進一步發展，而且也對中國的生存環境造成危害，影響群眾的健康和社會的穩定。

進入 21 世紀，只關註經濟發展的單一思維方式已經不能適應中國新的發展要求了。於是，黨和政府開始了從頂層全面設計我國的生態文明建設及其道路。2002 年，黨的十六大報告從全面建設小康社會的全局出發，認為良好的生態環境應當是建設全面小康社會的應有之意。2007 年，黨的十七大報告以高超的政治智慧，在總結以往有關生態環境保護研究和相關實踐的基礎上，首次將生態文明建設納入全面建設小康社會奮鬥目標之一，從此，也就明確了中國特色社會主義生態環境危機的解決理念和所要達成的目標就是生態文明。2012 年，黨的十八大報告對十七大以來的生態文明建設實踐進行了總結，在此基礎上，進一步提升了生態文明建設的戰略地位。第一次把生態文明建設納入中國特色社會主義建設"五位一體"總體布

---

① 馬克思恩格斯全集：第 12 卷 [M]. 北京：人民出版社，1972：4.

局之中，並對建設任務進行了規劃部署。2015年，黨的十八屆五中全會提出的"創新、協調、綠色、開放、共享"五大發展理念，是指導我國"十三五"時期甚至更長時期科學發展的行動指南。作爲五大發展理念之一的"綠色發展"，是我們黨在新的歷史起點之上，在面對生態環境日益惡化的嚴峻形勢之下，在實現全面建成小康社會一百年奮鬥目標的壓力之下，在建設美麗中國、實現中華民族偉大復興的歷史使命感召之下，與時俱進地提出的重要理念，也標誌着生態文明建設被提高到了前所未有的高度。綠色發展是全面推進生態文明建設的必然選擇。由此，中國特色社會主義生態文明思想逐步走向成熟。

馬克思在《資本論》中所闡述的生態思想具有深遠的前瞻性和歷史價值，對指導我國探尋有效的生態文明建設措施，堅持在發展中突出生態環境保護，實現經濟與社會、人與自然全面協調和可持續發展，積極構建社會主義和諧社會具有重要意義。中國的生態文明建設，也是對馬克思主義生態思想的繼承和發展，賦予了馬克思主義生態思想以新的內容。

(1)《資本論》的生態思想有助於中國探索生態文明建設的科學發展觀。

黨的十七大指出："科學發展觀，第一要義是發展，核心是以人爲本，基本要求是全面協調可持續，根本方法是統籌兼顧。"發展是人類社會面臨的永恆主題，發展是我黨執政興國的第一要務。在我國社會主義初級階段，發展對於全面建設小康社會，加快推進社會主義現代化建設，提高全國人民的生活水平和生活質量，增強我國的綜合國力，具有決定性的意義。但是，經濟總量增加的過程，必然是自然資源消耗的過程，也是生態環境遭到破壞的過程。因此，要實現真正的發展，必須首先解決發展的理念問題。科學發展觀強調的是"科學"發展。所謂科學發展，就是符合客觀規律的發展。發展不僅要符合社會發展的規律，而且還要符合自然界的規律。因此，發展要處理好人與自然的關係、人與人的關係，這才是真正的和科學的發展。在這一方面，《資本論》爲我們提供了豐富的理論觀點。

在黨的十八屆五中全會上，習近平同志提出"創新、協調、綠色、開放、共享"的"五大發展理念"，將綠色發展作爲關係我國發展全局的一個重要理念，作爲"十三五"乃至更長時期我國經濟社會發展的一個基本理念。綠色發展理念是準確把握我國經濟社會發展階段性特徵的科學發展理念。當今中國，多年經濟高速增長鑄就了世界第二大經濟體的"中國奇跡"，也積累了一系列深層次矛盾和問題。其中，一個突出矛盾和問題是：資源環境承載力逼近極限，高投入、高消耗、高污染的傳統發展方式已不可持續。習近平同志強調，單純依靠刺激政策和政府對經濟大規模直接干預的增長，只治標、不治本，而建立在大量資源消耗、環境污染基礎上的增長則更難以持久。粗放型發展方式不但使我國能源、資源不堪重負，而且造成大範圍霧霾、水體污染、土壤重金屬超標等突出環境問題。種種情況表明：全面建成小康社會，最大的瓶頸制約是資源環境，最大的"心腹之患"也是資源環境。綠色發展理念以人與自然和諧爲價值取向，以綠色低碳循環爲主要原則，以生態文明建設爲基本抓手。綠色發展理念的提出，體現了我們黨對我國經濟社會發展階段性特徵的科學把握。走綠色低碳循環發展之路，是突破資源環境瓶頸制約、消除黨和人民"心腹之患"的必然要求，是調整經濟結構、轉變發展方式、實現可持續發展的必然選擇。

綠色發展理念不僅契合《資本論》中關於人與自然的關係、人與人之間關係的論述，而且融入中國古代"天人合一"的智慧，豐富和發展了《資本論》的生態思想，體現了我們黨對經濟社會發展規律認識的深化，將指引中國更好地實現人民富裕、國家富強、中國美麗、人與自然和諧，實現中華民族永續發展。

（2）《資本論》的生態思想有助於中國轉變經濟發展方式，實現人與自然的和諧統一。

工業文明大大提高了人類從自然界獲取物質產品的能力，"大量生產——大量消費——大量廢棄"成爲工業文明經濟循環的典型模式。工業文明在帶來物質產品極大豐富的同時，一方面耗竭性地使用自然資源，另一方面生產過程和消費過程產生的廢棄物、排泄物超出自然生態系統的自我淨化能力。工業文明越發達，人類經濟社會發展與自然生態系統以掠奪性利用自然的行爲同自然生態系統平衡之間的矛盾往往就越尖銳。但生產力水平和消費水平的提高並不必然意味着生態環境的破壞，推動工業文明向生態文明轉化，首先要求轉變經濟發展方式。

轉變經濟發展方式，就是要從忽略人與自然之間物質變換關係轉向人與自然之間的協調；從過度強調經濟效益轉向強調經濟效益與生態效益、社會效益兼顧。馬克思《資本論》中的生態思想啓發我們，經濟發展方式的轉變需要在正確對待人與自然關係的基礎上，通過生產過程和消費過程的生態化來推進。首先，要正確判斷人類經濟活動對自然生態環境的影響，使社會生產力的發展不要破壞自然生產力，使人類對自然生態系統的干擾處於自然生態系統的閾值範圍之內。其次，在生產社會化和經濟市場化的條件下，實施生態循環經濟模式，減少從自然生態系統的輸入，減少向自然生態系統的非生態性輸出。再次，消費的生態化會對生產的生態化發揮重要的引導作用。通過生態文明知識的普及以及產品標識制度的完善，引導消費者主動選擇生態產品和生態化消費模式。

過去30多年來中國經濟發展模式是"高污染、高排放、高能耗、低效率"的"黑色經濟"模式，是當年西方國家完成資本積累的"先污染、後治理"模式。要破解生態危機，應遵循人與自然之間的物質變換和物質循環規律，依靠科技進步和創新，通過新的生產過程、新的方法、新的途徑發展生態經濟，改善生態環境，實現綠色發展、清潔發展和全面協調可持續發展。這就要求變革傳統的生產方式和生活方式，改變傳統消費模式，形成生態消費模式，以減少環境污染，有效保護自然生態環境，實現經濟效益、社會效益和生態效益的統一，讓人與自然、發展與環境協調發展、良性互動。

(3)《資本論》的生態思想有助於中國從制度建構上保障生態建設紮實推進。

馬克思在《資本論》中指出，資本的利潤動機與生態保護的矛盾根源在於制度安排與利益訴求。建設生態文明，根本出路是要消解資本邏輯，揚棄資本力量，從制度建構上解決生態環境危機。生態危機的日益嚴峻，使得對生態問題的解決必須從制度層面、政治領域入手。建設中國特色社會主義生態文明，"不只是經濟問題，實際上是個政治問題"。生態政治是基於人類所面臨的日益嚴峻的生態危機，從生態與政治相結合的角度所闡明的全新的政治思維。它要求人類的經濟、政治、文化和社會制度的安排建立在保護生態環境、實現人與自然和諧相處的基礎之上。在中國特色社會主義生態文明建設過程中，要高度重視生態政治建設，為我國生態文明建設紮實推進提供重要保障。一要努力建設"生態政府"。"生態政府"是我國生態文明建設的重要主體，其建設狀況關係到我國生態文明建設的最終成敗。各級政府要率先垂範，厲行節約，減少政府支出，提高行政效率，積極參與到生態文明建設中來，以實際行動做好帶頭和表率作用。二要建立健全"生態法制"。建設生態文明，需要充分發揮法律制度在經濟社會生活中的約束和引導作用。因此，要建立健全生態文明建設方面的法律制度，落實政府環保責任制，建立嚴格的環保獎懲制度，為生態文明建設創造良好法制環境。三要積極建設"生態體制"。要建立與生態文明建設相適應的"生態體制"，深化行政管理體制改革，保障生態建設順利推進。

(4)《資本論》的生態思想有助於中國努力提升生態文化，牢固樹立生態文明理念。

文化形成人們行為選擇的軟制度環境。工業文明史形成了"人定勝天"的文化意識，人以掠奪性利用自然的行為向自然生態系統表明自己的主體地位，而馬克思的"人與自然之間物質變換"思想和我國傳統文化中的"天人合一"思想卻在一定程度上被忽略了。生態文明建設需要人們認識到工業文明的生態缺陷，形成生態文化，樹立生態意識，從而使保護和改善生態環境成為人們的自發行為。

馬克思在《資本論》中對人、自然、社會相互作用的辯證關係進行了系統闡述，這些生態思想具有重要的科學價值和現實指導作用。為了建設生態文明，除了要不斷加強生態經濟和生態政治建設之外，還必須努力提升生態文化。發展生態文化是先進文化建設的重要組成部分，反應了人類社會發展的趨勢。生態文化內在地包含着人類要合理保護自然生態環境的思想，它是對農業文明和工業文明時代文化觀念的揚棄，是生態文明在觀念上的反應。培育生態文明理念，是生態文明建設的一項重要的基礎性工程。建設生態文明，需要在全社會大力宣傳節約能源資源和保護環境的理念，爲生態文明建設營造良好的社會環境。一要強化生態危機意識。改革開放以來，我國在經濟快速發展的同時，也產生了嚴峻的生態危機，不僅加劇了自然災害的發生，而且成爲我國經濟社會全面協調可持續發展的"瓶頸"。因此，爲了更好地保護自然生態環境，減少環境污染和生態破壞，必須強化生態危機意識，使廣大人民群衆意識到保護生態環境、建設生態文明的緊迫性和重要性；二要宣傳生態文明理念。建設生態文明，需要轉變觀念，牢固樹立生態文明新理念。改變"人類中心主義"關於人與自然關係的錯誤觀念，樹立人與自然和諧共處、保護自然生態環境的理念；三要重視生態文明教育。在生態文明建設過程中，要加強生態文明教育，提高全民族的生態道德素質，使人們在日常的生產生活中合理保護自然生態環境，爲生態文明建設奠定堅實的思想基礎；四是加強生態法制建設。與我國工業文明發展相適應，我國生態保護立法偏重於事後的規範和治理，無法糾正"先污染、後治理"的工業化發展模式。生態保護立法要從事後治理轉向事前規範，建立高污染、高耗能行業的市場準入制度以及通過生態立法保護生態產品的市場權利。

（5）《資本論》的生態思想有助於中國積極構建生態社會，實現經濟社會永續發展。

生態危機的實質是人與人關係的危機在人與自然關係上的體現。要解決人與自然之間的矛盾，首先必須解決人類社會內部的矛盾。社會生態和諧是和諧社會的重要內容，在構建社會主義和諧社會過程中，要積極構建生態社會，實現人與自然、人與人的和諧共處。馬克思認爲人類與自然生態環境的關係是人與自然和人與社會雙重關係的統一，人類對自然的干預和控制是有限的，人類必須合理保護自然生態環境，促進人與自然和諧共處並融爲一體。在我國經濟社會發展的過程中，要避免對自然資源的任意開發和浪費，合理開發和節約利用自然資源，註重人與自然的和諧發展，走生產發展、生活寬裕、生態良好的文明發展道路，在實現人類自身全面發展的同時，實現自然的可持續發展，在實現人的解放的同時實現自然的解放，這也是馬克思的人的全面發展理論的宗旨所在。

6 《資本論》中民生思想及其當代價值

《資本論》卷帙浩繁，凝聚了馬克思的全部心血和智慧，是馬克思"哲學、科學社會主義和歷史唯物主義水乳一體的標誌性建築"。革命導師馬克思具有深沉的人文關懷精神，他關心"人"，深入地研究了工人階級的生活，因此，在《資本論》蘊含著豐富的各種思想中，其蘊含的豐富的民生思想也值得研究和運用。民生，簡單地說就是民之生存與發展，換句話說就是有關人民生存、生活、發展等的各種根本利益性問題。在馬克思看來，民生是生產和生活的統一。對民生的探討，既是影響深遠的理論問題，也是實實在在的實踐問題。民生之大，大於天。那麼如何解決民生問題？《資本論》中所蘊含的民生思想，無疑可以給我們良好的指導。綜觀馬克思《資本論》，其蘊含的民生思想涉及就業問題、收入分配問題、住房問題、人的教育和社會保障等各方面的內容。當前，我們去分析、理解、研究《資本論》中蘊含的民生思想，對我們繼承和發展馬克思主義，促進馬克思主義中國化，運用馬克思民生思想指導我們認知、分析、解決我們當前面臨的民生問題，推進全面小康社會的建成，具有重要的理論意義和實踐價值。

6.1 《資本論》蘊含的民生思想

6.1.1 民生概念及馬克思"民生"表述

6.1.1.1 "民生"概念

百度詞條對"民生"從古至今的含義進行了追溯。"民生"最早來源於《左傳·宣公十二年》，提出了"民生在勤，勤則不匱"。民生，就是老百姓的生存和生活來源。現代意義的民生，有了擴展和新的認知，也因此有廣義和狹義的區分。廣義的民生，涵括範圍較廣，指凡是同人民、居民日常生活事項直接和間接相關的各項問題，例如衣、食、住、行、就業、娛樂、家庭、社團、公司、旅遊等；狹義的民生，主要是指民眾的基本生存和生活狀態，以及民眾的基本發展機會、基本發展能力和基本權益保護的狀況，等等，概指涉及民衆基本生存狀態和未來的發展訴求方面。很顯然，狹義的民生研究的範疇更爲貼切。但不管是狹義的民生，還是廣義的民生，對民生的關註，對民生問題的解決都是十分重要的。

6.1.1.2 馬克思之"民生"表述

在馬克思的《資本論》中實際上是找不到確切的"民生"這一專用術語的，但《資本論》中卻確實地蘊含着豐富的民生思想，而且在《資本論》中還到處閃爍着關註民生的思想光輝。馬克思《資本論》中的民生思想，更接近於狹義的民生概念，在馬克思看來，"民生"也是有兩個層次的，一是基本的衣、食、住、行、教育、就業、醫療、社會保障、政治權利、文化權益、公共服務等各個方面的需要；二是人全面發展的更高層次的需要。總體來說，馬克思認爲的民生是人類賴以生存、發展的物質生活條件。

從這兩個層次出發，馬克思就從兩種意義上來表達民生概念。一種是宏觀性、整體性的描述，馬克思採用了人類生存、人類生活、人類幸福生活、人類需要這樣的宏大的字眼來表述民生，表達了對人類發展的深厚關切之情；馬克思對民生的另一種表達是從特別分析工人階級的生活狀況，或者說無產階級的生存、發展狀況的特殊角度來描述民生的。

6.1.2 《資本論》對民生的研究視角

要認識馬克思《資本論》所蘊含的民生思想，首先要分析《資本論》對民生的研究視角。馬克思對民生的研究，是從人和社會經濟關係的統一視角出發來研究的。他對民生的研究體現在兩個方面：一個方面，馬克思從資本主義經濟關係出發，科學分析了勞動人民在資本主義社會的生存、生活和生產的實際情況。在馬克思看來，作爲社會經濟關係構成成分的人，是以主體姿態出現在經濟生活之中，並且是受到經濟條件制約的現實的人，而非魯濱孫式的機械綜合的人。第二方面，正因爲工人是現實的人，受到經濟條件的制約，資本主義經濟發展和生產關係就對這些現實的工人造成了非人性後果。即在資本主義生產關係下，作爲資本家的一方，並不關心工人作爲"人"的現實性，不關心工人的勞動環境以及工人自身的需求與發展，而只是關心生產出的使用價值能否帶來交換價值，是否實現價值增殖，只在乎能否更多占有工人生產的剩餘價值。而工人，在這個過程中，只是運用自己的"動物機能"，即吃、喝、性行爲，滿足生理需要，只是機械地發揮"人的機能"，即進行重複勞動，重複着僵死的工作，猶如動物一般。因此，對於資本主義生產來說，一邊是財富在資本家和地主一極的積累，一邊是貧困在工人階級一極的積累，工作階級作爲人的發展走向單一化、片面化。

但馬克思認爲，從民生的角度出發，不僅應關註人的基本生存狀態，更應關註人的自由全面發展。馬克思把人的發展歷程歸結爲三種形態：即人的"依賴關係"階段、"以物的依賴性爲基礎的人的獨立性"階段和"人的自由個性"階段。尤其是第三個階段是馬克思對未來社會的憧憬和預測，也是人類發展的目的，"建立在個人全面發展和他們共同的社會生產能力成爲他們的社會財富這一基礎上的自由個性，是第三個階段"①。馬克思堅信，人的發展的第二階段爲第三階段創造了物質基礎和技術條件，最大限度減少了人們用於謀取生存而進行的必要勞動時間，從而使人們的自由時間越來越多。隨著生產方式和生產關係的更迭，剩餘勞動將不再被剝削階級掠奪，共同的社會生產能力將成爲全體社會成員的社會財富，爲每一個社會成員自由全面的發展提供了條件。

6.1.3 《資本論》中對民生的認識

《資本論》蘊含的民生思想豐富。馬克思對民生的認識，是從人類歷史發展、資本主義生產方式的解析、工人階級的生活描述等方面來認識民生的。在馬克思看來，民生是人民群衆合理的生活需要；民生需要具有豐富性和多層次性；對民生的關註是形成馬克思批判的推動力量。

6.1.3.1 民生是人民群衆合理的生活需要

從古至今，人類的發展史，就是一場認識、改造實踐對象，滿足需要，實現民生的歷史。在馬克思看來，民生不僅是人所追求的生存狀態，更是人之爲人的生存狀態。民生中的"生"是指生命體的存在狀態，是生命體得以維持、延續和發展，而不致走向反面的動態過程，一旦走到"生"的對立面時，人就不再是自己而是他物了。

一方面，人作爲生命體，具有同外界進行能量、物質、信息等各方面的交換，進行生存繁衍的自然需要；另一方面，人能夠發揮主觀能動性，爲實現自身需要進行生產勞動，把人同動物區別開來。而且在這個過程中能夠同他人形成廣泛的實踐交往，從而使自身成爲一種有意識的社會存在物。作爲社會存在物的人的民生需要，就不僅包括與生存有關的物質追求，而且包括人自身發展的社會關係、文化、環境等多種需要。可見，人們對民生需要的追求是一種人之爲人的生存狀態和生存依據，這體現出民生是一種始自人本性的合理需要。

另一方面，人類歷史發展規律也決定了實現民生需要的合理性。馬克思認爲，民生問題的產生與解決是在人不斷與惡劣的生存境況和不利於人發展的各種條件做

---

① 馬克思恩格斯選集：第1卷 [M]．北京：人民出版社，1995：78-79.

鬥爭的過程中實現的另一方面，民生的內容與範疇也是人生存、發展需要的抽象與反應，隨著社會發展，民生需要的內容也會更加豐富。因此，民生需要的合理性也體現在它是在實踐的基礎上合乎社會發展規律的需求。

6.1.3.2 民生需要具有豐富性與多層次性

馬克思在《資本論》中，通過對資本主義社會的考察，揭示民生需要的豐富性和多層次性。這是同資本家截然不同的民生觀。在資本家眼裏，工人的需要是單一的、抽象的，他們把人的需要等同於動物的需要，從而認為工人只有肉體的需要、粗陋的需要，而沒有勞動以外的需要。這樣的結果導致工人需求的單一化，生活的貧困化。而在馬克思看來，工人的生存和發展的需要是多層次的，具有豐富的內容。

馬克思提出，工人生存和發展，特別是最基本的生存需要，包括自然需要、利己需要、感性需要、對光、空氣的需要、人的需要、文明的需要、最迫切的需要等。也就是說，工人的需要是豐富的，而非單一的，粗陋的。

另外，由於人類智力發展的無限性而導致智力物化能力具有無限性，也就引致了對民生需求內容的擴展，而使民生需求具有多層次性。這種多層次性在馬克思看來，體現在兩個方面：一是工人具有最基本的衣、食、住等物質需要，或者說生存需要；二是最基本的生存需要滿足後，就會產生更高層次的其他需要。即工人在基本的生存需要得到滿足的前提和情況下，民生會朝著更高的方向發展，即提高生活質量，改善生存條件，馬克思稱之為"享受需要"。馬克思曾指出："我們首先應當確定一切人類生存的第一個前提，也就是一切歷史的第一個前提，這個前提是人們為了能夠'創造歷史'，必須能夠生活。但是為了生活，首先就需要吃、喝、住、穿以及其他一些東西。"① 這就是馬克思所表述的民生最基本的層次。同時，馬克思還強調"任何歷史觀的第一件事情就是必須注意上述基本事實的全部意義和全部範圍，並給予應有的重視"②。

在馬克思看來，生存需要和享受需要在人的生產生活中所占的比重會隨著社會生產力的發展而呈現出前者低、後者逐漸增高的特徵，享受需要尤其是人的全面發展需要將逐步成為人生活最主要的組成部分。當然，這並不意味著基本的生存需要不再被需要，而是隨著生產力的發展，滿足生存的需要已經不再成為問題，勞動者的關注點會隨著生產力的發展而變化，會由過去的物質利益轉為自身的完善與自我實現，即一切體力和智力能力的發揮。

6.1.3.3 對民生的關切是推動馬克思批判理論形成的力量

馬克思政治經濟學的深刻之處就在於，凡是資產階級經濟學家看到物與物之間

---

① 馬克思. 資本論：第一卷 [M]. 北京：人民出版社，1972：691.
② 馬克思. 資本論：第一卷 [M]. 北京：人民出版社，1972：95-96.

關係的地方，馬克思始終給我們揭示了人與人之間的關係。也就是説，馬克思的出發點是關註人，這也是近代人道主義思潮的體現。馬克思認爲，黑格爾和費爾巴哈也在批判，但是只是批判宗教，没有觸及神學寶座下的地基——現實世界。他們看到了宗教世界的苦難，卻對現實世界的苦難視而不見。

而馬克思呢？他把宗教批判和政治批判結合起來，使這種批判走向對民生的現實性關切。馬克思對資本主義制度進行了批判性研究，這構成了馬克思主義政治經濟學的分析基點，他尤其是對資本主義社會中關涉民生問題的社會管理制度進行了批判，而這種批判最有力的武器就是异化勞動理論。异化勞動理論不僅以人的生存爲現實依據，而且以人的生存爲終極指向。馬克思認爲，勞動本身是自由的、有意識的活動，是人類本性和特性的反應，是人類生命活動本身。但是在資本主義社會中，這種人類本性和特性，這種生命活動本身，卻成爲人維持生命活動的手段，這就是對勞動的一種异化。資本主義社會雇傭勞動制度的存在，在發展資本主義的同時，卻犧牲了個人的本性。不可否認，在資本主義生產制度下，生產力得到了極大發展，勞動生產率日益提高，創造除了大量的社會物質財富。勞動生產率的提高，大大縮短了社會必要勞動時間，相應地自由時間也應該增多，也就是説，人們可以隨着生產力和勞動生產率的提高，而獲得更多的可供支配的閑暇時間，這樣勞動就由謀生手段變成了生活的目的。但在資本主義制度下，勞動生產率的提高，只是增加了創造剩餘價值的勞動時間，勞動依然僅僅是謀生的手段。只有在共產主義社會，"時間實際上是人的積極存在，它不僅是人的生命的尺度，而且是人的發展的空間"①。在自由時間中，人們可以擺脱外在物質財富的束縛，不再爲謀取生活資料而奔波操勞。這就爲人的思想發展、能力的提高開拓了自由馳騁的天地。

馬克思在《資本論》中就對資本主義制度進行了深刻的批判，這種批判的尺度是，人必須按照自己的尺度生活才能獲得幸福，任何對人的感性存在的遮蔽，都構成了對人的本質的壓抑。馬克思在政治經濟學批判中隱含的一個思想就是，要使人本源的自由成爲現實，那就需要人不論是在對象那里，還是在自己的活動中，人的看、聽、愛、恨等都成爲人的本性，而不再以交换價值爲中介。可以説，在馬克思的批判理論中包含着對資本之强制的批判和對恢復人之爲人的本性的追求。

6.1.4 《資本論》中民生思想的内涵和主要内容

6.1.4.1 民生思想内涵之一：勞動者有業可就，有房可居

正如前文所説，馬克思民生的第一個層次是满足人的基本生存需要，生存是第

---

① 馬克思恩格斯全集：第 23 卷 [M]．北京：人民出版社，1979：530．

一層次需要。在《資本論》中馬克思提出，"我們首先應當確定人類生存的第一個前提，也就是一切歷史的第一個前提，這個前提是：人們爲了能夠'創造歷史'，必須能夠生活。但是爲了生活，首先就需要吃、喝、住、穿以及其他一些東西"。這段話說明，在馬克思看來，勞動者有業可就，有房可居，是謀生的重要手段，是人的基本生存需要，是維持人的生存和尊嚴最基本的保障。如勞動者無業可就，無房可居，基本的生活都談不上，更談不上創造歷史與實現個人尊嚴和自我價值。

但是馬克思研究發現，資本主義生產關係下的勞動者，在就業和住房兩大基本民生問題上並沒有得到解決，而且問題突出，勞動者生存狀態悲慘。馬克思在《資本論》第一卷資本積累理論中，特別分析了工人失業問題。馬克思提出，在資本主義生產關係下，生產資料和所有者相分離，勞動者必須通過就業的方式來獲得生存資料，維持自身的生存發展。但隨著資本有機構成的提高，伴隨著機器的使用，伴隨著技術的進步、技術的提高，以及工業劇烈的週期波動，就會出現機器排擠工人的情況，被排擠出來的工人就形成了一個相對過剩人口，也就是造成了失業大軍被拋上街頭。馬克思指出："因爲對勞動力的需求不是由資本的大小決定而是由資本可變組成部分的大小決定，所以它隨著總資本的增長而遞減，而不像以前假定的那樣，隨著總資本的增長而按比例增加。對勞動的需求，同總資本量相比相對地減少，並且隨著總資本量的增長以遞增的速度減少。"① 而失業大軍的存在，又會對在業人群形成威脅，從而會進一步導致無產階級貧困。這就是馬克思所稱之爲的資本積累的一般規律，即一邊是財富的積累，一邊是貧困的積累，也就是形成兩極分化。

一方面，勞動者或者說工人階級居住條件十分悲慘，處於無房可居的狀態。馬克思說："任何一個公正的觀察者都能看到，生產資料越是大量集中，工人也越要相應地聚集在同一個空間，因此，資本主義的積累越迅速，工人的居住狀況就越悲慘。隨著財富的增長而實行的城市'改良'是通過下列方法進行的：拆除建築低劣地區的房屋，建造供銀行和百貨商店等用的高樓大廈，爲交易往來和豪華汽車而加寬街道，修建公路，等等；這些改良明目張膽地把貧民趕到越來越差、越來越擠的角落里去。另一方面，每個人都知道，房屋的昂貴和房屋的質量成反比，房屋投機分子開採貧民這個礦山比當年開採波托西礦山花的錢還要少，賺的錢還要多。"②"房租過高，只有少數工人才付得起一間房子以上的租金。"③

6.1.4.2 民生思想内涵之二：公平分配，爲實現民生提供物質前提

民生的實現，需要物質前提。而在資本主義社會，由於生產資料私人所有制，導致了分配關係的不公，使財富在資本家和地主一極積累，貧窮在工人一極積累，

---

① 馬克思. 資本論：第一卷 [M]. 北京：人民出版社，1972：691.
② 馬克思. 資本論：第一卷 [M]. 北京：人民出版社，1972：721-722.
③ 馬克思. 資本論：第一卷 [M]. 北京：人民出版社，1972：723.

最終不可避免地發生經濟危機。馬克思在《資本論》中分析道，在資本主義生產關係下，勞動者失去生產資料，自由得一無所有，只能靠出賣自己的勞動力維持生存需要。馬克思指出："勞動力的買和賣是在流通領域或商品交換領域的界限以內進行的，這個領域確實是天賦人權的真正伊甸園。那里占統治地位的只是自由、平等、所有權和邊沁。"① 而一旦離開這個簡單的流通領域或商品交換領域，交易雙方的面貌就完全發生了變化，"原來的貨幣占有者作爲資本家，昂首前行，勞動力占有者作爲他的工人，尾隨其後。一個笑容滿面，雄心勃勃；一個戰戰兢兢，畏縮不前，像在市場上出賣了自己的皮一樣，只有一個前途——讓人家來踩"②。馬克思還發現，在勞動力商品的買賣過程中，工人出賣自己的勞動力獲得工資，但工資只是工人維持自己和家人生活所必需的生活資料的價值；而資本家則獲得勞動力商品的使用價值。勞動力商品的使用價值就是耗費自己的體力和腦力，去創造價值。當勞動者創造的價值，大於資本家付給勞動者的生活資料的價值的時候，就有了一個餘額，或者一個差額，而這個差額，被資本家無償占有了，就構成了資本家賺錢的秘密，增值的秘密，或者說是資本主義剝削的秘密。而爲使這個差額更大，資本家想方設法地延長工人整體勞動時間或者縮小必要勞動時間，延長剩餘勞動時間，讓工人創造更多的剩餘價值。所以，勞動力商品的買賣，表面上是等價交換，但實際上是虛僞的，是形式上和法律上的平等，而實質和內容上是不自由、不平等的。這就是剩餘價值規律。

在《資本論》第三卷中，馬克思分析了商業資本、借貸資本、銀行、土地所有者，因此資本出現了具體的形式。這四個群體，實際上都會要求獲得相應的屬於自己的份額，因此就會對應出現產業利潤、商業利潤、利息和地租。但無論是產業利潤、商業利潤、還是利息和地租，都只是剩餘價值的轉化形式而已，是產業資本家、商業資本家、借貸資本家和地主這四個群體憑借其資本的所有權共同去瓜分由工人階級創造的剩餘價值。但對於勞動者來說，由於喪失對自己勞動力的所有權，而無法獲取自己勞動創造的所有價值，僅僅得到了對勞動力價值本身的補償，並沒有取得合理報酬，顯然是不公平的。這就是資本主義社會分配不公的關鍵所在。這種不公平的分配，就造成了財富一方面在資本家和地主階級一極迅速積累，一方面造成了貧困在工人階級一極的積累。當這種積累到一定程度的時候，資本主義經濟危機也就產生了。

因此，馬克思在批判資本主義國家和以往剝削階級國家非正義性和不合理性分配時，在《資本論》中提出了關於社會主義國家財富分配的基本法則，指出："讓

---

① 馬克思. 資本論：第一卷 [M]. 北京：人民出版社，1972：199.
② 馬克思. 資本論：第一卷 [M]. 北京：人民出版社，1972：200.

我們換一個方面，設想有一個自由人聯合體，他們用公共的生產資料進行勞動，並且自覺地把他們許多個人勞動力當作一個社會勞動力來使用……我們假定，每個生產者在生活資料中得到的份額是由他的勞動時間決定。這樣，勞動時間就會起雙重作用。勞動時間的社會的有計劃的分配，調節着各種勞動職能同各種需要的適當的比例。另一方面，勞動時間又是計量生產者個人在共同勞動中所占份額的尺度，因而也是計量生產者個人在共同產品的個人消費部分中所占份額的尺度。"① 他根據一些不發達國家的情況，提出了跨越資本主義的"卡夫丁峽谷"的設想。

6.1.4.3 提供義務教育，爲實現人的全面發展奠定基礎

馬克思對資本主義社會發展歷程進行了分析。他發現，在資本主義大工業時期，隨著科學技術的提高和其在生產過程中的不斷運用，生產過程得到了更新和發展，工人在生產過程中全面流動，從而客觀要求工人的全面發展，這也對教育提出了要求，教育和生產勞動相結合就成爲歷史的必然。

但在資本主義社會，教育和生產勞動的結合很難真正實現，因爲追求剩餘價值是資本主義社會的絕對規律，在這個絕對規律之下，教育的目的也受到剩餘價值規律的支配，教育費用成爲構成勞動力價值的一個部分。但馬克思認爲，教育過程應該還原到現實人的生活世界中，教育的真正目的應該是促進人的全面發展。

馬克思在研究1819年的英國《工廠法》時，就發現了"未來教育的萌芽"，並指出促進人的青少年發展的途徑和方法就是"未來教育對所有已滿一定年齡的兒童來說，就是生產勞動同智育和體育相結合，它不僅是提高社會生產的一種方法，而且是造就全面發展的人的唯一方法"②。也就是說，馬克思認爲，教育是實現人的全面發展的基礎，而對青少年來說，應該提供義務教育。

6.1.4.4 促進勞動者和生產資料的真正結合，爲解決資本主義民生問題提供根本出路

馬克思指出："不論生產的社會形式如何，勞動者和生產資料始終是生產的因素。二者必須結合起來，才能開始現實的生產過程。但是，在不同的社會制度下，勞動者和生產資料卻有不同的結合方式。通過資本家對勞動力的購買，勞動力和生產資料以生產資本的形式結合起來，開始現實的生產過程。這是資本主義制度下生產資料和勞動力結合的特殊形式。"③ 也就是說，資本主義制度下的生產資料私人占有制，割裂了勞動者和生產資料，生產資料被資本家占有，勞動者一無所有，只有自己的勞動力。勞動者爲了生存，只能出賣自己的勞動力，當勞動者將自己的勞動力當作商品出賣並被資本家購買以後，勞動力此時才能和生產資料結合起來，進行

---

① 馬克思恩格斯全集：第44卷 [M]. 北京：人民出版社，2001.
② 馬克思恩格斯文集：第5卷 [M]. 北京：人民出版社，2009.
③ 馬克思. 資本論：第一卷 [M]. 北京：人民出版社，1972：44.

資本主義生產。但是由於"資本家沒有工人能比工人沒有資本家活得長久……資本、地產和勞動的分離，只有對工人說來才是必然的、本質的和有害的分離"[1]。同時馬克思發現，在資本主義制度下，工人的生產與生活完全對立，"工人生產的越多，他自己就越沒有價值、越低賤；工人的產品越完美，工人自己越畸形"。工人爲了維持自己的生活，爲了養家糊口，不得不成爲資本驅使的工具。工人的更高層次的需求根本沒人關注，在不占有生產資料的情況下，自己也沒法實現更高層次的需求。而資本家卻可憑借生產資料所有權，並在剩餘價值規律的作用下，竭盡全力榨取工人所創造的剩餘價值。這樣造成的結果是，"在一極是財富的積累，同時在另一極，即在把自己的產品作爲資本來生產的階級方面，是貧困、勞動折磨、受奴役、無知、粗野和道德墮落的積累"[2]。

同時，隨著資本的積聚和集中，一方面生產資料日益集中在少數資本家手中，另一方面也使資本主義生產日益社會化。隨著時間發展，生產社會化和生產資料私人占有制之間的矛盾將日趨尖銳，"資產階級的關係已經太狹窄了，再也容納不了它本身所造成的財富了"，就像馬克思說的，"生產力已經強大到這種關係所不能適應的地步，它已經受到這種關係的阻礙；而它一着手克服這種障礙，就使整個資產階級社會陷入混亂，就使資產階級所有制的存在受到威脅"[3]。這樣，資本主義社會周而復始的經濟危機就爆發了。資本主義經濟危機反應了以資本主義私人所有制爲基礎的資本主義生產關係與社會化的生產力之間存在着深刻的矛盾，暴露了資本主義生產方式的歷史局限性。

而要解決這個問題，馬克思認爲，根本出路在於重建個人所有制，使勞動者和生產資料實現真正結合。"從資本主義生產方式產生的資本主義占有方式，從而資本主義的私有制，是對個人的、以自己勞動爲基礎的私有制的第一個否定。但資本主義生產由於自然過程的必然性，造成了對自身的否定。這是否定的否定。這種否定不是重新建立私有制，而是在資本主義時代的成就的基礎上，也就是說，在協作和對土地及靠勞動本身生產的生產資料的共同占有的基礎上，重新建立個人所有制。"[4]

6.1.4.5 健全社會保障，爲穩定民生提供安全網

馬克思認爲，健全的社會保障制度是實現人的全面發展和穩定民生的保證。在《資本論》中，馬克思強調，在資本主義社會，雖然社會保障是資本增殖保值和獲取高額剩餘價值的工具，但它也是資本主義經濟和社會發展的內在需求，並且"這

---

[1] 馬克思. 資本論：第一卷 [M]. 北京：人民出版社，1972：7.
[2] 馬克思. 資本論：第一卷 [M]. 北京：人民出版社，1972：708.
[3] 馬克思恩格斯文集：第2卷 [M] 北京：人民出版社，2009：37.
[4] 馬克思. 資本論：第一卷 [M]. 北京：人民出版社，1972：832.

也是在剩餘價值、剩餘產品、從而剩餘勞動中，除了用來積累，即用來擴大再生產過程的部分以外，甚至在資本主義生產方式消滅之後，也必須繼續存在的唯一部分。當然，這要有一個前提，就是通常由直接生產者消費的部分，不再限於它目前的最低水平。除了爲那些由於年齡關係還不能參加生產的人或者已不能參加生產的人而從事的剩餘勞動以外，一切爲養活不勞動的人而從事的勞動都會消失"①。馬克思的這段話主要説明，未來社會的目標在於實現人的全面發展，但這種全面發展依然需要建立完善的社會保障制度，這種社會保障制度必須是擺脱資本主義性質和條框束縛的，真正公平而有效完備的社會保障制度。

6.1.4.6 《資本論》中民生思想的當代價值與實踐意義

馬克思説，"理論在一個國家實現的程度，總是決定於理論滿足這個國家的需要的程度"②。我國自改革開放近四十年來，生產生活取得了長足進步，人們的生活有了明顯的改進，但是民生問題，依然還是困擾中國的一個大問題，還沒有得到徹底的解決。中國還有五千多萬人口面臨着解決生存發展的問題，普通大衆還面臨着發展需要的滿足未解決的問題。總之，處於社會主義初級階段的中國，人民群衆的民生需要同社會的發展具有高度的現實的一致性。因此，《資本論》中所藴含的民生思想，對於當前中國直面的民生問題，思考如何解决民生問題，爲全面小康社會的建成具有重要的理論價值和實踐意義。

6.2 《資本論》中民生思想的當代理論價值：回歸人的基本價值取向

馬克思民生思想在當代不僅具有它自身所内在的理論價值，而且，隨着實踐的發展，馬克思民生思想還被不斷賦予新的内容。

6.2.1 《資本論》中的民生思想，是馬克思主義人學價值取向的集中體現

6.2.1.1 《資本論》中的民生思想，體現了馬克思主義理論回歸到人的基本價值取向

馬克思民生思想凸顯了滿足人的生存需要，促進人自由全面發展的人學思想。

---

① 馬克思. 資本論: 第一卷 [M]. 北京: 人民出版社, 1972: 958.
② 馬克思恩格斯選集: 第 2 卷 [M]. 北京: 人民出版社, 1995.

通過對馬克思《資本論》民生思想的研究，認識到馬克思民生思想體現了理論對人的回歸，實際上也是對一些研究，特別是西方後現代主義認爲馬克思缺乏人學思想的有力回應和駁斥，馬克思主義哲學不存在"人學的空場"①。

馬克思在《資本論》第一卷的序言當中，對《資本論》研究對象做了說明。他說，"我要在本書研究的，是資本主義生產方式以及和它相適應的生產關係和交換關係"。這意味著馬克思研究的是人與人之間的關係，乃至階級與階級之間的關係。恩格斯對此有一個評價："政治經濟學所研究的從來就不是物，他研究的是人與人之間的關係，歸根到底是階級與階級之間的關係。"馬克思的政治經濟學，實際上是從歷史上，第一次由物的研究，轉向了對人和階級的研究，轉向了在生產過程背後所體現的，所蘊藏的人與人之間的關係。因此，列寧說，"馬克思政治經濟學的深刻之處就在於，凡是資產階級經濟學家看到物與物之間關係的地方，馬克思始終給我們揭示了人與人之間的關係"②。也就是說，馬克思的出發點是關註人，這也是近代人道主義思潮的體現。就像康德說的，"人是什麼？人是生活的目的"。人們在欣賞達·芬奇的《蒙娜麗莎的微笑》的畫作時，不在於他畫得有多逼真，蒙娜麗莎有多美，而在於將關註的視角放在了人的身上，而不是神。文藝復興之後的人道主義思潮影響了馬克思。因此，從物到人實際上是馬克思政治經濟學的研究對象的一個非常重要的轉變。

而馬克思對人的研究和關註，體現在了對勞動者生活的關註上，這種關註閃耀着民生的光輝。馬克思認爲，勞動作爲人的社會實踐活動，是人作爲"類"的本質體現。但在資本主義社會中，人的這種本質被異化與剝奪，只有在未來共產主義社會中，才能真正實現自由自覺的類本性。從這一角度看，以人爲本指出作爲社會整體的人更具有現實意義。在當代，作爲社會的全體成員，面對自然和社會條件，必然存在共同的需要和利益。通過改造現實的實踐，人們應共同占有民生資料，享有民生權利。可以說，改善民生並不是改善少部分人的生存狀況和發展條件，而是指全體人的民生實現。過上好的生活不是哪一個特定群體的特權，任何人都應享有民生的權利，都有權利通過自己的努力過上好的生活。正因如此，應當對任何人的民生權利給予尊重。

6.2.1.2　馬克思對民生問題的關註導致了共產主義理論的確立

馬克思以批判資本主義社會對人的剝削和資本主義私人所有制同社會化大生產的矛盾的制度根源爲基點，揭示了共產主義社會是現實的社會運動。那共產主義社會是怎樣的一種社會呢？馬克思對共產主義的描述是："共產主義社會以每個人的

---

① 武天林. 馬克思主義人學導論 [M]. 北京：中國社會科學出版社，2006.
② 列寧選集：第2卷 [M]. 北京：人民出版社，2012：312.

全面而自由的發展爲基本原則。"共產主義理想歸根結底是人的良好生存、人的全面發展和人的價值的實現。這樣的共產主義是馬克思畢生爲之奮鬥的宏偉目標。

馬克思指出,共產主義是人的自我異化的積極揚棄,是通過人並爲了人對人的本質的真正占有,是向社會人的復歸。只有消滅了資本主義私有制和異化勞動,才能實現理想的共產主義生活,才能保障每個人都能自由全面地發展。馬克思共產主義理想的樹立,就是源於對人的關註,對工人階級民生問題的深切關懷,讓他去深思,建立何種社會制度才能讓人的本質回歸,這種思索讓他最終確立了共產主義理論。

6.2.2 《資本論》中的民生思想對解決我國民生問題的啓示

民生是貫穿人類社會發展的重要內容。人類社會的發展,就是不斷解決民生問題,不斷改善民生的過程。尤其是處在社會主義初級階段,面臨全面小康社會建成的現中國,民生問題的解決尤爲重要。學習《資本論》,理解馬克思的民生思想,瞭解馬克思的民生理念和原則,懂得馬克思主義哲學對人的關註,能對我們的民生建設有所啓示。馬克思在《資本論》中通過對資本主義民生問題的批判和分析,表達了自己的民生理想,就是希望通過重建個人所有制來建立一個取代資本主義的理想社會,一個消滅了私有制、階級和剝削,生產者和生產資料實現真正結合,人人都勞有所得、住有所居、老有所養,享有完全保障、充分就業和免費教育,擁有真正的人權、自由、平等、共富、和諧的理想社會。因此,從《資本論》的視角來分析民生問題,探索解決民生問題的路徑和辦法,具有重要的現實指導意義。

6.2.2.1 民生理念要"以人爲本"

理念是行動的先導,什麼樣的理念,引領什麼樣的行動。當代中國民生建設,要樹立"以人爲本",尤其是以勞動者爲本的理念。馬克思在《資本論》中寫道,未來社會是"以每個人的全面而自由的發展爲基本原則的社會形式。只要有人的存在,自然史與人類史就會彼此聯繫着,環境的改變也是與人的活動相一致。沒有人,沒有人的勞動,就沒有生活世界"。馬克思還說,"人的全面而自由的發展,是社會主義社會的基本原則","人類社會的發展是自然歷史過程,生產力的發展是人類社會發展的最終決定力量;生產力和生產關係、經濟基礎和上層建築的矛盾運動,是社會發展的根本動力",這就是歷史唯物主義所闡釋的,人民是推動歷史發展的根本動力的基本原理;這些論述也科學地說明了經濟社會的發展,要以促進每個人的全面發展爲目的。這就引領了我們民生建設的原則、方針的制定和政策、措施的落實。

何爲"以人爲本"?所謂以人爲本,就是民生原則、方針、政策和具體的措施的落腳點和出發點是人民群衆的生存需求和發展需要，要從人的基本生存需求出發，切實解決人民群衆最關註、最直接、最切身、最現實的利益問題和生活問題。也就是說，民生建設首先是要滿足人的基本的生存需要。我國現階段的全面建成小康社會的百年任務，實際上就是要解決所有人的基本生存需要，將所有地域、所有領域、所有層次的人都納入小康的範疇。當基本生存需要滿足以後，就要着力解決人的更高層次的需要，以提高人民群衆的利益和福祉爲着眼點和落腳點，努力提高人民群衆的物質文化生活水平，並長遠地促進人的自由、全面發展。

6.2.2.2 優化勞動者與生產資料的結合制度，爲解決民生問題奠定制度基礎

勞動者與生產資料緊密結合，才能實現勞動與財富的統一，勞動者的生存、生活和發展需求才能得到有效關註和實現。社會主義國家生產資料公有制的基本制度，實現了勞動者與生產資料的緊密結合。但民生問題的徹底解決，還要通過進一步改革，衝破束縛勞動者和生產資料有機結合的各種現實障礙和問題，探索公有制的不同實現形式，充分發揮公有制的優越性，完善公有制企業的内部治理結構和治理方式，發揮公有制在保障民生、促進社會公平正義、實現經濟社會和地區協調發展、保障社會穩定和國民經濟安全，引導經濟社會發展方向等方面的引領、主導、支撐和保障作用。與此同時，也要積極鼓勵和引導個體經濟、外資經濟和私營經濟的企業資本形式由個人資本轉化爲社會資本，使資本所有權和使用權發生分離，促進資本和生產的社會化，以便更好地適應生產力進一步發展的需要。我們現在進行的國企制度改革，推進員工持股試點計劃，就是有效地實現生產資料和勞動者的結合，爲進一步解決民生問題奠定紮實的制度基礎。

6.2.2.3 提高勞動貢獻報酬率，構建勞資雙方平等博弈、利益共享的機制

改革開放近四十年，我國經濟社會取得了長足進步，但 GDP 每增長一個百分點，居民的收入僅增長 0.5 個百分點，這是十分不同步的，也造成了在住房、就業、醫療、教育、收入分配、社會保障等方面的許多薄弱環節，影響了社會和諧。另外，近年來，我國勞動報酬率僅爲 35%～40%，同歐洲國家百分之六七十的勞動貢獻報酬率相比，是較低的。這說明資本和知本等稀缺資源獲取的報酬極高，造成了一些新的不平等和不公平，激發了社會上一些仇富、仇官員、仇專家等的過激行爲，影響了和諧社會的構建。很顯然，一個社會，如果不能有效解決民生問題，就談不上和諧，甚至可能會引發社會的不穩定。解決民生問題才能促進社會和諧。

馬克思說過，"民生"問題既是物質利益的滿足問題，又是政治權利的實現問題。只有切實解決事關人民群衆切身利益的問題，保障人民群衆的基本生活和民主權利，社會和諧程度才會提高。那麽如何保障基本民生的解決呢？一個方面是提高勞動貢獻報酬率，讓勞動者能夠參與財富的分配，能勞有所得，才能將勞動所得用於滿足生活需求、精神需求和發展需求。另一個方面，是構建勞資雙方平等博弈、

利益共享的機制。在當今中國，勞資關係已經成爲重要的經濟關係，勞資關係的好壞，直接影響到經濟能否良性運行和社會能否和諧發展。我國的社會主義性質要求政府，在相對資本而言勞動者是天生的弱勢群體的情況下，應重點保護勞動者的生存權與勞動權，讓勞動者擁有與企業同等的話語權和自由簽約權，尤其要從法律制度和體制上保障勞動者擁有自己的獨立組織、利益表達機制和渠道，使之在簽訂集體合同、維護勞工的合法權益等方面與資本進行平等博弈。

6.2.2.4 加快經濟發展，爲解決民生問題提供物質基礎

馬克思在《資本論》中說："只有使物質財富極大豐富，人民精神境界極大提高，才能實現每個人自由而全面的發展。"這些論述科學地說明了民生問題的解決，必須依靠大力發展經濟，促使物質財富極大提高，才能實現人的自由全面發展。因此，民富、民安的實現，最根本的途徑和辦法還是要把促進經濟發展作爲第一要務，正如鄧小平所說："發展才是硬道理。"只有經濟發展了，才能把財政收入這塊"蛋糕"做大，"蛋糕"做大了，人民才有"蛋糕"可分享，與人民息息相關的民生問題才能得到解決。

我們黨深刻地認識到了這一點，在黨的十七屆五中全會和十八屆三中全會中都提出要把"保障和改善民生作爲加快轉變經濟發展方式的根本出發點和落腳點"。爲此，我們要把解決人民群衆基本的民生問題放在首位，構建民生底線，實行以保障基本生活爲主的社會公平保障體系，實現應保盡保，做到橫向到邊、縱向到底，一個也不能少。爲此，要堅定不移地實現改革開放，促進經濟發展，奠定堅實的物質基礎。在此之上，採取措施，實現人民"業有所就，學有所教，病有所醫，住有所居，老有所養"，切實解決各項跟人民生活息息相關的民生問題。

一是實施積極的就業政策，加大各項就業培訓，降低結構性失業矛盾，提高就業率，確保人民想工作和社會能提供工作崗位的匹配；二是從整頓分配秩序入手，調節過高收入，保護合法收入，取締非法收入，扭轉收入分配差距擴大的趨勢；三是加大對教育事業的投入，努力辦好人民滿意的教育，特別是多措並舉促進教育公平，積極回應群衆期盼，重點抓均衡、抓普惠、抓資助，努力讓所有學子都能有平等受教育機會；四是進一步深化經濟體制和政治體制改革，完善社會主義市場經濟體制和民主法治建設，建立健全民衆利益訴求表達機制、合理的利益協調機制和完善的社會管理機制，充分保障人民群衆對政府公共政策和民生措施的知情權、參與權、表達權和監督權；五是建立健全以權利公平、機會公平、規則公平、分配公平爲主要內容的社會公平保障體系，強化監督制約機制，促進社會公平正義；六是加強社會治安綜合治理，提升社會管理水平，營造安定和諧的社會環境，增強人民群衆的安全感，使人民群衆真正實現安居樂業。

6.2.2.5 抓準當前民生問題的關鍵，切實解決民衆的就業和住房問題

就業問題和住房問題關係着人民群衆的基本生存權和尊嚴，必須重點解決。我

國古語即説"安居樂業",人民只有"有房可居,有業可就",才有基本的生存條件。就業是人民群衆解决衣食住行的基本途徑,居住問題是關係人民群衆生命安全、生活和生存的必需品,也是實現人民群衆尊嚴的條件和保障人民群衆追求自由和全面發展的重要條件。馬克思在《資本論》中就深切地爲工人階級的居住問題擔憂,花了大量篇幅和篇章描述工人階級惡劣的居住條件,控訴資本主義制度的罪惡。因此,關切就業問題和住房問題,在當前社會主義初級階段,不僅是重大的經濟問題,也是重大的政治問題,既關係人民生活水平的提高,也關係改革發展穩定的大局和國家的長治久安。

所以,在社會經濟發展過程中,一方面,要積極實施擴大就業的發展戰略;另一方面,國家要保障公民的基本住房權,始終把改善群衆居住條件作爲住房制度改革和房地產業發展的根本目的。

6.2.2.6　加大教育投入,爲實現人的全面發展保駕護航

人的全面發展是衡量社會進步和健康發展的重要尺度,而教育和基本社會保障是人的全面發展的重要前提條件。我們必須堅定不移地實施科教興國戰略,不斷完善現代國民教育體系和終身教育體系,切實保證教育公平,促進義務教育均衡發展,讓人人都具備受教育的機會和享受文化成果的充分權利,全面提高全民族的思想道德素質和科學文化素質。與此同時,爲滿足人們的生活保障與發展需要,實現社會的公平和正義,應該逐步解决我國社會保障存在的覆蓋面小、實施範圍窄、社會化程度低等問題,加快構建覆蓋城鄉居民的城鄉一體化的社會保障制度,爲人的全面發展提供制度支撐。

總之,《資本論》對民生問題的關註啓示我們:一個社會要實現穩定,必須要高度重視和解决民生問題。因此,在當前我國加快發展的關鍵時期,必須用更多的精力和更大的努力來解决民生問題,促進社會公平正義目標的實現。

7 《資本論》中積累理論及其當代價值

積累理論是馬克思《資本論》理論體系的重要組成部分，也是長期以來被認爲是馬克思主義政治經濟學中階級屬性最爲鮮明的部分。馬克思通過對資本主義社會資本積累的過程、本質、影響因素、一般規律及歷史趨勢的分析，深刻地揭示了資本主義生產關係的對抗性質，得出了資本主義必然滅亡、社會主義必然勝利的結論。但是，撇開積累理論的階級屬性，從市場經濟運行的一般規律考察，積累理論所闡述的資本運動的一般規律，對於指導市場經濟實踐，推進中國經濟改革與發展具有重要的借鑒意義。

7.1 積累理論的主要内容

對於《資本論》積累理論所涵蓋的内容，理論界和學術界有廣義和狹義兩種不同的觀點。狹義的資本積累理論主要指《資本論》第一卷第七篇《資本積累過程》，主要内容包括簡單再生產、剩餘價值轉化爲資本、積累的一般規律以及原始積累和現代殖民理論等。廣義的積累理論除了第一卷第七篇的内容外，還包括第二卷的第三篇《社會總資本的再生產和流通》，以及第三卷中的前三篇平均利潤率形成和趨於下降的理論。鑒於本書的研究目的，筆者主要從狹義資本積累理論出發，對資本積累的本質、方式、影響因素以及一般規律等内容進行了分析。

7.1.1 擴大再生產與資本積累

7.1.1.1 擴大再生產是資本主義再生產的特點

再生產是指連續不斷、周而復始的生產過程，按照對剩餘價值的使用以及生產規模的不同，資本主義再生產分爲簡單再生產和擴大再生產兩種形式。其中擴大再生產是資本主義再生產的基本特徵。

資本主義簡單再生產就是指資本家把剩餘價值全部用於個人消費，從而使再生產在原有的規模上重複進行。馬克思指出："把資本主義生產過程聯繫起來考察，或作爲再生產過程來考察，它不僅生產商品，生產剩餘價值，而且還生產和再生產資本關係本身。"① 通過資本主義簡單再生產的分析，可以進一步揭示資本主義剝削的本質，即不是資本家養活了工人，而是工人養活了資本家；資本家所投入的全部預付資本都是由工人生產出來的；資本主義簡單再生產過程，不僅再生產出商品，再生產出剩餘價值，而且還生產出資本主義生產關係，是物質資料再生產和資本主義生產關係再生產的統一。

資本主義擴大再生產是指資本家不是把剩餘價值全部用於個人消費，而是把其中一部分剩餘價值轉化爲新的資本，用來購買追加的生產資料和勞動力，使生產在擴大的基礎上重複進行。對於資本家的動機，馬克思指出："他的動機不是使用價值和享受，而是交換價值和交換價值的增殖了，他狂熱地追求價值的增殖，肆無忌憚地迫使人類去爲生產而生產，從而去發展社會生產力，去創造生產的物質條件。"② 正因爲這樣，資本主義再生產是以擴大再生產爲特徵的，其擴大再生產的目的是獲取更多的剩餘價值。

7.1.1.2 資本積累是擴大再生產的源泉

馬克思指出："積累就是資本的規模不斷擴大的再生產。"③ 資本積累是資本主義擴大再生產的源泉。資本家進行資本積累不是以個人的主觀意志爲轉移的，而有着其客觀必然性。一方面，剩餘價值規律是資本積累的內在動力。資本家爲了占有更多的剩餘價值，除了提高對工人的剝削程度外，還必然增加資本量，以擴大生產的規模和剝削的範圍。對剩餘價值的狂熱追求，驅使資本家不斷地進行資本積累。另一方面，資本主義競爭和生產無政府狀態的規律是資本積累的外部壓力。在資本主義競爭中，大資本總是處在有利的地位。爲了在競爭中處於有利地位，保存自己，擊敗對手，資本家只有不斷地進行資本積累，擴大資本規模。馬克思指出："競爭使資本主義生產方式的內在規律作爲外在的強制規律支配着每一個資本家。競爭迫使資本家不斷擴大自己的資本來維持自己的資本，而他擴大資本只能靠累進的積累。"④

7.1.2 資本積累的本質及其影響因素

7.1.2.1 資本積累是剩餘價值的資本化

馬克思在分析剩餘價值轉化爲資本的過程中，揭示了資本積累的本質和源泉。

---

① 馬克思. 資本論：第一卷 [M]. 北京：人民出版社，1975：666-667.
② 馬克思. 資本論：第一卷 [M]. 北京：人民出版社，1975：649.
③ 馬克思. 資本論：第一卷 [M]. 北京：人民出版社，1975：637.
④ 馬克思. 資本論：第一卷 [M]. 北京：人民出版社，1975：649-650.

馬克思指出："把剩餘價值當作資本使用，或者說，把剩餘價值再轉化爲資本，叫作資本積累。"① 資本家之所以能夠積累資本，就是因爲他剝削了雇傭勞動創造的剩餘價值，這也是資本家能夠不斷發財致富的秘密所在。

剩餘價值是資本積累的唯一源泉。資本積累既是剝削工人的結果，又是擴大對工人剝削的手段，資本積累的本質就是"對過去無酬勞動的所有權，成爲現今以日益擴大的規模占有活的無酬勞動的唯一條件，資本家已經積累得越多，就越能更多地積累"②。資本積累的實質表明，建立在簡單商品經濟基礎上的商品生產所有權規律現在已經轉變爲資本主義占有規律，即擁有生產資料的資本家無償占有雇傭工人創造的剩餘價值的規律。

7.1.2.2 決定資本積累量的因素

資本積累來源於剩餘價值，因此，決定剩餘價值量的因素也就是決定積累量的因素。在剩餘價值量一定的條件下，積累量由剩餘價值分割爲資本和收入的比例決定，其中收入是資本家個人消費的部分，收入所占比重越大，資本積累量越小。在剩餘價值分割爲資本和收入的比例一定條件下，積累量就決定於剩餘價值量。

影響剩餘價值的因素包括四個方面。①對勞動力的剝削程度。對勞動力的剝削程度越高，同量的可變資本獲得的剩餘價值就越多，從而積累的數量也就越多。現實中，資本家一方面通過提高勞動強度，延長勞動時間的方法來提高對勞動力的剝削，另一方面，還通過壓低工人工資的方法來達到這一目的，這實際上是把工人的一部分必要消費基金轉化爲積累基金。②社會勞動生產率的水平。當社會勞動生產率提高時，商品的價值就會降低，這會從以下四個方面影響資本積累的規模：第一，由於社會勞動生產率的提高，生活資料的價值降低，從而使勞動力這一商品的價值也降低，這就可提高剩餘價值率，增加剩餘價值量，擴大積累規模；第二，在社會勞動生產率提高時，由於勞動力和生產資料價值下降，同量資本便可以購買更多的勞動力和生產資料，以此可以生產出更多的剩餘價值，從而也就增加了資本積累的數量；第三，隨著社會勞動生產率的提高和商品價值的下降，同量剩餘價值便表現爲更多的商品，這樣，資本家就可以在不減少甚至增加他的個人消費的情況下，增加資本積累的數量；第四，在勞動生產率提高的條件下，當更新原有的生產資料時，可由效率更高和價格更便宜的生產資料代替舊有的生產資料，資本家從而可以獲得超額剩餘價值或相對剩餘價值。③所用資本和所費資本之間的差額。所用資本就是指在生產中發揮作用的全部勞動資料的價值；所費資本則是指每次生產過程中耗費掉並轉移到新產品中去的勞動資料的價值。投入生產中的勞動資料，並不是在一次

---

① 馬克思. 資本論：第一卷 [M]. 北京：人民出版社，1975：634.
② 馬克思. 資本論：第一卷 [M]. 北京：人民出版社，1975：639.

生產過程中全部被消耗掉,像廠房、機器等勞動資料儘管在生產過程中全部被使用着,但只是逐漸地被消耗掉,因而它們的價值也只是一部分一部分地轉移到新產品中去。這樣,在所用資本和所費資本之間便形成了一個差額。這個差額的大小,取決於勞動資料的質量和數量。在所用資本一定的條件下,勞動資料的質量越好,越經久耐用,所費資本就越少,從而所用資本和所費資本的差額就越大;勞動資料的數量越多,這個差額同樣也就越大。所用資本和所費資本的差額表明,勞動資料在其使用過程中,它的價值的一部分雖已轉移,但它的使用價值並不隨之減少,仍然作爲一個完整的勞動資料發揮作用,在生產中被繼續使用。在勞動資料提供無代價服務,照常發揮作用的條件下,資本家可以把每年轉移的勞動資料價值作爲折舊基金提取出來,並把收回的折舊基金在更新勞動資料之前暫時作爲積累基金使用。因此,所用資本和所費資本的差額越大,對資本積累就越是有利。④預付資本量的大小。在剝削程度一定的條件下,剩餘價值決定於被剝削的工人人數。如果不變資本和可變資本的比例不變,則隨著預付資本數量的增大,資本所雇傭、剝削的工人人數隨之增加,資本家能夠剝削到的剩餘價值數量也會增加,從而資本積累的數量也會增加。

7.1.3 資本積累的途徑

7.1.3.1 個別資本增大的兩種形式

馬克思在《資本論》中論述了個別資本增大的兩種形式:資本積聚和資本集中。資本積聚就是指個別資本通過剩餘價值的資本化來增大自己的總額。但是,單純依靠資本積聚來增大個別資本的數量,速度是比較緩慢的,難以滿足規模越來越大的資本主義生產發展的需要。資本集中是指已經形成的各個資本的合並,它是通過大資本吞並小資本,或若干小資本聯合成少數大資本而實現的個別資本迅速增大。資本集中是借助於競爭和信用兩個強有力的槓桿來實現的。

資本集中同資本積聚相比,有兩個顯著不同的特點。一是資本積聚以積累爲基礎,通過追加生產資料和勞動力使資本增長,因此使社會資本總額增大;而資本集中則是已經存在並執行職能的資本在各個資本家之間的重新分配和組合,使單個資本增大,並不增加社會資本的總額。二是資本積聚的增長受到社會財富的絕對增長的限制,它的增長緩慢;而資本集中則不受社會財富的絕對增長或積累的絕對界限的限制,能在較短的時間內集中大量的資本。

7.1.3.2 資本集中的兩種方式

馬克思認爲,實現資本集中的途徑有兩種,一是"通過強制的道路進行吞並",二是"通過建立股份公司這一比較平滑的辦法把許多已經形成和正在形成的資本融合起來",前者是指企業併購,後者則是指股份制。通過這種辦法可以快速積累巨額資本。馬克思指出:"假如必須等待積累再使某些單個資本增長到能夠修建鐵路的程度,那麼恐怕直到今天世界上還没有鐵路,但是,集中通過股份公司轉瞬之間就把這件事完成了。"① 可見,資本集中更能適應生產迅速擴張的需要。

促成資本集中的根本原因,就在於資本對剩餘價值和利潤的無止境的追逐。剩餘價值有絕對剩餘價值和相對剩餘價值兩種方式。在以機器大工業爲基礎的社會大生產階段,相對剩餘價值的生產是創造剩餘價值的主要方式。而追逐相對剩餘價值是"通過使商品便宜來進行的"。在其他條件不變時,商品的價格取決於勞動生產率,而勞動生產率在一定程度上又取決於生產規模,所以,資本爲追逐更大利潤就要擴大生產規模,提高勞動生產率,降低單位商品的價值,即所謂規模經濟。

7.1.4 資本積累的一般規律

7.1.4.1 資本有機構成的提高

馬克思研究資本積累的一個主要任務就是説明資本的增長對工人階級命運的影響,而這涉及資本的構成和它在資本積累過程中所發生的變化。

馬克思説:"資本的構成要從雙重意義上來理解。從價值方面來看,資本的構成是由資本分爲不變資本和可變資本的比率,或者説,分爲生產資料的價值和勞動力的價值即工資總額的比率來決定的。從在生產過程中發揮作用的物質方面來看,每一個資本都分爲生產資料和活的勞動力,這種構成是由所使用的生產資料量和爲使用這些生產資料而必需的勞動量之間的比率來決定的。我把前一種構成叫作資本的價值構成,把後一種構成叫作資本的技術構成。二者之間有密切的相互關係。爲了表達這種關係,我把由資本技術構成決定並且反應技術構成變化的資本價值構成,叫作資本的有機構成。"② 可見,資本的有機構成首先是一種資本的價值構成,但是,它又和純粹的資本價值構成不同:資本有機構成是資本技術構成在價值上的反應,純粹資本價值構成則可能與資本技術構成無關。

資本的技術構成和價值構成之間存在着内在的有機聯繫,一般情況下,資本技術構成的變化會引起價值構成的變化,而資本價值構成的變化又大體上反應技術構成的變化。馬克思把這種由資本技術構成決定並且反應資本技術構成變化的資本的價值構成,叫作資本的有機構成,通常用 C∶V 表示。隨著資本主義的發展,資本有機構成有不斷提高的趨勢,表現爲全部資本中不變資本所占的比重增大,可變資

---

① 馬克思. 資本論:第一卷 [M]. 北京:人民出版社,1975:690.
② 馬克思. 資本論:第一卷 [M]. 北京:人民出版社,1975:672.

本的比重减少。

7.1.4.2　資本主義相對過剩人口

資本主義相對過剩人口，是指勞動力供給超過了資本對它的需求而形成的相對過剩的勞動人口，它的形成是勞動力的供給和需求兩個方面作用的結果。

一方面，隨著資本有機構成的提高，在資本總量中可變資本所占的比重相對減少，甚至是絕對減少，從而使得資本對勞動力的需求相應減少；另一方面，由於生產機械化程度的提高，不僅部分工人被排擠出來成為新的勞動力供給者，而且由於操作的簡單化，部分女工和童工也進入勞動力市場，使得勞動力供給大為增加。在供給增加、需求減少的情況下，就出現了相對過剩人口，即產業後備軍。

隨著資本主義的發展，技術進步以及資本有機構成的不斷提高，相對人口過剩的出現是必然的，這是資本主義生產方式所特有的人口規律。相對過剩人口的存在，適應了資本主義生產週期性發展的需要，同時也成為資本家加強對在業工人剝削的手段。馬克思說："過剩的工人人口是積累或是在資本主義基礎上的財富發展的必然產物，但是這種過剩人口反過來又成為資本主義積累的槓桿，甚至成為資本主義生產方式存在的一個條件。"① 因為過剩人口形成了一支可供資本支配的產業後備軍，使資本積累在任何時候都不會受人口實際增長的限制，特別是為其無法避免的工業的週期波動，提供了富有伸縮彈性勞動力"蓄水池"，以至於如果沒有勞動後備軍，在波動中增長的資本主義將無法繼續進行下去，過剩人口的生產成了現代工業生活的條件。不僅如此，過剩人口的存在，還為資本家增加在業工人的勞動強度以及壓低工人工資提供了方便。

7.1.4.3　資本主義積累的一般規律

馬克思通過對資本積累的分析，總結了資本積累對無產階級命運的影響，提出了資本主義積累的一般規律，即隨著資本積累的增長，必然造成社會的兩極分化，一極是資產階級占有的資本和財富的積累，另一極是無產階級事業和貧困的積累。馬克思指出："積累再生產出規模擴大的資本關係：一極是更多的或更大的資本家，另一極是更多的雇傭工人"②。

馬克思指出："社會的財富即執行職能的資本越大，它的增長的規模和能力越大，從而無產階級的絕對數量和他們的勞動生產率越大，產業後備軍也就越大。可供支配的勞動力同資本的膨脹力一樣，是由同一些原因發展起來的。因此產業後備軍的相對量和財富的力量一同增長。但視同現役勞動軍相比，這種後備軍越大，常備的過剩人口也就越多，他們的貧困同他們所受的勞動折磨成反比。最後，工人階

---

① 馬克思. 資本論：第一卷 [M]. 北京：人民出版社，1975：692.
② 馬克思. 資本論：第一卷 [M]. 北京：人民出版社，1975：673-674.

級中貧苦階層和產業後備軍越大，官方認爲需要救濟的貧民也就越多。這就是資本主義積累的絕對的、一般的規律。"①

這一規律深刻揭示了無產階級和資產階級之間的矛盾和對立，以及資本主義生產關係的對抗性質。

7.1.5 資本積累的歷史趨勢

資本主義生產方式的產生是以資本原始積累爲基礎的，資本主義生產方式的發展是以資本積累爲基礎的。隨著資本主義積累的進行，一方面會使生產不斷社會化，生產社會化要求生產資料公有制與之相適應；但另一方面，資本主義積累又使個別資本不斷擴大，生產資料的資本主義私人占有制不斷發展。這會加深資本主義的基本矛盾。資本主義基本矛盾的不斷深化說明資本主義生產關係的歷史局限性，而資本積累過程不僅爲資本主義的滅亡準備了客觀物質條件——生產社會化，而且也爲資本主義的滅亡準備了主觀條件——無產階級，因此，資本積累的歷史趨勢是，資本主義必然滅亡，社會主義必然勝利。

正如馬克思在總結資本主義積累的歷史趨勢時指出："從資本主義生產方式產生的資本主義的私有制，是對個人的、以自己的勞動爲基礎的私有制的第一個否定。但資本主義生產由於自然過程的必然性，造成了對自身的否定。這是否定的否定。這種否定不是重新建立私有制，而是在資本主義時代的成就的基礎上，也就是說，在協作和對土地及靠勞動本身生產的生產資料的共同占有的基礎上，重新建立個人所有制。"②

7.2 積累理論的當代價值

撇開資本的階級屬性，從一般意義上考察，馬克思的資本積累理論，主要揭示了市場經濟社會化生產過程的積累機制，其對積累的源泉、積累的主體與動因、積累量的因素、積累的構成、積累的形式、積累的效益等方面的分析，對市場經濟改革與發展具有重要的借鑒意義。

---

① 馬克思. 資本論：第一卷 [M]. 北京：人民出版社，1975：707.
② 馬克思恩格斯全集：第 23 卷 [M]. 北京：人民出版社，1973：832.

7.2.1 理順積累和消費等分配關係，實現國民經濟健康發展

積累都是擴大再生產源泉，爲了解放和發展生產力，初級階段的社會主義也必須進行資本積累。黨的十八大報告指出，我們必須清醒地認識到，中國仍處於並將長期處於社會主義初級階段的基本國情没有變，人民日益增長的物質文化需要同落後的社會生產之間的矛盾這一社會主要矛盾没有變，中國是世界最大發展中國家的國際地位没有變。解放和發展社會生產力，滿足人民日益增長的物質文化需要，需要正確處理積累與消費的關係，不斷推進經濟的改革與發展。

新中國成立後，特別是改革開放以來，中國經濟取得了舉世矚目的成就，資金積累方式也經歷了不同的變化態勢。1953—1978 年，中國經濟走過了一條"高積累、低消費、低效益"的路子。期間，積累率呈現出先上升——後下降——再上升的演變路徑。1953 年，中國經濟的積累率爲 23.1%，1959 年上升至 43.8%，其後逐步下降，1962 年積累量僅爲 10.4%，到 1966 年上升至 30.6%，1967—1969 年有短暫的下降，之後基本維持在 30% 左右的水平，到 1978 年中國的積累率爲 36.5%。整體而言，1953—1978 年的 26 年間，中國的平均積累率爲 29.7%。

改革開放以後，中國資本積累呈現出"高積累水平、快速提升積累率"的特徵。整體而言，1978—2015 年，中國固定資本形成率[1]呈現出不斷上升的態勢，1978 年固定資本形成率爲 29.78%，2015 年上升至 42.53%。其中 1978—1991 年，固定資本形成率基本維持在 30% 以内（除 1985、1986、1987、1988 年外）。1992—2001 年，固定資本形成率維持在 30%～35%。2002—2008 年維持在 35%～40%，2009—2015 年固定資本形成率上升至圍繞 44% 上下波動。由此可見，改革開放以來，中國積累率總體保持在較高水平。

積累與消費的比例關係，是國民經濟的重大比例關係之一。中國社會主義經濟建設的實踐業已證明，合理、協調的積累與消費比例關係，能夠帶來經濟持續健康發展和人民生活水平的不斷提高，實現二者的良性互動；積累與消費比例關係的失調，則會帶來產業結構的失衡和經濟效益的低下。因此，正確處理積累與消費的關係，對於解放和發展生產力，推進經濟結構調整，實現經濟協調可持續發展具有重要意義。

第一，統籌兼顧，推進積累和消費的協調增長。在推進積累和消費協調增長的過程中，要把發展生產與改善生活有機地結合起來，使積累與消費互相適應、互相

---

[1] 值得說明的是，改革開放以後，中國的國民經濟統計指標體系，由過去模仿蘇聯的物資綜合平衡表，改爲國際通行的國民收入核算體系之後，國家統計局不再公布每年的積累率，而改爲了對固定資產投資和資本形成的統計。

促進。一方面，滿足人民日益增長的物質文化生活的需要，是社會主義的生產目的，也是安排積累和消費比例關係的出發點和落腳點，爲此，需要把提高人民的生活水平放在突出位置；另一方面，只有生產發展了，消費才能有所增長，這也要求安排好必要的積累，使生產有所發展。只有統籌兼顧，防止和避免重積累輕消費或重消費輕積累的傾向，才可能適應經濟發展戰略目標的要求。

第二，以提高經濟增長的質量和效益爲中心，促進積累和消費的協調增長。積累是經濟增長的重要源泉，但經濟增長速度的高低對積累有不同的要求，因而也會影響到積累率的高低，從而影響積累和消費的比例關係。改革開放以來，中國經濟取得了巨大成就，但是經濟增長主要是依靠資源投入、要素投入的粗放型增長，推動中國經濟實現粗放型向集約型的轉變，提高經濟增長的質量和效益，需要合理安排積累和消費的增長比例，避免盲目追求高速增長形成高積累，使積累和消費的比例失調。

第三，保持投資與消費比例協調，促進經濟結構優化。促進經濟結構優化，需要將投資和消費的關係加以整合、協調，既保證投資與消費在數量上匹配，又確保投資結構與消費結構相互彌合。現階段，在協調投資與消費增長的過程中，應當註意防止投資拉動力度偏大，即投資過度帶來經濟過熱等負面效應。

7.2.2 激發市場主體的積極性，增強經濟發展的內在動力

馬克思資本積累理論中關於資本家是積累的主體、資本家受剩餘價值規律支配，迫於競爭壓力，不斷進行積累的客觀必然性告訴我們，推動經濟增長，必須充分發揮市場主體的積極性和創造性，增加經濟發展的內在動力。要積極創造條件，推動市場主體遵循市場規律，把握社會需求趨勢，適應市場供求關係變化，自主決策，自主經營，自主發展，實現經濟的自主增長。爲此，必須深化改革，使國有企業成爲獨立自主的主體；保護非公有制企業的合法權益，大力發展和引導非公有制經濟發展；進一步調整政府與市場的關係，發揮市場在資源配置中的決定性作用。

第一，深化國有企業改革，使之真正成爲獨立的市場主體，切實履行國有資產保值增值的職責。馬克思積累理論告訴我們，資本家不斷進行資本積累並積極關註積累的規模和效益，是因爲他們是資本的所有者，積累的規模和效益決定着他們獲取剩餘價值的多少，決定着他們的命運。同樣，在社會主義市場經濟條件下，只有使國有企業成爲自覺執行積累職能的主體，國有企業的發展與經營者及全體職工的利益緊密結合，才能使國有企業自覺地擔起國有資產保值增值的職責。爲此，國有企業改革要遵循市場經濟規律和企業發展規律，堅持政企分開、政資分開、所有權與經營權分離，依法落實企業法人財產權和經營自主權，促使國有企業真正成爲依

法自主經營、自負盈虧、自擔風險、自我約束、自我發展的獨立市場主體。

第二，保護非公有制企業投資主體的合法權益，大力發展和引導非公有制經濟發展。黨的十六大報告提出："必須毫不動搖地鼓勵、支持和引導非公有制經濟發展。"十八大報告進一步指出："全面深化經濟體制改革，要毫不動搖地鼓勵、支持、引導非公有制經濟發展，保證各種所有制經濟依法平等使用生產要素、公平參與市場競爭、同等受到法律保護。"非公有制經濟是社會主義市場經濟的重要組成部分，對增強經濟活力，充分調動人民群眾和社會各方面的積極性，加快生產力發展，發揮着十分重要的作用。

推動和引導非公有制經濟發展，一是必須在政策上要清除各類歧視性規定，消除影響非公有制經濟發展的體制性障礙，確立平等的市場主體地位，實現公平競爭；二是要進一步完善國家法律和政策，依法保護非公有制企業和職工的合法權益；三是要進一步加強和改進政府監督管理和服務，爲非公有制經濟發展創造良好環境；四是要進一步引導非公有制企業依法經營、誠實守信、健全管理，不斷提高自身素質，促進非公有制經濟持續健康發展。

第三，要進一步調整政府與市場的關係，發揮市場在資源配置中的決定性作用。黨的十八屆三中全會指出，經濟體制改革是全面深化改革的重點，核心問題是處理好政府和市場的關係，使市場在資源配置中起決定性作用和更好發揮政府作用。政府的職能要轉到爲市場主體服務、創造良好環境上來，主要是通過保護市場主體的合法權益和公平競爭，激發社會成員創造財富的積極性，增強經濟發展的內在動力。

7.2.3 提高勞動生產率，擴大積累源泉

馬克思關於決定資本積累量的因素分析，爲我們增加積累基金提供了可利用的途徑。在積累率一定的前提下，一切增加剩餘產品及其價值的方法，都是增加積累量的方法，其中最重要的是提高社會勞動生產率。提高社會勞動生產率能夠縮短生產某種商品的社會必要勞動時間，能用相同的或較少的勞動時間生產更多的產品，爲增加積累提供更多的物質產品及積累基金。

勞動生產率不僅直接影響資本積累量，而且是衡量一個國家經濟發展水平和生產力發展水平的核心指標。1995—2015 年，中國勞動生產率呈現出快速增長的態勢，期間的平均增速達 8.6%，比同期世界平均水平高出 7.3 個百分點。尤其 2005—2007 年，勞動生產率均達到了兩位數的高速增長，分別爲 10.3%、12% 和 13.1%。隨著勞動生產率增速的不斷提高，1995—2015 年中國單位勞動產出也大幅增加，且呈現出持續上升的態勢，1995 年單位勞動產出爲 1 535 美元/人，2015 年則上升至 7 318 美元/人，是 1995 年單位產出的增長近 4.77 倍。

值得註意的是，儘管中國的勞動生產率增長速度較快，但是和世界其他國家相比，單位勞動產出仍然較低。2015 年，中國單位勞動產出僅爲 7 318 美元，比世界平均水平低 11 169 美元，僅相對於美國單位勞動產出的 7.4%，日本的 9.6%。因此，如何進一步提高勞動生產率，促進經濟質量和效益的提升，仍然是中國經濟面臨的主要任務之一。特別是在經濟新常態背景下，依靠高強度要素投入、大規模產能擴張和排浪式消費的發展模式，已經越來越不適應經濟發展的需要。未來，只有通過提高要素生產效率，才能從根本上爲經濟轉型、結構調整以及經濟的可持續發展創造條件。

第一，提高勞動者素質。人是生產力中最積極、最活躍的因素，提高勞動生產率，必須把過度依賴自然資源的發展方式向更多依靠人力資源轉變，註意人力資源的充分開發利用，以適應產業結構升級和經濟結構調整的需要。提高勞動者素質，首先要註重培養勞動者的職業技能和適應職業變化的能力，激發勞動者的創新意識，重視職業道德的培養和提高，並使之與職業技能培訓緊密結合；其次要改革技術技能人才培養模式，加強技術技能人才通道與其他人才通道的相互銜接和溝通，爲勞動者的全面發展創造條件。此外，提高勞動者素質，還需要營造有利於人才培養和發展的環境，即需要建立和完善有利於勞動者學習成才的培訓機制、評價機制、激勵機制。

第二，推動創新和技術進步。實踐表明，科學技術越是發展，越是被廣泛地運用於生產過程，勞動生產率也就越高。推動技術進步，首先要完善多種政策工具有機銜接的政策體系，營造有利於推動創新和技術進步的良好氛圍。其次，要建立與創新業績和貢獻相適應的激勵機制，充分調動科技人員積極性、創造性。最後，要加大資金投入，逐步建立以政府投入爲先導、企業投入爲主體、金融信貸爲支撐、民間資本爲依託的多元化、多渠道科技投入體系。

第三，完善勞動力市場。推動勞動力市場完善，能夠使低生產率部門的剩餘勞動更順利地向高生產率部門轉移，也有利於就業的自由選擇，實現勞動力資源的有效配置，從而提高勞動生產率。這需要建立健全就業機制，充分發揮市場機制在勞動力資源配置中的作用，提升勞動力供給與行業需求間的匹配度。同時，要加快就業制度改革，逐步打破城鄉分割和地域分割，促進勞動力合理流動，爲形成市場導向的就業機制，逐步實現城鄉統籌就業奠定基礎。

7.2.4 加強社會信用體系的建設，營造公平競爭的市場環境

馬克思資本積累理論中關於競爭和信用是資本集中的兩個最強有力的槓桿的論述，對於加強社會信用體系的建設，營造公平競爭的市場環境具有重要的啓示。馬

克思強調，競爭使生產規模大和勞動生產率高的大資本占據優勢，從而戰勝和吞並中、小資本；信用的發展把社會上閑散的資本集中起來，通過貸款形式轉移到大資本手中，支持大資本戰勝和吞並中、小資本；同時也可以通過購買股票的形式促使中、小資本聯合組成規模巨大的股份公司。爲充分發揮競爭和信用在促進資本集中中的槓桿作用，必須加強社會信用體系建設，營造有利於公平競爭的市場環境。

誠實信用是市場經濟的基石，形成以道德爲支撐，產權爲基礎，法律爲保障的社會信用體系，是建設現代市場體系的必要條件。黨的十六屆三中全會通過的《中共中央關於完善社會主義市場經濟體制若干問題的決定》，把建立健全社會信用體系作爲完善市場體系、規範市場秩序的一項重要任務。推進社會信用體系建設，一方面，要堅持政府推動，社會共建的原則，充分發揮政府的組織、引導、推動和示範作用。政府要負責制定實施發展規劃，健全法規和標準，培育和監管信用服務市場。同時，註重發揮市場機制作用，協調並優化資源配置，鼓勵和調動社會力量，廣泛參與，共同推進，形成社會信用體系建設合力。另一方面，要逐步建立健全信用法律法規體系和信用標準體系，加強信用信息管理，規範信用服務體系發展，維護信用信息安全和信息主體權益。

競爭市場經濟的本質特徵。黨的十八屆三中全會提出，建設統一開放、競爭有序的市場體系，是使市場在資源配置中起決定性作用的基礎。必須加快形成企業自主經營、公平競爭，消費者自由選擇、自主消費，商品和要素自由流動、平等交換的現代市場體系，着力清除市場壁壘，提高資源配置效率和公平性。首先，要保證各市場主體有公平的競爭環境，禁止壟斷和各種非公平因素，如消除條塊分割和封鎖，打破部門和地方政府人爲造成的各種阻礙競爭的壁壘，公平稅負，公平價格，反對排他性規定、幕後交易、價格歧視、不正當競爭、欺詐行爲；其次，規範各市場主體的競爭行爲，禁止各市場主體的非法競爭行爲，如虛假廣告，盜用和模仿別人的商標，損害他人商譽，採用不正當的手段壓價供應，單方面地把風險強加給弱者，把回扣和行賄等不正當行爲作爲競爭手段等。

7.2.5 正確認識和處理技術進步和擴大就業的關係，推動就業增長

爲了深入研究資本積累對資本主義發展的影響，馬克思創造性地提出資本有機構成範疇。馬克思通過考察資本主義條件下資本有機構成提高的趨勢，揭示了資本積累對工人階級命運的影響，闡明了市場經濟條件下資本有機構成和資本對勞動力需求之間的內在聯繫以及經濟運行的基本原理，對於我們正確認識和處理技術進步和擴大就業的關係，推進產業結構調整，具有重大的啓示和指導意義。

馬克思認爲，資本的有機構成是由資本技術構成決定並且反應資本技術構成變

化的資本的價值構成。由於資本有機構成的高低受到資本技術構成高低的影響，因此，不同國家之間，或者是同一國家在不同的發展階段中，由於技術水平的不同而導致的資本有機構成的高低也各不相同。從中國的實踐看，隨著經濟的發展和科學技術的普遍運用，中國的資本有機構成呈現出不斷提高的態勢，其運行態勢符合馬克思在《資本論》中總結的資本有機構成的相關變化的若干規律。與此相對應，隨著技術的進步和資本有機構成的提高，中國經濟增長的就業彈性呈現出不斷下降的態勢。1979—2014 年，中國的就業彈性由 1979 年的 0.287 下降至 2014 年的 0.049，這一趨勢說明，經濟增長對就業的拉動效應正在逐漸減弱，即每帶動一個百分點的就業增加需要更高的經濟增長。分階段特徵看，1979—1981 年，就業彈性系數有較大幅度的增長，從 1979 年的 0.287 增加至 1981 年的 0.627。此後，就業彈性系數不斷下降，從 1982 年的 0.398 下降至 1991 年的 0.123。1992—2004 年，就業彈性系數進一步下降，大致維持在 0.07~0.15；2005—2014 年就業彈性系數的波動範圍爲 0.03~0.07。

資本有機構成的提高，客觀上會對就業產生一定的擠出效應，但是從再生產的較長時間來看，資本有機構成提高，即技術進步有利於擴大就業。這是因爲：一方面，從單個生產部門看，只要該部門資本總量的增長快於資本構成的提高，就業人數也是會絕對增加的。正如馬克思所分析的，"積累的增進雖然使資本可變部分的相對量減少，但是決不因此排斥它的絕對量的增加"。另一方面，整個社會大部分企業提高資本有機構成能普遍增加利潤，有利於個別企業和社會大多數企業增加資本積累，實現擴大再生產，增加就業。此外，社會資本有機構成提高，普遍提高勞動生產率，會使一定價值和剩餘價值體現在更多的產品上，能爲擴大再生產提供更多的物質資料，有利於擴大就業。同時，大工業下機器的使用會創造新的物質文化需求和新的產業部門，還會創造配套的產業服務，使產品生產呈現多元化，擴大社會的就業需求，從而對就業產生創造效應。

事實上，改革開放以來，伴隨著技術進步和資本有機構成的提高，雖然一些傳統的產業，如農業、採掘業、鋼鐵、機器製造、紡織等部門減少了就業人數，但從整個社會看，中國就業總人數卻不斷增加。1978—2014 年，中國的就業人數呈現出不斷上升的態勢，1978 年就業人員數量爲 40 152 萬人，2014 年就業人員數量增加至 77 253 萬人，是 1978 年的 1.92 倍，比 1978 年多出 37 101 萬人。尤其是 2010 年以來，儘管中國經濟的增速呈不斷下行態勢，經濟增長速度從 2010 年的 10.6% 下降至 2014 年的 7.3%，但是期間的就業彈性系數仍有微幅上升，就業彈性系數從 2010 年的 0.034 上升至 2014 年的 0.049，說明 2010 年以後中國經濟增長的就業帶動效應有所增加，這是和經濟結構調整和以服務業爲代表的第三產業的發展密切相關的。

當前，面對經濟下行的壓力和嚴峻複雜的就業形勢，需要進一步正確認識和處理技術進步和擴大就業的關係，推動就業增長，要多措並舉，穩定實體經濟增長，加強財稅、金融、產業、投資等多項政策的協同配合，促進和保持就業崗位的持續供給，使就業總量不斷增加。同時，要積極推進就業轉型，降低結構性失業風險，實現經濟發展與擴大就業的良性互動。

第一，保持經濟的持續增長。要保證就業的穩定增長，首先必須保持經濟的持續增長。因爲，只有資本總量擴大了，可變資本才會增加，進而才有勞動力需求增加的可能性。因此，保持經濟的穩定增長，從而保證資本總量的絕對增加，是就業增長的前提。

第二，調整並逐步推動第二產業優化升級，拓展就業渠道，調整產業結構，大力發展現代工業。根據國際上工業發展的普遍規律，在工業發展的同時，一段時間內可能會導致就業需求的短暫減少，但是從長遠來看，現代工業的發展，能極好地拉動周邊相關產業，特別是第三產業的發展，能從根本上拉動就業的需求。因此，在結構調整過程中不能忽視第二產業在擴大就業方面的作用。要加大對製造業的調整和升級，推動高新技術產業發展，增強創新能力，拓展新的就業空間；用高新技術改造和提升傳統製造業，增強其競爭力，保持其就業崗位的增長。

第三，大力發展第三產業。資本有機構成的提高，會促使新的行業，特別是第三產業的發展。第三產業的就業彈性大，是就業的巨大蓄水池，因此，優化產業結構，支持和鼓勵第三產業發展，是創造就業機會、持續增加就業量的一個有效途徑。未來，應積極創造條件，加快旅遊、金融、教育、物流等第三產業發展。

第四，促進新成長勞動力和下崗失業人員的充分培訓，抓住解決就業結構性矛盾的着力點。要大力調整勞動力技能結構，減少就業結構性矛盾對就業彈性的負面影響。要對新成長勞動力開展職業技能培訓，並注意培養他們的創業能力；對下崗失業人員進行再就業培訓，增強再就業的能力；大力發展技校教育，更多地培養具有較高技能水平的實用型人才；推行在職培訓，提高職工適應職業變化和崗位變化的能力。

8 《資本論》中再生產理論的當代價值探析

社會資本再生產理論是馬克思主義政治經濟學的一個重要組成部分，是馬克思經濟理論的重要內容。馬克思在其研究資本主義生產過程的歷史巨著《資本論》中，對社會資本再生產問題進行了全面系統的分析和研究，在此基礎上建立了完整、系統、科學的再生產理論。其再生產理論主要包括社會再生產中貨幣資本重要性原理、社會再生產的核心是社會總產品實現的原理、社會生產和社會產品的分類原理、社會再生產實現條件原理等。馬克思的社會資本再生產理論儘管是一百多年前在分析資本主義經濟生產過程中形成的，但是，它不僅揭示了資本主義社會資本再生產運動的特殊性，而且揭示了以社會化大生產爲特徵的社會再生產的一般規律，其理論原理對我國社會主義市場經濟條件下的社會再生產和經濟運行具有重要啓示意義和參考價值。

8.1 再生產理論對社會化大生產具有普適性

《資本論》的社會資本再生產理論儘管是在分析研究資本主義再生產過程中形成的，但是，其基本原理對我國社會主義市場經濟的正常運行仍然適用。

資本主義經濟是建立在商品生產基礎上的市場經濟，資本主義生產是社會化大生產，而我國現階段的經濟是社會主義市場經濟，社會主義市場經濟也是以商品生產爲基礎、以社會化大生產爲特徵，撇開社會性質不論，僅從商品經濟、社會化大生產的角度看，社會主義市場經濟與資本主義經濟具有相通的地方，因此，馬克思《資本論》中的社會資本再生產理論和原理對現階段我國的生產和再生產同樣適用，對我國現階段社會主義市場經濟的建設和發展而言，馬克思的再生產理論具有重要啓示和借鑒價值。

在我國社會主義市場經濟發展過程中，經濟發展的目的是通過經濟的持續穩定發展，更好地滿足人民群衆日益增長的物質文化生活需要。經濟發展的基礎是經濟增長，要實現我國經濟社會發展的近期目標和長遠目標，首先需要經濟持續穩定增長。經濟持續增長問題實際上就是社會擴大再生產問題，經濟持續增長的過程就是社會擴大再生產連續不斷地進行的過程。可見，《資本論》的社會資本再生產理論對我國經濟增長以及爲促進經濟持續穩定增長所進行的宏觀經濟管理具有重要啓示。

8.2 再生產理論的基本啓示——社會產品供求平衡

社會主義市場經濟條件下，經濟持續穩定增長是實現經濟社會發展目標的基礎。在現階段，要順利如期實現我國 2020 年全面建成小康社會的戰略目標，最終實現中華民族偉大復興的"中國夢"，更需要經濟持續穩定增長。按照馬克思的社會資本再生產理論，實現經濟持續穩定增長，基本條件是社會各生產部門之間、各產業之間保持合理比例，維持數量上的平衡和物質上的對應，這種部門之間、產業之間的合理數量比例和物質形態對應反應在供求關係上，就是社會總供給與社會總需求平衡。這種社會總供求的平衡是價值平衡與實物平衡的統一。社會總供給與社會總需求的平衡，應成爲社會主義市場經濟條件下宏觀經濟調控的基本目標。

8.2.1 供求平衡是經濟持續穩定增長的基本條件

按照馬克思的社會資本再生產理論，不論是簡單再生產還是擴大再生產，都要求社會生產兩大部類之間以及兩大部類內部各部門之間必須保持適當的比例，按比例發展。在社會再生產中，社會生產兩大部類以及各個生產部門相互產生需求、相互供給產品，因此，社會生產各產業、各部門之間的平衡實際上就是社會總供給和總需求的平衡。其中，兩大部類之間的總量平衡和結構平衡，是保證社會總產品實現、保證再生產順利進行的關鍵。

經濟增長屬於擴大再生產的範疇，社會持續進行的擴大再生產意味着經濟持續穩定地增長。依據馬克思的社會資本再生產理論，結合現階段我國經濟運行的實際情況，要實現經濟持續穩定增長，必須使社會生產各部門、各產業之間保持合理比例，使各生產部門之間、各產業包括一、二、三產業之間既保持總量的相等，同時保持物質上的對應，使各產業之間、各行業產品之間保持價值平衡和物質平衡。這是保持經濟持續穩定增長、實現經濟社會發展目標的基本要求。

不過，當今世界是開放的世界。按照馬克思的再生產理論，在開放經濟條件下，對外貿易可以部分地解決社會產品過剩或不足的問題，從而對社會生產各部門、各產業之間的平衡起調節作用。因此，在當今的開放經濟中，社會生產各部門之間、各產業之間的平衡不必保持封閉經濟條件下的機械平衡，而應是着眼於全球的開放經濟條件下的平衡，要力求保持在對外貿易和資本輸出輸入基礎上社會生產各部門、各產業之間的總量平衡和結構平衡。

8.2.2 維持社會總供求平衡需供給管理與需求管理並重

按照馬克思的社會再生產理論，資本主義條件下社會資本再生產所要求的各部門、各行業之間的比例關係只能依靠市場調節自發實現，一旦社會再生產的正常比例關係遭到破壞，社會再生產便難以正常進行，社會生產比例失調甚至經濟危機便不可避免。在社會主義市場經濟條件下，實現再生產中的供求平衡，除有市場機制的調節外，還有政府的調節管理。維持開放條件下社會生產各部門、各產業之間的合理比例關係，維持社會總供求平衡，除需要充分發揮市場在資源配置中的決定性作用外，還需要更好地發揮政府的宏觀經濟管理職能，充分發揮政府在宏觀經濟管理中的調控作用。

政府宏觀經濟調控、管理的方向，應是供給管理與需求管理並重。馬克思的社會再生產理論認為，從價值角度看，社會生產的兩大部類相互提出需求，從物質角度看，兩大部類又相互供給產品，兩大部類產品價值上的相等和物質上的平衡是社會再生產順利進行的基本條件；同時，宏觀經濟運行即社會再生產是生產消費和生活消費的統一。因此，解決我國宏觀經濟失衡問題、維持社會生產各部門之間正常比例的基本思路在於供給與需求並重，二者的總量平衡和結構平衡並重。通過對供給層面和需求層面的調整、改革，促進社會總供給與總需求的總量平衡和物質平衡，保持社會再生產過程中各部門、各產業之間的合理比例，促進再生產順利進行，經濟持續增長。

運用馬克思的再生產理論分析我國的再生產問題，可以發現，馬克思所說的社會再生產實現條件即社會生產各部門之間、各產業之間的平衡，實際上是宏觀經濟中總供給與總需求的平衡，它要求社會總供給與總需求既保持價值量相等，還要保持物質上的平衡。只有這樣，社會再生產才能順利實現，經濟才能持續增長。

當前，我國經濟發展進入新常態，經濟發展中面臨一系列新情況、新問題。從供給與需求看，目前我國宏觀經濟面臨的問題概括說來就是供求失衡，結構性過剩，一些行業如鋼鐵、建材、汽車等產業產能過剩。我國現階段的產能過剩，一方面有需求不足的原因，但更多的是供給側產品和服務不適應需求造成的，就是說，供給與需求在物質上不平衡是造成供求失衡、經濟增長速度減緩的重要原因。這也從反面印證了保持社會總供給與總需求總量平衡和結構平衡對於經濟持續增長的極端重要性。只有社會生產各部門、各產業之間保持合理比例，從而保持社會總供給與總需求在價值上和物質上的雙重平衡，才能保證生產再生產順利進行，經濟持續增長。因此，面對當前我國經濟結構性過剩、經濟增長速度減緩、宏觀經濟下行壓力較大的現實，要保持經濟持續中高速增長，實現全面建設小康社會戰略目標，基本思路就在於通過對需求和供給的調整，維持社會總供給與總需求在價值上和物質上的平衡。

8.2.3 現階段宏觀供給管理與需求管理的基本思路

當前我國宏觀經濟中供求關係呈現出失衡狀態，具體表現爲供給結構不適應市場需求，一些行業主要是低端產業產能過剩，庫存積壓嚴重。這種產能過剩不是總供給絕對大於總需求造成的，而是結構性過剩。一方面，部分產業、部分產品產能過剩，主要是諸如建材、鋼鐵、煤炭等低端產業產能過剩；另一方面，中高端產品和現代服務業卻有效供給不足。同時，現階段的產能過剩是相對過剩，是相對於人們收入水平、有效需求的產能過剩[①]。鑒於目前我國經濟結構性過剩的現實，依據馬克思社會再生產理論關於社會生產各部類、各部門按比例協調發展的原理，解決目前我國產能過剩、經濟結構失衡問題，需要從供給和需求兩個方面同時着手，需要供給側結構性改革與需求側調整和改革並重。一方面，要大力推進供給側結構性改革，通過化解過剩產能、調整和優化產業結構、增強企業創新能力，調整供給結構，增加適應市場需求的中高端產品和現代服務的供給，縮減不適應市場需求的低端產品供給；另一方面，註重需求側調整和改革，將需求側短期的數量調整與長期的結構調整及其與之相關的制度改革統一謀劃，共同推進，以促進有效需求持續增長。通過供給側結構性改革與需求調整改革的相互配合、協同推進，有效解決經濟發展中產業之間、產品之間比例失調問題，實現社會供求平衡，促進經濟持續穩定增長。

8.2.3.1 供給側調整改革思路

從供給側分析，目前我國供求失衡、產能過剩的主要原因在於供給與需求不適應。一方面，一些低端產業、傳統產業不顧市場需求過度擴張，產能超過市場需求，生產過剩；另一方面，隨著經濟的發展，人民群眾收入水平的逐漸提高，需求逐漸變化和升級，但供給結構、供給質量未適應需求變化進行相應調整，導致一部分需求缺乏有效供給。結構性過剩影響經濟持續增長，有效供給不足又造成一部分消費能力外流，對經濟增長形成阻礙。解決結構性過剩問題的思路在於註重供給與需求相適應，隨著需求量、需求結構的變化進行供給結構調整。目前我國正在加緊推進

---

① 周文. 供給側結構性改革與中國經濟學的理論創新 [J]. 理論與改革，2016（4）：1-4.

的供給側結構性改革就是基於現階段結構性過剩實際而提出的解決再生產中比例失調、實現供求平衡的重要舉措。

鑒於當前我國需求調節效果有限的現實，化解過剩產能、解決結構性過剩問題，需要大力進行供給結構調整、改革。供給側結構性改革的目的，在於調整、優化產品結構、產業結構，減少無效供給、低端供給，增加適應市場需求的有效供給、中高端供給，"增強供給結構對需求變化的適應性和靈活性"[①]。爲此，產能過剩行業要根據市場需求情況去庫存、去產能。要引導產能過剩行業、企業壓縮甚至關停不適應社會需求的產品生產。對於技術上確實已經落後、產品嚴重缺乏市場的產能過剩企業、虧損企業要果斷處置，通過兼併重組、債務重組或破產清算等措施推動其資源重組、優化資源配置。對於產品仍有一定市場、通過轉型升級能重新煥發生機和活力的企業，應大力推動其轉型升級，使之通過產品結構的調整和技術創新，提高市場適應能力，提高市場競爭力，增強有效供給能力，爲市場提供更加優質的產品和服務。

去庫存、去產能不應是簡單化地收縮生產、縮減生產規模，重要的是企業要根據市場需求的發展、變化進行產業優化重組，積極調整產品結構，發展高端產業或產業高端，積極進行技術創新、產品研發，提高產品質量和性能，提高供給質量，同時努力創造新供給，擴大中高端產品和服務供給，提高有效供給能力。

從社會層面看，政府相關部門、行業協會及其他相關機構應通過多方面措施，如發布行業、產業信息，實施相應的財政、信貸等政策，推動產能過剩行業的產業結構、產品結構調整，促進低端產業向高端產業轉化，在一些傳統產業則推動企業由產業低端向產業高端發展、轉化；同時，引導企業根據社會需求變化情況及其發展趨勢，增加有效供給，提高有效供給能力，以消費者需求爲引領，不斷生產和提供更多高質量的產品和服務。

8.2.3.2 需求側調整改革思路

從需求角度看，當前我國經濟發展過程中的產能過剩，部分原因在於社會有效需求不足。因此，在大力推進供給側結構性改革的同時，還要堅定不移地推進需求側的調整和改革。

需求側調整與改革不能只是着眼於短期地增加有效需求，而是要協同推進短期數量調整、長期結構調整以及相關的體制改革。一方面，要採取措施大力促進需求增加，以消化過剩產能；另一方面，要着眼於促進需求長期穩定增長，深化收入分配制度、投融資體制、外貿體制等領域改革。通過需求側的結構性調整和制度改革，促進需求持續穩定增長，實現需求與供給協調增長，維持社會供求平衡，促進經濟

---

① 何自力. 論供給管理的特點及其必要性 [J]. 理論與改革，2016 (4): 8-10.

持續穩定增長。

按照馬克思的再生產理論，產品銷售不出去，產品價值無法實現，社會產品的價值補償和物質補償無法進行，社會再生產就不可能順利進行。在社會有效需求不足的情況下，要使經濟持續增長，就需要努力擴大社會需求。社會總需求由消費需求、投資需求和國外需求三部分構成，目前，我國這三個方面的需求增長都面臨困難和問題，居民消費需求增長乏力，投資需求增長放緩，外需持續疲軟，致使社會有效需求不足，部分產業產能過剩。爲此，促進需求增長，既要大力促進居民收入增長以擴大居民消費需求，又要深化投資領域改革以促進投資增長，還需要加強國際經濟合作，促進對外貿易增長。

（1）深化收入分配領域改革，促進消費需求增長。

造成我國現階段國內需求增長乏力的原因很多，其中最主要的原因是收入分配和再分配制度不完善、不合理。不合理的收入分配制度和不完善的社會保障制度導致居民收入增長不適應供給增長，社會有效需求不足；更重要的是導致居民收入差距過大，收入分配嚴重不平等成爲社會有效需求不足的重要原因。爲此，推進需求側調整和改革，應加緊落實共享發展理念，深化收入分配制度、社會保障制度等方面的改革。

首先，要繼續改革完善收入分配制度。通過收入分配制度的深入改革，有效縮小收入分配的個人差距、地區差距和行業差距，壯大中等收入群體，擴大中產階層，提高社會收入分配公平程度。這是擴大社會需求的現實途徑。其次，要建立和完善個人收入隨經濟增長相應增長的機制，使社會有效需求能隨著生產水平的提高、經濟的增長相應增長。這是促進供求平衡的長效之舉。再者，要繼續改革完善稅收制度特別是個人所得稅制度，切實減輕中低收入者稅負；建立和完善個人收入信息採集機制和監管機制，加強稅收徵管，使個人所得稅制度更好地發揮個人收入再分配功能。此外，要繼續改革完善社會保障制度，加大對低收入者的社會保障力度，提高社會保障水平；改革社會福利制度，提高中低收入階層特別是低收入人群福利水平。通過一系列措施，使廣大人民群衆的消費水平隨著經濟增長逐漸提高，經濟增長具備與之相適應的有效需求，從而促進經濟持續穩定增長。

（2）深化投融資制度改革，促進投資增長。

投資需求是社會總需求的重要組成部分，投資增長不僅直接擴大總需求，而且會對經濟增長產生長期效應，促進經濟持續增長。因此，在目前經濟結構性過剩情況下，促進經濟持續增長，需要投資合理增長。

鑒於目前我國低端產業產能過剩同時中高端產品和服務供給不足的現實，促進投資增長應有選擇性、方向性。要大力促進市場前景廣闊的高端產業和產業高端的投資增長，加大戰略性新興產業、現代服務業等領域的投資力度；加大科技創新投入;隨著財政收入的增加,逐漸加大公共服務領域基礎設施建設投入。

爲促進戰略性新興產業、現代服務業等高端產業、產業高端投資增長,財政政策方面應實行定向促進政策。可對這些行業的企業繼續實行減稅政策並適當加大減稅力度,或直接對這類符合結構性調整要求的投資給予投資方面的稅收減免或抵扣。貨幣政策方面,要繼續實行適度寬鬆的貨幣政策,保持合理、充裕的流動性,降低融資成本,降低高科技產業、戰略性新興產業直接融資門檻,擴大高端產業直接融資比重。針對目前我國金融資源配置中存在的貨幣資本大量集中於金融領域、實體經濟融資困難、中小企業融資尤其困難的結構性問題[①],應深入推進金融體制改革,暢通貨幣資本流向實體經濟的機制,通過財政貼息、政府或社會擔保等措施,引導金融機構將貨幣資本投向戰略性新興產業、現代服務業。

總之,要通過投融資領域的調整、改革,促進高科技產業特別是戰略性新興產業、現代服務業投資增長。這些產業的投資需求增長,一方面會直接拉動經濟增長,同時會有力推動經濟的結構性調整,促進產業結構調整、升級和優化,促進實體經濟技術水平提高,創新能力增強,對經濟增長起到持續推動作用。

(3) 註重對外貿易,努力開拓國際市場。

馬克思的再生產理論認爲,在社會再生產中,對外貿易具有調節作用。馬克思指出,"在兩個場合,對外貿易都能起補救作用;在第一個場合,是使第Ⅰ部類保留貨幣形式的商品轉化爲消費資料;在第二個場合,是把過剩的商品銷售掉"[②]。而對外貿易中的出口貿易是社會總需求的重要組成部分,目前造成我國結構性產能過剩的原因之一就在於外需持續疲軟影響出口增長。在這種情況下,進行需求側調整和改革需要大力發展對外貿易。通過進出口貿易的調節,可以促進社會再生產正常比例的實現,促進社會供求平衡。一方面,通過出口貿易的增長可以擴大社會總需求,緩解國內產能過剩帶來的矛盾和問題;另一方面,通過進口貿易,可以解決國內部分能源和基礎性原材料供給不足的問題,緩解中高端產品和服務供給不足的矛盾,從而促進社會供求平衡,經濟持續增長。

發展對外貿易特別是出口貿易,需要針對我國外貿領域存在的困難和問題採取相應對策。目前,我國對外貿易發展面臨多方面困難和問題。從發展出口貿易、擴大國際需求的角度看,除需要加強我國與有關貿易夥伴國的磋商協調、加強國際經濟合作外,就自身而言,在進出口結構方面,要大力調整外貿產品結構、產業結構,改變以中低端產品特別是低端產品出口爲主的外貿格局,大力發展高科技產品、高附加值產品出口,努力發展服務貿易。對外貿企業而言,則需要加快技術進步步伐,

---

① 邱海平. 堅持運用馬克思主義政治經濟學指導供給側結構性改革 [J]. 理論與改革, 2016 (4): 4-7.
② 馬克思. 資本論: 第二卷 [M]. 北京: 人民出版社, 1976: 526.

着力提高技術水平，增強創新能力，通過產品創新、技術創新來提高生產效率，降低出口產品成本，增強出口競爭力。此外，還應深化匯率制度改革，完善匯率形成機制，以利於外貿企業進行風險管理，降低外貿風險。

8.3 再生產理論的其他啓示

保持社會總供給和社會總需求在價值上和物質上的平衡，是馬克思社會資本再生產理論對我國宏觀經濟管理的基本啓示。除保持社會總供求平衡外，從《資本論》的社會資本再生產理論中，我們還可以得到其他相關啓示。

8.3.1 完善資本市場，促進資本流通

馬克思的再生產理論認爲，在社會再生產過程中，貨幣具有重要作用，貨幣資本是社會再生產的第一推動力和持續動力，是社會再生產正常進行的重要條件。馬克思指出，貨幣資本"是每個單個資本登上舞臺，作爲資本開始它的過程的形式。因此，它表現爲整個過程的第一推動力"，"資本主義的商品生產，——無論是社會地考察還是個別地考察，——要求貨幣形式的資本作爲每一個新開辦的企業的第一推動力和持續的動力"[1]。在商品經濟社會，進行商品生產，首先必須將貨幣用於購買生產要素，社會生產和再生產的進行離不開貨幣的推動；同時，連續不斷的社會再生產離不開與生產規模相適應的貨幣流通，貨幣成爲社會再生產持續進行的動力，成爲擴大再生產得以進行的重要條件。不僅如此，貨幣資本的積累還是擴大再生產的起點和基本前提。進行擴大再生產，不僅要求資本積累，而且要求積累的貨幣資本達到一定數量，能增加正在執行職能的不變資本或開辦新企業，要求積累的貨幣資本能在市場上購買到擴大再生產所需要的生產要素。

馬克思關於貨幣在社會再生產過程中作用的原理和資本積累是社會資本擴大再生產前提條件的原理均表明，在社會主義市場經濟條件下，要使再生產以持續擴大的規模進行，經濟持續增長，首先必須有貨幣資本的積累，有一定量的資金投入。沒有一定數量的資金，資金數量達不到擴大生產所要求的數量，就不可能用增加的投資資金購買生產要素投入生產，擴大再生產就不可能進行。可見，經濟持續增長需要貨幣資金的持續推動。同時，社會再生產的持續進行，還要求貨幣順暢流通，

---

[1] 馬克思. 資本論：第二卷 [M]. 北京：人民出版社，1976：393.

能順利實現資本的周轉和循環，貨幣能根據再生產進程順利實現在貨幣資本、生產資本和商品資本之間的形態轉化。爲此，在我國的經濟運行中，要實現經濟持續增長，就要求資金能順利流通，資金能順利向資本轉化。

目前我國總體上資金比較充裕，但資金利用不充分，實體經濟普遍存在資金短缺問題。究其原因，資本市場欠發達、不完善，金融資源配置結構性失衡是重要原因。一方面，大量貨幣資金集中於金融領域、金融機構，且貨幣資金向貨幣資本轉化的渠道不暢，大量資金沉澱於金融領域，難以有效轉化爲企業投資資金、生產經營資金；另一方面，實體經濟融資困難，特別是中小企業更是難以在資本市場籌措資金，致使企業生產、技術改造、擴大生產經營規模面臨嚴重的資金困難。

促進經濟持續增長，需要進一步深化金融改革。金融改革的基本思路是建立健全資本市場特別是二級、三級市場；進一步放寬直接融資門檻和條件，推動直接融資發展；通過多種措施引導金融機構增加對中小企業、民營企業的資金投放；通過財政、貨幣政策以及其他措施，引導金融領域資金、民間資金投向實體經濟、中高端產業。

8.3.2 完善市場體系和市場規則，促進商品流通

馬克思的再生產理論表明，社會再生產過程是生產過程與流通過程的統一，是生產過程、交換過程與消費過程的統一，對此馬克思指出，"資本的再生產過程，既包括直接的生產過程，也包括真正流通過程的兩個階段"，"這個總過程既包含生產消費（直接的生產過程）和作爲其媒介的形式轉化（從物質方面考察，就是交換），也包含個人消費和作爲其媒介的形式轉化或交換"[①]。社會資本再生產的核心在於社會總產品的實現，包括社會產品在價值上和物質上的實現。因此，要順利實現社會產品的價值補償和物質補償，除需要社會生產各部門、各產業之間保持合理比例外，還要求有順暢的商品流通、發達完善的商品市場。

目前，在我國經濟運行過程中，市場本身仍存在不少問題，主要表現在市場體系不夠完善、健全，法制環境欠佳，市場信息不夠完備、充分等。市場體系不健全、不完善主要表現在一些市場發育不充分，如要素市場特別是資本市場、技術市場、勞動力市場等發育不充分，中介市場不發達、不完善，市場運行不夠規範。要素市場不發達、運行欠規範，導致一部分生產要素流通不暢，難以有效投入生產和再生產，如科技市場不發達、運行欠規範導致一部分科學技術難以有效轉化爲科技產品，

---

① 馬克思. 資本論：第二卷 [M]. 北京：人民出版社，1976：390.

由此影響科技轉化爲現實生產力，影響技術水平提高，阻礙技術進步；中介市場不發達表現在中介結構、中介組織數量不多，難以適應市場流通的需要，難以爲供、求雙方提供及時、便捷的中介服務，同時，中介市場運行規則不健全，導致中介市場運行不夠規範，中介服務領域虛假信息、欺詐甚至坑蒙拐騙等現象時有發生。

從法制環境看，目前我國市場經濟運行過程中既存在缺乏完善、健全的法律制度的問題，又存在執法過程中有法不依、執法不嚴的問題。一方面，市場經濟運行的法律法規不健全、不完善，甚至存在一些法律空白，導致經濟運行過程中一些問題無法可依，處理問題時缺乏相關法律依據，對市場經濟運行的監督、管理難以有效實施。另一方面，在市場經濟運行過程中，又存在有法不依的問題。如一些地方、一些領域執法不嚴，執法過程中隨意性大，司法、執法過程中執法不嚴，重人治輕法治，甚至有法不依的問題時有發生。一些執法人員由於相關經驗、知識、水平不足，執法中不能準確把握尺度，造成執法中有失公允；一些執法人員職業道德意識薄弱，執法過程中不嚴格依法辦事，不能公正執法。個別地方執法部門的執法人員爲維護地方利益、小團體利益，往往採取種種手段干擾司法過程，妨礙司法公正，甚至有個別執法人員爲牟取個人利益而執法違法甚至知法犯法、徇私枉法，嚴重影響正常的市場秩序、經濟秩序，對社會再生產順利進行造成嚴重阻礙。還有一些地方社會治安保障不力，治安環境較差。在一些地區特別是偏遠落後地區，執法部門、執法人員對社會治安環境整治不力，對違法犯罪行爲打擊不力，致使當地治安環境較差，違法犯罪行爲時有發生，嚴重擾亂當地生產生活秩序，影響經濟正常運行。

在市場經濟特別是現代市場經濟中，經濟的順利運行離不開充分的信息支持，但目前我國經濟運行中一些領域信息不充分的問題比較突出。一是政府相關部門的行業、產業發展信息發布不夠及時、充分，影響產業結構、產品結構調整和產業發展；中介組織發育不充分和中介市場運行欠規範，導致中介市場信息服務難以做到真實準確、及時有效。

保障商品流通順暢進行，促進經濟持續增長，需要進一步完善市場體系。要建立健全各類產品市場、要素市場、特別資本市場、技術市場、信息市場。

同時，爲保證各類市場正常有序運轉，需要進一步建立健全市場經濟運行的法律法規，建立和完善市場運行規則，使各種經濟運行有法可依。在加強經濟領域立法、建立健全相關法律規範的基礎上，還必須嚴格執法，通過建立健全執法制度、進一步完善執法手段，強化執法機關內外部監督機制，加強執法監督，加強對執法人員的培養教育，提高執法隊伍水平等措施，確保有法必依、執法必嚴，以加大經濟發展過程中的執法力度，加強政府對市場的監管，促進公平競爭，促進市場規範有序運行，爲社會再生產順利進行、經濟持續增長提供堅實的法制保障。

此外，為保證市場順暢有序運行，還應加快信息化步伐，建立健全政府以及其他相關機構的信息化平臺，完善信息技術手段，提高信息化水平，以強化經濟領域信息服務。同時，要強化信息服務領域法制化建設，建立健全信息服務規範，加強政府對信息服務領域的監管，努力促進經濟領域信息公開、透明、及時、準確，以推動市場運行效率提高，經濟持續穩定增長。

9 《資本論》中地租理論及其當代價值

農業用地是農民的直接勞作對象及相對於市民來說特有的生產要素，是農業的直接承載體，也是農村經濟問題與社會問題的焦點，因此土地可以說是"三農"問題的關鍵，而土地問題的核心是與各利益相關方的利益關係緊密相連的制度的改革和完善。事實上，在不同的歷史條件和社會發展背景下，農地制度的演進特徵也是不同的。因此，厘清在農業發展的不同階段，農地制度演進特徵及其原因，有助於進一步提高對國家農地制度改革的科學認知，也有助於將中央農業農村改革頂層設計、取向進一步貫穿到農地各方面政策中去。

從 1978 年的聯產承包責任制開始，我國已經進行了近 40 年的農村土地改革，改革的形式和內容不斷發生着深刻的變化，在討論到改革現狀及其未來發展時，很多學者都喜歡套用國外土改的具體實踐，抑或是西方經濟學中的地租理論進行分析，並提出普適性建議。但是，這樣的研究未從本質上以經濟學經典著作的視角、運用科學研究方法，就不可避免地會在土地制度改革的政策建議層面出現片面性和偏頗。事實上，《資本論》中的地租理論分析了地租的產生過程以及土地的價值形成過程，認真研究地租理論，並用其分析我國的農村土地改革演變趨勢，有助於正確處理農地改革中的各種問題，並爲農地改革未來發展趨勢提供合理的啓示及思考。

9.1 《資本論》關於地租理論的主要內容

馬克思在《資本論》第三卷中詳細地論述了地租理論，大致可以概括爲以下四個方面。

9.1.1 關於地租的產生

任何地租都是以土地所有權的存在爲基礎和前提的。馬克思指出："不論地租有什麼獨特的形式，它的一切類型有一個共同點：地租的占有是土地所有權借以實現的經濟形式，而地租又是以土地所有權，以某些個人對某些地塊的所有權爲前提。"① 馬克思認爲地租是土地的使用者爲了獲得土地的使用權而給土地所有者的超過平均利潤的那部分剩餘價值。在資本主義農業中，"作爲勞動條件的土地同土地所有權和土地所有者完全分離，土地對土地所有者來說只代表一定的貨幣稅，這是他憑他的壟斷權，從產業資本家即租地農場主那里徵收來的"② 馬克思還指出："作爲租地農場主的資本家，爲了得到在這個特殊生產場所使用自己資本的許可，要在一定期限內（例如每年）按契約規定支付給土地所有者即他所使用土地的所有者一個貨幣額（和貨幣資本的借入者要支付一定利息完全一樣）。這個貨幣額，不管是爲耕地、建築地段、礦山、漁場、森林等支付，統稱爲地租。這個貨幣額，在土地所有者按契約把土地租借給租地農場主的整個時期內，都要支付給土地所有者。因此，在這里地租是土地所有權在經濟上借以實現即增殖價值的形式。"③ 就是說，地租產生的前提是土地所有權與土地經營權的分離，地租就是土地所有權借以實現的經濟形式。

9.1.2 地租是超額利潤的轉化形式

地租是超額利潤的轉化形式，是租地資本家在獲得社會平均利潤之後給土地所有者的超額利潤，農業中之所以存在超額利潤，是由於利用了一種有限的、可以被壟斷的自然力，這種自然力一旦產生就具有比較穩定的性質，而且這種超額利潤不會由於競爭而平均化，"土地所有權依靠它對土地的壟斷權，也相應地越來越能攫取這個剩餘價值中一個不斷增大的部分"④。馬克思指出："利用瀑布而產生的超額利潤，不是產生於資本，而是產生於資本對一種能夠被人壟斷並且已經被人壟斷的自然力的利用。在這種情況下，超額利潤就轉化爲地租。"⑤ 也就是說，由於個別生產價格與社會生產價格之間的差額，產生了級差地租。馬克思同時也認爲："一個更普遍得多更重要得多的事實是，真正農業工人的工資被壓低到它的正常平均水平以下，以致工資的一部分由工人手中扣除下來，變爲租金的一個組成部分，從而在地租的僞裝下流到土地所有者而不是工人的手中。"⑥

---

① 馬克思. 資本論：第三卷 [M]. 北京：人民出版社，1975：714.
② 馬克思. 資本論：第三卷 [M]. 北京：人民出版社，1975：697.
③ 馬克思. 資本論：第三卷 [M]. 北京：人民出版社，1975：698.
④ 馬克思. 資本論：第三卷 [M]. 北京：人民出版社，1975：719.
⑤ 馬克思. 資本論：第三卷 [M]. 北京：人民出版社，1975：727.
⑥ 馬克思. 資本論：第三卷 [M]. 北京：人民出版社，1975：707.

9.1.3 關於級差地租和絕對地租論

馬克思對於級差地租的分析是以蒸汽動力與瀑布動力的對比來展開的。通過對比分析,馬克思認爲,資本主義農業中,租地農業資本家由於經營質量不同的土地而向土地所有者交納不同數量的地租,這就是所謂的級差地租。級差地租有兩種形式:級差地租Ⅰ和級差地租Ⅱ。雇傭工人在較好的土地上創造的超額利潤轉化的地租表現爲級差地租的第一種形式:級差地租Ⅰ;連續追加投資於同一塊土地形成的不同超額利潤而轉化的地租爲級差地租的第二種形式:級差地租Ⅱ。級差地租Ⅰ和級差地租Ⅱ的區別是由於對土地的兩種不同投資方法引起的。級差地租Ⅰ是以不同地塊的肥力和位置的差別爲條件;而級差地租Ⅱ,除了這種差別外,還以同一地塊上連續投資的生產率的差別爲條件。絕對地租總是等於商品的價值在它本身的成本價格以上的餘額;級差地租則等於市場價值在它的個別價值以上的餘額;如果在絕對地租以外還有什麽地租,總地租就等於市場價值在個別價值以上的餘額,加個別價值在成本價格以上的餘額,或者說,等於市場價值在個別成本價格以上的餘額[①]。

9.1.4 土地的價格是地租資本化表現形式

土地不是勞動產品,因而它沒有價值,所以也不應該有價格。但是實際上,土地的價格是地租資本化的一種表現形式。"這個購買價格不是土地的購買價格,而是土地所提供的地租的購買價格。"[②] 農產品的生產價格必須由劣等地的生產條件來決定,只有這樣,才能保證租種劣等地的農業資本家獲得社會平均利潤,從而保證農產品的供給與需求基本平衡,"不提供地租的最壞土地的生產價格,總是起調節作用的市場價格"[③]。關於農產品價格的決定問題,馬克思認爲"是由在資本主義生產方式基礎上通過競爭而實現的市場價值所決定的"[④]。在供求平衡的情況下,如果農產品的社會生產價格由占大多數的中等地生產出的農產品的生產價格來決定的話,劣等地上的投資就不能獲得平均利潤,農業資本家就會退出劣等地。由於劣等地退出而好地又有限,農產品必然會供小於求、價格上漲。當價格漲到經營劣等地也能獲得平均利潤的時候,劣等地加入耕作,供求平衡,農產品價格上漲停止。這樣,決定了農產品的社會生產價格必須由劣等地的生產價格來決定。

[①] 馬克思. 剩餘價值學説史:第2卷 [M]. 北京:人民出版社,1978:301-302.
[②] 馬克思. 資本論:第三卷 [M]. 北京:人民出版社,1975:703.
[③] 馬克思. 資本論:第三卷 [M]. 北京:人民出版社,1975:742.
[④] 馬克思. 資本論:第三卷 [M]. 北京:人民出版社,1975:744-745.

當前的中國仍然存在《資本論》中的地租理論所提出的土地所有權、地租、級差地租、絕對地租，並且也具有產生級差地租的自然條件：土地肥沃程度的差別、土地距離市場位置的差別和土地集約化經營的差別。另外，由於農用地歸農村集體所有，因此還存在絕對地租。因此，地租理論在當前中國的農地流轉問題的分析中仍然具有可行性。而且，依據馬克思的理論分析，凡是存在土地產權關係的地方，就必然存在地租。作爲土地產權關係特別是土地所有權在經濟上表現自我增殖形式的地租，在我國同樣有其存在的合理性①。

基於以上分析，我們可以基於《資本論》地租理論視角，來分析改革開放以後我國農地制度改革的演變歷程。

9.2 農地改革的發展階段

9.2.1 第一階段："提產增效目的導向"的農地改革

20世紀50年代，農地制度從"農民的所有制"轉向了"人民公社制"，這種所有權和經營權都高度統一的農村集體土地制度客觀上抑制了土地產出效率，造成了嚴重的糧食危機和農村貧困。在此情況下，20世紀70年代末，有效提高我國糧食供給總量就成了農村經濟發展的首要課題，也成了改革的直接目的。從當時的歷史現實來看，在技術條件不變的前提下，要實現這一目的的關鍵在於通過農村土地產權體制機制的改變來提高農業生產率。

9.2.1.1 "提產增效目的導向"改革的政策實現過程

1978年12月，黨的十一屆三中全會通過了《中共中央關於加快農業發展若干問題的決定（草案）》和《農村人民公社工作條例（試行草案）》，這兩份文件首次提出要發展包括聯產計酬責任制在內的多種形式責任制，但是囿於認識的局限和思想觀念束縛，文件中規定不許"包產到戶"。1980年，以鄧小平公開表態支持和肯定小崗村"大包干"做法爲標誌②，農村土地制度改革勢在必行。1982年1月，黨的歷史上第一個關於農村工作的中央一號文件《全國農村工作會議紀要》正式頒布③，標誌着來源於農村基層創新的"聯產承包責任制"政策在全國逐步開始施行，

---

① 馮繼康. 馬克思地租理論的邏輯內涵及現代價值［J］. 濟南大學學報，2003（4）：71.
② 鄧小平文選：第2卷［M］. 成都：四川民族出版社，1998：315.
③ 1982年中央一號文件《全國農村工作會議紀要》指出："目前實行的各種責任制，包括小段包工定額計酬、專業承包聯產計酬、聯產到勞、包產到戶、到組、包干到戶、到組，等等，都是社會主義集體經濟的生產責任制。不論採取什麼形式，只要群衆不要求改變，就不要變動。"

實現了土地所有權與使用權的"兩權分離",改革開放後的農村土地制度迎來第一次大變革。

9.2.1.2 "提產增效目的導向"必須實現土地制度的"兩大調整"

在經濟社會發展處於較低層次階段,農地制度就必須服務於"合理的目的",即通過提高土地產出率來直接實現經濟效率。其中,涉及兩個問題的解決:第一,經濟效率的提高必須讓農戶獲得農地的自主經營決策權。為了解決這一問題,中央的農地制度改革認可了"聯產承包責任制"對國家政治權利與農村土地集體產權的分離,在政社合一的人民公社時期,農村集體土地的所有權按照規定,由人民公社、生產大隊、生產隊共同所有,當政治權力介入土地產權後,集體土地所有權的經濟、民事功能被淡化,土地的生產經營權受到政策的極大干預。改革後農戶能夠根據市場情況自主決定生產對象和生產數量,經濟的獨立性增強,農業經營的責任意識和主觀能動性被調動起來,實現了農村生產力的大解放。第二,農戶的農地收益應當與農地經營投入的生產要素緊密掛鉤,讓農民享有除固定額度稅租以外的完全剩餘。聯產承包責任制調整了國家、集體和農民利益分配格局。承包制以前,農民與集體的關係是人民公社時期農民獲得"固定工資",承包制以後農民除上繳"固定租金"外完全享有農業剩餘,這極大地弱化了國家和集體在農業內部的經濟利益,農民個體利益得到了傾斜性的保障。

9.2.1.3 "提產增效目的導向"改革的結果是產生了正向經濟激勵

改革開放後確立的"聯產承包責任制",從本質上來看就是要提高土地的產出效率,因此必然要求農地經營出現明顯的正向反饋結果。在這種以"提產增效目的導向"的改革推動下,出現了三大正向經濟激勵。一是農業總產值大幅增長。從1978—1984年,農產品產值以不變價格計算增長了42.2%[1],在農業增長的要素貢獻中,土地制度的變革貢獻率高達46.9%,相當於同期土地投入化肥、資本和勞動力的總效應(45.8%)[2]。二是有效提高了糧食供給。從1978—1984年,我國糧食產量由3.04億噸增加到了4.07億噸,年增長率高達4.9%;而人均糧也從31.6千克增加到390.3千克,提高了3.3%[3]。三是帶動了鄉鎮企業的發展。承包制促進了農業的分工,導致了農業剩餘勞動力轉向第二產業。從1978—1989年,鄉鎮企業數量從152萬個劇增到1 868萬個,鄉鎮企業就業人數從2 827萬人增長到9 265萬人,占農村勞動力比重從9.5%提高到了22.1%[4]。鄉鎮企業容納了50%的農村剩餘勞動

---

[1] 國家統計局. 中國統計年鑒(1983)[M]. 北京:中國統計出版社,1984.
[2] 林毅夫. 再論制度、技術與中國農業發展[M]. 北京:北京大學出版社,2000:84.
[3] 林紹珍. 改革開放以來農村勞動力非農就業的變遷及啟示[J]. 成都大學學報(教育科學版),2007,21(1):11-12.
[4] 林紹珍. 改革開放以來農村勞動力非農就業的變遷及啟示[J]. 成都大學學報(教育科學版),2007,21(1):21.

力，其異軍突起成爲"完全沒有預料到的最大的收穫"①（見表9-1）。

表9-1　　　1978—1984年我國改革開放初期糧食產量增長變動

年份	1978	1979	1980	1981	1982	1983	1984
糧食增長（%）	7.23	8.23	-3.61	1.37	8.32	8.46	4.92
人口增長（%）	1.33	1.32	1.18	1.37	1.56	1.31	1.29
人均糧（kg）	316.6	340.5	324.8	324.8	348.7	376.0	390.3

資料來源：林毅夫. 再論制度、技術與中國農業發展［M］. 北京：北京大學出版社，2000.

9.2.2　第二階段："明晰基本規則導向"的農地改革

通過推行聯產承包責任制，我國實現了農地生產率大幅提高。但與此同時，考慮到聯產承包責任制事實上仍屬於"頂層設計"，與完善的"制度規則"來有較大的距離。總體來說，聯產承包責任制的初期制度框架缺乏三方面的"實踐規則"：第一，農民是否必須經營自己無償獲得的農地，且繳納一定租金，事實形成"農民"與"農地"的捆綁；第二，農地是否可以通過自願、有償的方式流轉，流轉給誰；第三，農地的屬性和面積如何確定等。對以上三個問題的討論以及解決問題的辦法的出臺過程，事實上就是對聯產承包責任制的制度補充和完善，其本身形成了以明細基本規則爲導向的農地改革。

9.2.2.1　"農民"和"農地"鬆綁：農業稅取消的"規則"確立

長期以來，農民都有繳納"皇糧"的習慣和傳統，不論農業稅負高低，但不能忽視的是該稅種是附着於農地和農業的，農民在無償獲得農地的同時會認爲繳納稅負是天經地義的，作爲農民是一種"義務"，因而會產生被約束在農地的"捆綁感"，不能夠或者不願意離開農地。在聯產承包責任制框架下，"農民"與"農地"到底是什麼關係，就需要做出規則確立。

20世紀90年代至21世紀初，農民農業稅負擔引發了社會的極大關注。2004年，我國政府開始實行減徵或免徵農業稅的惠農政策，到2005年已有近8億農民直接受益。2005年12月29日，第十屆全國人大常委會第19次會議經表決決定，《農業稅條例》自2006年1月1日起廢止。同日，胡錦濤同志簽署第46號主席令，宣布全面取消農業稅。表決通過的這個決定，把這項惠農政策上升爲國家法律。農業稅的取消，在"農地"和"農民"之間確立了一個規則：對於無償獲得使用權的農地，農民不再有被約束的捆綁感，從而可以更爲自由地外出務工。因此，取消

---

① 鄧小平文選：第3卷［M］. 北京：人民出版社，1993：252.

農業稅不僅是一項重要的稅制改革，也是農地制度改革起到里程碑意義的一項"規則確立"。

9.2.2.2 農地如何物盡其用：農地流轉的合法性的"規則"確立

農地作爲我國糧食安全的載體和保障，其充分利用顯得非常重要。然而，在推進聯產承包責任制過程中，有兩大問題制約了農地的物盡其用：第一，家庭經營的土地規模過小，難以形成規模經濟收益。20世紀80年代中期，我國户均土地面積爲8.4畝（1畝≈666.67平方米，下同），而到20世紀90年代中期則下降到6畝，且户均承包土地高達9~10塊，全國30%左右的省份人均耕地不足1畝，户均耕地總量也只有2畝左右[①]。細小且分散的田地結構，使得農民耕作經營十分不便，農户也無法進行大規模的投入，農業機械化和農業技術進步的實現非常困難。第二，農民從事小農生產的機會成本太大。在城鄉被嚴格分割，勞動力在農業與二、三產業之間流動受到束縛的改革開放初期，聯產承包責任制將土地的經營權和農業剩餘的索取權授權給了農户，這種激勵機制在很大程度上降低了人民公社時期勞動要素投入的道德風險，從而提高了農業生產效率。然而，伴隨著改革開放的深入，農村剩餘勞動力能夠向工業、服務業部門自由流動時，農業生產的機會成本則較爲顯著地呈現開來，並極大影響了農民的就業決策[②]。基於以上緣由，在市場經濟條件下，農民爲了追求自身勞動利益最大化，在能力允許的範圍內更傾向於非農就業，而導致農地粗放經營甚至撂荒。因此，爲了使農地物盡其用，有必要從頂層設計上確立"農村土地承包經營權流轉"的合法性。

1998年10月，黨的十五屆三中全會在通過的《中共中央關於農業和農村工作若干重大問題的決定》文件中第一次出現了"土地流轉"和"適度規模經營"的提法[③]。這一提法，既説明了農田細碎不利於農業的機械化和降低勞動、資本要素的邊際投入成本，也強調了"適度"的重要性，土地規模要能夠充分發揮勞動和其他生產要素的作用，避免生產要素的浪費和短缺。2002年8月29日，第九屆全國人民代表大會常務委員會第二十九次會議通過的《中華人民共和國農村土地承包法》，

---

① 石傳剛.中國農業產業化經營與家庭聯產承包責任制[J].中共貴州省委黨校學報，2007（2）：39-41.

② 本文調研發現，湖北、廣西等樣本地區水稻種植户均2~3畝，畝均產量475千克，大米單價以3元計算，畝產值爲1425元，加上國家給予的良種補貼、農資綜合補貼等105元，每畝總收入1530元，除去種子、化肥、農藥等顯性種植成本900元，則農户水稻種植年淨收入在2400元左右，農户總抱怨"一畝田地，種糧食年收入幾百元，種烟、油等經濟作物年收入幾千元，種花卉年收入幾萬元，不是想到自己種的糧食吃着放心是絕對不種的，耗時耗力還不掙錢"；與此相對應的是，如果農民到城市打工，從事泥木水電等工作，日均收入都在250元左右，年收入不會低於4萬元，因此農民從事小農生產的機會成本太大，農業生產動力和激勵機制嚴重不足。

③《中共中央關於農業和農村工作若干重大問題的決定》提出"土地使用權的合理流轉，要堅持自願、有償的原則依法進行，不得以任何理由強制農户轉讓。少數確實具備條件的地方，可以在提高農業集約化程度和群衆自願的基礎上，發展多種形式的土地適度規模經營"。

第一次從法律層面明確了農民承包的土地在不改變農業用途的情況下可以流轉①。2004年8月28日，第十屆全國人民代表大會第十一次會議第二次修改並通過了《中華人民共和國土地管理法》，明確了農民承包的土地在不改變用途的情況下可以流轉②。

農地流轉合法性的"規則"確立以後，農地流轉速度加快，規模加大。2007年全國家庭承包耕地流轉面積約爲6 372萬畝，僅占家庭承包耕地總面積的5.2%③，而到2015年底，全國家庭承包耕地流轉面積達到4.47億畝，占家庭承包經營耕地總面積的33.3%，年均新增流轉面積4 800萬畝，涉及數以百萬計的承包農户④。研究發現，抑制農地流轉最主要的因素是農地承包的"有限期限"問題，《土地承包法》第20條規定"耕地的承包期爲30年"，也即土地流轉權的設定從法律上來說不得超過30年的上限，隨著二輪承包期限的到期，無論是土地流入方還是流出方主觀上繼續流轉的意願都會越來越弱。汪暉和陶然（2013）⑤對6省119個村超過2 200個農戶的調研發現，在1998年第一輪土地承包期以前，村集體對土地進行過調整的比例高達72.3%，而第二輪土地承包後，該比例下降到了42%（見表9-2）。

表9-2　　　　　　　二輪承包前後村莊土地調整情況表　　　　　　　單位：%

	省份	江蘇	四川	陝西	吉林	河北	福建	平均
未調整	1998年前	25	28	25	19	30	40	27.73
	1998年後	80	44.44	45	33.33	65	80	57.98

資料來源：汪暉，陶然. 中國土地制度改革：難點、突破與政策組合［M］. 北京：商務印書館，2013：92-93.

本文使用中國社會科學院RenErGo課題組對山東、湖北、廣西、甘肅4省10縣36村1 305個農戶進行實地調查的數據和資料。爲了兼顧經濟發達地區與欠發達地區，較爲全面地說明我國農村的一般情況，課題組選擇了東部的山東省、中部的湖北省和西部的甘肅省、廣西狀族自治區的10縣36村進行調研，4個省、自治區在一定程度上也區分了長江以南與長江以北地區間的農地與農戶的自然經濟特徵，具

---

① 《中華人民共和國農村土地承包法》第十條規定："國家保護承包方依法、自願、有償地進行土地承包經營權流轉。"第三十二條規定："通過家庭承包取得的土地承包經營權可以依法採取轉包、出租、互換、轉讓或者其他方式流轉"，"耕地的承包期爲30年，草地的承包期爲30~50年，林地的承包期爲30~70年"。
② 《中華人民共和國土地管理法》第十五條規定："農民集體所有的土地，可以由本集體經濟組織以外的單位或個人承包經營，從事種植業、林業、畜牧業、漁業生產。"
③ 中國社會科學院金融研究所，特華博士後科研工作站. 中國農村土地市場發展報告（2015—2016）［M］. 北京：社會科學文獻出版社，2016.
④ 張紅宇. 解讀：農村土地經營權流轉［EB/OL］.（2016-07-13）［2017-01-09］. http://country.cnr.cn/gundong/20160713/t20160713_522670266.shtml.
⑤ 汪暉，陶然. 中國土地制度改革：難點、突破與政策組合［M］. 北京：商務印書館，2013：92-93.

有一定的代表性。10個縣分別爲山東省的臨邑縣、臨朐縣、青州市、德州市德城區，湖北的恩施市、建始縣，甘肅的榆中縣、涇川縣，廣西狀族自治區的馬山縣、合浦縣。

按照平均每個縣調研2~6個行政村，每個村隨機抽取大約40個農戶進行問卷調查的方式，課題組一共獲得了36個村的1 305份有效調查問卷，調查了農戶2009年的生產生活狀況（見表9-3）。

表9-3　　　　　　　　水澆地、旱地出現租賃現象的農戶比重

省份	農戶數（戶）	農地租入（%）		農地租出（%）		既有農地租入也有農地租出（%）		無農地租賃（%）		總數（%）	
		水澆地	旱地	水澆地	旱地	水澆地	旱地	水澆地	旱地	水澆地	旱地
山東	392	13.78	0.00	2.55	0.00	0.77	0.00	77.81	100.00	100.00	100.00
湖北	298	6.38	26.85	3.02	5.37	0.00	0.00	90.60	67.79	100.00	100.00
甘肅	307	4.23	14.66	7.82	8.14	0.00	0.00	87.95	77.20	100.00	100.00
廣西	308	8.12	12.34	7.14	3.25	1.30	0.00	83.44	84.42	100.00	100.00
平均比重（總數）	(1 305)	8.51	12.49	4.98	3.91	0.54	0.00	84.44	53.56	100.00	100.00

從表9-3中看出，除在山東調研的農戶並未出現旱地的租賃以外，其他3個省都存在水澆地和旱地租賃現象，其中湖北省租入旱地的農戶比重高達27%。爲了對農地租賃現象更好地進行分析，我們將各農戶水澆地和旱地的租賃數量進行加總，加總後農地租賃的地租按照水澆地和旱地地租的加權平均進行計算。加總後各省農地租賃的情況如表9-4所示。

表9-4　　　　　　　　農戶農地租賃的數量和比重表

省份	農戶數（戶）	農地租入		農地租出		既有農地租入也有農地租出		無農地租賃		比重（%）
		數量（戶）	比重（%）	數量（戶）	比重（%）	數量（戶）	比重（%）	數量（戶）	比重（%）	
山東	392	54	13.78	10	2.55	3	0.77	325	82.91	100
湖北	298	84	28.19	19	6.38	1	0.34	194	65.10	100
甘肅	307	58	18.89	48	15.64	1	0.33	200	65.15	100
廣西	308	88	28.57	25	8.12	7	2.27	188	61.04	100
平均比重（總數）	(1 305)	(284)	21.76	(102)	7.82	(12)	0.92	(907)	69.50	100

表9-4中，4個省農地租賃的表現形式中，農地租入涉及農戶的比重較大，其中21.76%的比重顯著高於農地租出的7.82%。從理論上來看，發生農地租出的農戶數應該等於發生農地租入的農戶數，出現表中兩個比重較大差異的原因可能有：①每個村的農戶爲隨機抽樣，且抽樣數小於全村農戶總數，因此可能在抽樣中遺漏了較多有農地租出的農戶；②在調研過程中，有租出土地的農戶認爲自己的農地使用權屬於無償轉移給他人，因爲所收取的年地租非常少可忽略不計，例如30元/畝，但該土地的租入者則認爲該土地並非爲無償使用，而是以租金（儘管較少）或實物進行了支付。

在全部1 305個農戶中，只有極少數農戶同時存在農地既轉入又轉出的情形，發生的比例很低，共計只有不到1個百分點。土地既租入又租出可能是由於農戶的土地集中（通過同時租入租出農地以方便耕種，甚至實現規模化經營），以及租入優質土地並租出劣質土地等原因造成的。

在全部農戶中，出現了農地租賃的農戶數爲398戶，平均年地租爲198元/畝，最低爲30元/畝，最高爲720元/畝。其中東部地區（以山東爲代表）的平均值爲254.93元/畝，高於中部（以湖北爲代表）的170.38元/畝以及西部（以甘肅、廣西爲代表）的193.07元/畝。

9.2.2.3 農地的屬性和面積如何確定：農地確權的"規則"確立

農地改革必須建立在農地屬性、面積清楚的前提之上，因此推進農村土地承包經營權確權登記頒證以明晰土地產權作爲對農地最基礎性的"規則確立"，是農地制度進一步改革能否順利實施的前提。

2008年，黨的十七屆三中全會明確提出"要賦予農民更加充分而有保障的土地承包經營權，穩定並保持現有土地承包關係長久不變"。對於如何認定"長久不變"及實現"長久不變"，由於政策上並沒有明確的界定，導致學術界展開了長時間激烈的辯論，而確權賦能的方式能夠有效夯實土地承包關係的"長久不變"，在穩定農村基本經營制度上具有重要創新意義。2013年，中央一號[①]文件對完成農村土地承包經營權確權提出了5年時間的要求[②]。2014年，中央一號[③]文件提出確權可採用"確權確地"和"確權確股不確地"兩種方式[④]。2014年11月，中央辦公廳和國務院辦公廳印發的《關於引導農村土地經營權有序流轉發展農業適度規模經營的意

---

① 中共中央，國務院. 關於加快發展現代農業進一步增強農村發展活力的若干意見［R］. 2012-12-31.
② 2013年中央"一號文件"明確："全面開展農村土地確權登記頒證工作，用5年時間基本完成農村土地承包經營權確權登記頒證工作，抓緊研究完善相關法律制度從而實現現有土地承包關係穩定和長久不變的具體實現形式"。
③ 中共中央，國務院. 關於全面深化農村改革加快推進農業現代化的若干意見［R］. 2014-01-19.
④ 2014年中央"一號文件"明確："抓緊落實農村土地承包經營權確權登記頒證工作，依靠農民群衆自主協商的方式解決確權工作中遇到的困難和問題，可採取確權確地和確權確股不確地的兩種方式"。

見》對兩種確權方式進行了強調①。2015 年，中央一號文件②要求"對土地等資源性資產，重點是抓緊抓實土地承包經營權確權登記頒證工作"，"擴大整省推進試點範圍，總體上要確地到戶，從嚴掌握確權確股不確地的範圍"。爲了貫徹落實 2015 年中央一號文件，2015 年 2 月六部委聯合下發《關於認真做好農村土地承包經營權確權登記頒證工作的意見》③，明確在 2009 年 1 998 個試點縣基礎上，"繼續擴大試點範圍"，強調 "土地承包經營權確權登記的核心是確權，重點在登記，關鍵在權屬登記"。2016 年，中央一號文件④要求，"到 2020 年基本完成土地等農村集體資源性資產確權登記頒證，繼續擴大農村承包地確權登記頒證整省推進試點"。

確權登記工作的穩步推進，有效穩定了農業經營制度。截至 2016 年 3 月，全國範圍內已有 2 423 個縣、2.4 萬個鄉鎮、38.5 萬個村開展了農村土地承包經營權確權登記頒證試點工作，實測承包耕地面積近 7 億畝。中央按照 10 元/畝的標準，安排了 181.4 億元專項補助⑤。中央給出的時間表是 5 年時間內結束確權登記頒證工作，但研究發現，確權進展與基層政府意願密切掛鉤。農地確權及統一登記發證無疑會給農民帶來更好的產權保障，但是可能給地方政府工作尤其是徵地方面的工作造成影響。實際上，農地確權以前，農民幾乎是被排斥在農地增值收益分配之外的，農民很難對農地徵收產生影響，也談不上平等談判徵地補償；但是，農地確權以後可以在很大程度上防止之前的亂徵地現象，也能夠較好保護農民權益。但是，若是基層政府難以適應這種變化，則確權的推動就會產生消極阻礙⑥。

9.2.3 第三階段："賦權擴能價值導向"的農地改革

如果說"提產增效目的導向"的農地改革是在改革開放初期，根據當時城鄉經濟社會發展特徵做出的必要探索，以滿足農地經營效率提高的客觀要求；"明晰基本規則導向"的農地改革是在聯產承包責任制框架下對基礎性規則的制定和補充，

---

① 中共中央辦公廳，國務院辦公廳.關於引導農村土地經營權有序流轉發展農業適度規模經營的意見 [R]. 2014-11-20.（其中再次要求："建立健全承包合同取得權利、登記記載權利、證書證明權利的土地承包經營權等級制度。確權登記原則上要求確權到戶到地，在尊重農民意願的前提下，也可以確權確股不確地。"）

② 中共中央，國務院.關於加大改革創新力度加快農業現代化建設的若干意見 [R]. 2015-02-01.

③ 農業部，中央農村工作領導小組辦公室，財政部，國土部，國務院法制辦，國家檔案局.關於認真做好農村土地承包經營權確權登記頒證工作的意見 [R]. 2015-01-27.

④ 中共中央，國務院.關於落實發展新理念加快農業現代化實現全面小康目標的若干意見 [R]. 2015-12-31.

⑤ 陳曉華，農業部副部長在全國農村經營管理暨土地承包經營權確權工作會議上的講話 [EB/OL].(2016-02-25) [2016-03-04]. http://www.gov.cn/xinwen/2016-03/04/content_5048948.htm.

⑥ 郝帥.專家：農村土地確權登記面臨多重困難 [N].中國青年報，2015-02-05 (6).

是在深化農業農村改革進程中對農地制度的主動完善。那麼，在"提產增效目的導向""明晰基本規則導向"的農地改革已經完成或正在完成的同時，理應轉向制度具有"理念""情感"的主動革新期，以使得農地制度更合理、更科學，讓農地政策的預期在更符合農業發展客觀規律的同時，更加體現"增進農民福祉"的動機和價值取向。

9.2.3.1 以"賦權擴能"爲價值導向的農地改革，其本質是增進農民福祉

2014 年中央"一號文件"即《關於全面深化農村改革加快推進農業現代化的若干意見》在對今後農業農村工作開展提出了"總要求"，即"力爭在體制機制創新上取得新突破，在現代農業發展上取得新成就，在社會主義新農村建設上取得新進展，爲保持經濟社會持續健康發展提供有力支撐"。在這句話中，前三句是深化農村改革的三項具體內容，而最後一句是深化農村改革的結果。在這份"一號文件"中並未明確說明農村改革的出發點和落腳點，也即未明確說明農村改革的價值取向問題，容易讓政策實施者根據自身理解而將改革側重進行不同解讀。但是，到 2016 年"一號文件"即《關於落實發展新理念加快農業現代化實現全面小康目標的若干意見》的引言部分明確提出，"把堅持農民主體地位、增進農民福祉作爲農村一切工作的出發點和落腳點"，這就從價值判斷上明確了今後農村工作的價值取向一定是"人"，當然也爲農地改革的深化提出了評價的基本標準。

9.2.3.2 以"賦權擴能"爲價值導向的農地改革，通過"三權分置"擴展了"佔有權"和"使用權"

在很長時間內，"農村承包經營權"都作爲"土地使用權"的表徵而被整體使用，然而從 1998 年開始日益加快的"流轉"的真正對象是"承包土地的經營權"，而非"承包權"，因此將"承包權""經營權"分開並與"所有權"並列，不僅有助於從法律上明晰土地利益對象，也有助於從實踐層面推進土地經營權有序流轉，真正"落實集體所有權、穩定農戶承包權、放活土地經營權"。

黨的十八屆三中全會《決定》從"物權"角度明確"賦予農民對承包地佔有、使用、收益、流轉及承包經營權抵押、擔保權能，允許農民以承包經營權入股發展農業產業化經營"，這是我國農地制度第一次明確了農戶承包土地的完整產權權能，但與此同時，也給傳統的"承包經營權"的統稱帶來了挑戰。因此，當農地完整產權權能提出來以後，業界及學者就農地的"佔有""使用"是否有必要分開進行了辯論。2014 年中央"一號文件"正式提出"三權分置"，"穩定農村土地承包關係並保持長久不變，賦予農民對承包地佔有、使用、收益、流轉及承包經營權抵押、擔保權能。穩定農戶承包權、放活土地經營權，允許承包土地的經營權向金融機構抵押融資"，表明農地承包經營權進一步區分爲了"承包權"和"使用權"，農民擁有農地的承包權，即佔有權；而流轉農地的經營權，即使用權；所有權、承包權、

經營權"三權分置"。"三權分置"的實施，凸顯了農地制度改革符合客觀規律及充分尊重、維護了承包者的權益、地位，打通了現代農業發展的關鍵桎梏。"三權分置"後，農民專業合作社等新型農業經營主體放心流轉農地經營權，而向擁有"占有權"的農民支付流轉費。以本書在成都崇州的調研為例，當地水稻專合社每年每畝付給農民等價於250千克黃谷的租金，專合社因"使用權"獲得500元每畝每年的適度規模補貼；農民因"承包權"獲得每畝每年360元的耕保基金和93.4元的糧食直補①。

2016年8月30日，中央全面深化改革領導小組第二十七次會議審議通過了《關於完善農村土地所有權承包權經營權分置辦法的意見》，會議指出，"深化農村土地制度改革，實行所有權、承包權、經營權'三權分置'，是繼家庭承包制後農村改革的又一大制度創新，是農村基本經營制度的自我完善"；"農村土地農民集體所有必須牢牢堅持。要嚴格保護農戶承包權，任何組織和個人都不能取代農民家庭的土地承包地位，都不能非法剝奪和限制農戶的土地承包權。要放活土地經營權，在依法保護集體所有權和農戶承包權的前提下，平等保護經營主體依照流轉合同取得的土地經營權，保障其有穩定的經營預期"②。

9.2.3.3 以"賦權擴能"為價值導向的農地改革，主線是鼓勵農民獲取長期穩定財產性收益

除了擴展農戶承包經營土地的"占有權"和"使用權"以外，以"價值"為導向的農地改革還從兩個層次鼓勵農民參與土地收益二次分配，以獲取長期穩定財產性收益。

第一，擴展農戶對本集體所有土地增值收益分配的"收益權"。2013年"一號文件"提出"依法保障農民集體收益分配權"；"確保徵地農民生活水平有提高、長遠生計有保障"。黨的十八屆三中全會《決定》規定"建立兼顧國家、集體、個人的土地增值收益分配機制，合理提高個人收益"。2014年"一號文件"細化要求"除補償農民被徵收的集體土地外，還必須對農民的住房、社保、就業培訓給予合理保障"。農民除了擁有承包經營土地的經營性收益權外，作為集體成員，還擁有參與集體土地增值收益分配、保障公平享有基本公共福利的權利。

第二，搭建了農地經營權抵押平臺，擴展了農民土地財產性直接收益或農民合作社二次分配的渠道。十八屆三中全會《決定》對農民承包土地經營權相關權能進行了規定，實現了國家對承包土地經營權抵押、擔保權能等相關限制的突破。2015年8月10日，國務院印發《關於開展農村承包土地的經營權和農民住房財產權抵押

---

① 根據2016年8月29日在成都崇州市濟協鄉的調研資料。
② 《關於完善農村土地所有權承包權經營權分置辦法的意見》，中央全面深化改革領導小組第二十七次會議審議通過，2016年8月30日。

貸款試點的指導意見》，決定由中國人民銀行會同中央農村工作領導小組等 11 部門，組織開展農村承包土地的經營權和農民住房財產權（"兩權"）抵押貸款試點，主要包括賦予"兩權"抵押融資功能、推進農村金融產品和服務方式創新、建立抵押物處置機制、完善配套措施和加大扶持和協調配合力度五項試點任務。2016 年 3 月 25 日，"兩個辦法"從貸款對象、貸款管理、風險補償、配套支持措施、試點監測評估等方面，對金融機構、試點地區和相關部門推進落實"兩權"抵押貸款試點明確了政策要求；對於"兩權"抵押的業務在貸款用途、抵押物認定以及風險防控方面有着明確的底線，這些明確的底線要求將有利於"兩權"試點的進一步推進。農民不管是作爲農地經營者還是以地入社的專合社成員，其農地財產權權能都得到了加強。

9.3 基於地租理論對農地改革未來發展的思考

本書基於《資本論》地租理論的分析，結合改革開放以來農地制度改革演進過程，研究發現我國農地制度改革可以分爲三個由低到高的層次，分別是"提產增效目的導向"的改革、"明晰基本規則導向"的改革和"賦權擴能價值導向"的改革：① "提產增效目的導向"的農地改革主要是通過農地產權體制機制的改變來提高農業生產率，基於對"聯產承包責任制"的確立和正名，讓農民獲得了農地的自主經營決策權以及除固定額度稅租以外的完全剩餘，產生了積極的正向經濟激勵；② "明晰基本規則導向"的農地改革是對聯產承包責任制制度框架的完善，通過取消農業稅實現了"農民"和"農地"的鬆綁，通過確立了農地流轉的合法性，引導農地按照市場規律在農業生產的範圍內自發、有償流轉，通過確權確定了農地的屬性和面積來奠定農地更高層次改革的基礎；③ "賦權擴能價值導向"的農地改革賦予了農户更加完整的農地產權權能，通過"三權分置"擴展了農地"占有權"和"使用權"，通過擴展農户對本集體所有土地增值收益分配的"收益權"及搭建農地經營權抵押平臺，來實現農民長期穩定財產性收益的獲取。

農地改革的三個層次是基於不同的歷史條件及經濟社會發展背景下，對農地制度本身主動探索的結果，從這個角度出發，未來農地改革的發展將在"賦權擴能價值導向"層次上進一步細化，可能的方向有兩條：

第一，目前農地改革重視賦予農民"實體性權利"，未來在保障農民的權利基礎上將進一步完善農民的"實體性責任"。在農民"占有權"方面，如"徵收農村土地"中，目前改革成果是賦予了農民"知情、參與、監督、訴訟"等權利，但是沒有對農民在一定範圍內須承擔的責任或義務作明確的規定。這些"實體性責任"

的缺失，使得農民權利和義務不配套，因此基層政府在相關公共服務的提供過程中可能屈從農民的"部門正義"而不願作爲、不敢作爲。

　　第二，目前農地改革重視制度的"實體性"，未來將規範制度的"程序性"。農地"占有權"方面，如農地徵收中賦予農民有"知情權、參與權、申訴權、監督權"，卻沒有爲地方和基層政府設立諸如"公布徵地信息""徵求並商議合理補償標準""糾紛調解"等爲環節性內容的程序規定。農民"收益權"方面，賦予農民"公平分享土地增值收益"權利，承諾"合理提高個人收益的標準"的同時，卻沒有對地方的土地增值收益分配標準和合理的個人收益標準的形成程序作必要的規定，這些都將可能導致農民用各式各樣乃至偏激的做法來維權，可能動搖制度的本身方向，對農地改革也造成負面影響。

10 《資本論》中商業資本理論及其當代價值

10.1 商業資本理論的基本內容

在資本主義社會中，商業資本或商人資本是一種非常重要的資本形態。歷史上，最早對其進行考察研究的是代表商業資產階級利益和要求的重商主義學派，他們主要分析了商業資本的地位及其流通過程，但是他們膚淺地認爲資本的增值來自流通過程，並不瞭解財富的性質和它的真正來源。資產階級古典經濟學家亞當·斯密和大衛·李嘉圖等也從不同側面考察與分析了商業資本，但他們都直接把商業資本和產業資本混爲一談，把商業資本作爲產業資本再生產過程的一個特殊形態進行分析，實際上完全看不到商業資本的特性。"因此，他們遇到商業資本這種特殊種類的資本，就陷入了困境。"因爲"考察產業資本時直接得出的關於價值形成、利潤等的原理，並不直接適用於商業資本"[1]。諸如馬爾薩斯、薩伊、詹姆斯·穆勒等資產階級庸俗經濟學家，不僅沒有區分剩餘價值和利潤，沒有能力説明商業利潤的真正來源，還力圖進行辯護，把資本主義生產方式所特有的商品經營資本形式和貨幣經營資本形式，説成是人類社會生產過程本身必然產生的形式。而馬克思則在科學的勞動價值理論和剩餘價值理論的基礎上，從資本主義生產關係的物質載體視角出發，詳盡分析了商業資本的流通過程，論證了商業資本的地位和作用及商業利潤的真正來源，剖析了資本主義商業資本的運行機制和運行規律，批判了資產階級經濟學家關於商業資本、商業利潤的錯誤觀點，從而創立了科學、完整的商業資本理論。當前，我國正處於社會主義初級階段，正在貫徹落實"四個全面"的戰略布局，需要不斷完善社會主義市場經濟體制，需要深化包括商品流通體制在內的經濟體制改革。因而，認真研究馬克思的商業資本理論，具有十分重要的當代理論價值和實踐價值。

---

[1] 馬克思恩格斯全集：第 25 卷 [M]. 北京：人民出版社，1972：363.

10.1.1　商品經營資本

(1) 商品經營資本及其職能。

商業資本，也叫商人資本，它分爲兩個亞種，即商品經營資本和貨幣經營資本。馬克思在《資本論》第二卷分析資本的流通過程時指出，產業資本在運動中，依次採取貨幣資本、生產資本、商品資本形態，獨立完成三種職能，即貨幣資本負責在市場上購買生產資料和勞動力，生產資本負責生產資料和勞動力結合，生產出新的商品，商品資本負責在市場上把它賣出去，實現資本的價值和剩餘價值。由於三種形態的資本，獨立執行不同的職能，各自形成了產業資本循環的一個階段，這就爲產業資本家專門負責剩餘價值的生產，商業資本家專門經營商品，實現剩餘價值，提供了可能。與此同時，社會分工的發展與市場規模的擴大，又爲商品資本的獨立化提供了條件。這樣，"就社會總資本來說，它的一部分作爲商品處在市場上，以便轉化爲貨幣，雖然這部分不斷由別的要素構成，甚至數量也在變化；另一部分以貨幣形式處在市場上，以便轉化爲商品。社會總資本總是處在這種轉化即這種形態變化的運動中。只要處在流通過程中的資本的這種職能獨立起來，成爲一種特殊資本的特殊職能，並且固定下來，成爲一種由社會分工給予特殊種類資本家的職能，商品資本就成爲商品經營資本或商業資本"。顯然，商業資本不過是從產業資本中分離出來，獨立發揮作用的商品資本，是商品資本獨立化的形態。需要注意的是，在社會總產品中，總有一部分商品的買賣是在產業資本家之間或企業與消費者之間直接進行的，不需要商業資本介入，所以，商業資本只是一部分商品資本的轉化形式。

商品經營資本作爲生產者的商品資本獨立化的形式，仍然執行商品資本的職能，專門從事商品所包含的價值和剩餘價值的實現活動，它的運動公式是 $G-W-G'$，即先投入一定量的貨幣購買商品，然後再出售商品，獲取比原來更多的貨幣。馬克思認爲它"表現爲一種獨特的資本的演化"[①]。因爲當商品由產業資本家手中轉到商人時，產業資本家雖然已收回貨幣，但是商品本身所包含的價值和剩餘價值並沒有最後實現，商品仍舊處在市場上，只不過是它的所有者改變了，只有當商人把商品最後銷售給消費者，商品資本到貨幣資本的轉化過程才真正結束，商品資本的職能才最後實現。因此，"商品經營資本無非是生產者的商品資本，這種商品資本必須經歷它轉化爲貨幣的過程，必須在市場上完成它作爲商品資本的職能。不過，這種職能已經不是生產者的附帶活動，而是一類特殊資本家即商品經營者的專門活動，它

---

① 馬克思恩格斯全集：第 25 卷 [M]．北京：人民出版社，1972：298．

已經作爲一種特殊投資的業務而獨立起來"①。此外，在商品經營的特有流通形式上，在商品資本流通中，產業資本家購買和出售不是同一個、同一種商品。而在商品經營資本的流通中，"這裏兩次換位不是同一貨幣，而是同一商品……這個商品賣了兩次，如果還有一系列商人插在中間，它還可以賣許多次"②。

（2）商品經營資本的作用。

馬克思明確指出："在流通過程中，不生產任何價值，因此也不生產任何剩餘價值。"③ 但是，商品經營資本的形成，大大促進了資本主義經濟的發展，可以間接爲產業資本家增加剩餘價值。其作用表現在三個方面。第一，縮短了資本的流通時間。由於商人專門從事商品的買賣，產業資本把商品批發給商業資本，就換回了貨幣，這樣必然縮短產業資本的流通過程，節省了產業資本家出售商品的時間，增加了更多時間用於監督生產過程，提高勞動生產率。即使把商人出售商品的過程計算在內，也會因商人專門經商，對市場行情熟悉，掌握流通渠道，縮短了商品的流通時間。第二，節約流通資本。由於商人能夠集中地進行商品的買賣、運輸和儲藏，用於買賣的資本，必然小於產業資本家自己從事商業活動時所需要的資本數量，產業資本家利用節省的資本進一步擴大了再生產的規模。第三，加速了資本周轉。商人既可以同時爲一個產業部門中的很多資本服務，也可以同時爲不同產業的資本服務，因此，商業資本的周轉可以不受某一產業資本周轉的限制，可以在產業資本周轉一次的時間裏，完成多次周轉，從而推動了社會資本的周轉。

只有商品經營資本的數量和規模保持在社會再生產所需要的比例和限度內，商品經營資本才能發揮其促進作用，否則，就會造成流通環節過多，費用過大，投資浪費，商品積壓，生產過剩，從而阻礙社會再生產的順利進行。商品經營資本的數量和規模的大小，既要取決於商品經營資本的周轉速度，"商人資本周轉得越快，總貨幣資本中充當商人資本的部分就越小"④，還要取決於貨幣作爲支付手段的應用和信用制度的發展。如果"再生產過程進行得越迅速，貨幣作爲支付手段的職能越發展，也就是說，信用制度越發達，這個部分同資本相比就越小"⑤。

---

① 馬克思恩格斯全集：第 25 卷 [M]．北京：人民出版社，1972：301．
② 馬克思恩格斯全集：第 25 卷 [M]．北京：人民出版社，1972：302．
③ 馬克思恩格斯全集：第 25 卷 [M]．北京：人民出版社，1972：312．
④ 馬克思恩格斯全集：第 25 卷 [M]．北京：人民出版社，1972：308．
⑤ 馬克思恩格斯全集：第 25 卷 [M]．北京：人民出版社，1972：310-311．

10.1.2　商業利潤

(1) 商業利潤的來源及其實現形式。

商業資本家經營商品買賣所獲得的利潤，叫商業利潤。從表面上看，商業利潤似乎是商品在價值以上售賣的結果，是由名義上加價而獲得的，但這不過是一種假象。商業利潤的真正來源，是產業工人創造的剩餘價值的一部分。商業利潤只是剩餘價值的一種轉化形式，它體現了商業資本家和產業資本家共同剝削工人的關係。因爲單純的商品買賣活動，是不創造價值和剩餘價值的，商業利潤只能是來自產業資本占有的一部分剩餘價值的讓渡。這是因爲商業資本雖然不創造價值和剩餘價值，但它對商品交換起中介作用，能夠加快商品價值和剩餘價值的實現，如果沒有商業資本專門負責商品的買賣，產業資本就不能順暢、快速、低成本地實現自己的商品，甚至還要投資更多的資本和流通費用來推銷商品，結果導致利潤的減少。

商業資本不僅要獲得利潤，也要通過與產業資本競爭，獲得平均利潤。馬克思說：“所以在流通過程中獨立地執行職能的資本，也必須和在不同生產部門中執行職能的資本一樣，提供年平均利潤。如果商業資本比產業資本提供百分比更高的平均利潤，那麼，一部分產業資本就會轉化爲商業資本。如果商業資本提供更低的平均利潤，那麼，就會發生相反的過程。一部分商業資本就會轉換爲產業資本。”[①] 正是商業資本與產業資本之間的這種競爭，使商業部門與產業部門的利潤率平均化，形成了平均利潤率，商業資本也得到了平均利潤。

爲了說明商業資本參與利潤平均化的過程和商業利潤的實現形式，馬克思舉了以下例子：假設一年中預付的總產業資本是 $720C+180V=900$，$M'=100\%$，產品價值爲 $720C+180V+180m=1\,080$，平均利潤率爲 20%，這是商業資本未參與進來的平均利潤率。現在，又假定，除了 900 產業資本之外，又增加了 100 的商業資本，它和產業資本一樣要獲得平均利潤，這樣整個社會資本的平均利潤率就是 18%。按照這個 18% 的社會平均利潤率計算，100 商業資本在 $180m$ 中可以得到 18 的利潤；900 產業資本可得到 162 的利潤；於是，產業資本家售賣給商人的商品價格就不是 $1\,080$，而是 $720C+180V+162m=1\,062$。然後商人再按他的 100 資本所應得的 18 利潤加進去，即 $1\,062+18=1\,080$，這就是商人的售賣價格。商業資本家按此價格出售，從而獲得了平均利潤。所以，"商業資本雖然不參與剩餘價值的生產，但參與剩餘價值平均利潤的平均化。因此，一般利潤率已經意味著從剩餘價值中扣除了屬

[①] 馬克思恩格斯全集：第 25 卷 [M]. 北京：人民出版社，1972：314.

於商業資本的部分，也就是説，對產業資本和利潤作了一種扣除"①。

(2) 商品流通費用。

商業資本家爲了經營商品買賣，除了要預付資本購買商品之外，還必須支付一定的商品流通費用。這種流通費用也必須得到補償並取得平均利潤。依據馬克思的分析，商業資本支付的這部分流通費用，主要包括生產性流通費用與純粹流通費用兩種形式。生產性流通費用，是由於移動商品使用價值的位置和保存使用價值而需要的費用，包括保管、包裝、運輸、儲藏等方面的費用，他們是生產過程在流通領域的繼續和延長，可以增加商品的價值，這部分費用可以直接加到商品的價值中去，其補償是不成問題的。而純粹流通費用，是指單純由商品的買賣而耗費的費用，包括不變資本部分，如交易事務所、簿記、廣告、通信等方面的費用和可變資本部分即商業工人的工資。由於不增加商品的價值和剩餘價值，這些純粹流通費用的補償和獲利只能從產業資本占有的剩餘價值中扣除。爲了説明純粹流通費用的補償和獲利，仍沿用前例，只增加 50 的純粹流通費用。那麽，社會平均利潤率 =（180－50）/（900+100+50）= 12.38%。產業資本按照新的平均利潤率計算獲得的平均利潤爲 111.42，這樣，商品的出廠價格 = 900+900×12.38% = 1 011.42。同樣，商業資本也按照新的平均利潤率計算獲得的利潤爲 18.57，其中，50 純粹流通費用的利潤是 50×12.38% = 6.19，因此，商業資本的銷售價格 = 1 011.42+12.38+6.19+50 = 1 079.99，在這個銷售價格中，6.19 是純粹流通費用的獲利，50 是純粹流通費用的補償。可見，純粹流通費用的補償和獲利都是對社會剩餘價值的扣除，都在商品價值內得到實現。

在這裡，馬克思重點分析了商業可變資本的補償問題。在對商業可變資本的運轉過程及特點進行分析之後，馬克思明確指出：商業雇傭工人的工資與他們幫助資本家實現的利潤之間，不保持任何必要的比例。商業雇傭工人之所以能給資本家帶來利潤，不是因爲他們直接創造了剩餘價值，而是因爲他們的勞動幫助資本家降低了實現剩餘價值的費用，從而幫助商業資本家占有了剩餘價值的一部分。由此可見，流通費用對於產業資本家來講是一種破費，而對於商業資本家來講卻表現爲商業利潤的源泉。

10.1.3 商業資本的周轉

(1) 商業資本周轉的含義及特點。

商人先預付一定量的貨幣資本購買商品，然後把同一個商品轉賣出去，他預付

---

① 馬克思恩格斯全集：第 25 卷 [M]. 北京：人民出版社，1972：319.

的貨幣資本帶來利潤回到自己手中，這個過程的不斷循環反復，就是商業資本的周轉。商業資本周轉與產業資本的周轉有明顯的不同，商業資本周轉有自己的特點：一是商業資本的周轉只是商品資本的獨立化運轉，僅代表商品向貨幣的轉化，其運動公式是 G-W，W-G，因此它永遠處在流通領域，它的周轉時間只由流通時間即購買時間和銷售時間構成，而產業資本的周轉是生產過程與流通過程的統一，它的周轉時間是由生產時間和流通時間兩部分構成；二是在商業資本周轉中，同一商品兩次轉手，商品運動是貨幣流回到商人手中的媒介，而在產業資本周轉中，同一貨幣兩次轉手，貨幣運動是商品交換的媒介；三是商業資本的周轉始終只是表現買和賣的反復，而產業資本的反復周轉，則表現爲再生產過程（其中包括消費過程）的週期性和更新。但是，商業資本的周轉不能離開生產和消費，並且爲其所制約。商業資本周轉的第一個界限是生產時間，第二個界限是全部個人消費的速度和規模。商業資本的周轉和貨幣作爲單純流通手段的主要區別在於，前者"從流通中取得的貨幣總是比投入流通的貨幣多"，這就是它的周轉作爲資本的周轉所具有的特徵[①]。

(2) 商業資本周轉的作用。

商業資本的周轉對社會再生產、商品銷售價格和平均利潤率都有重要影響。

第一，商業資本周轉對社會再生產的影響。雖然商業資本的周轉受到社會再生產的制約，但它對社會再生產的反作用還是不可忽視的，有時甚至是巨大的。這主要表現爲商業資本可以在一定時期和限度內不受消費的制約，連續向產業資本購買商品，實現商品的合理囤積。而資本主義信用制度的發展，又使商業資本可以不受自有資本量的制約，支配社會總貨幣資本的一個部分，在商品超出合理囤積的範圍後，繼續向產業資本購買商品。而持續的購買，又會給產業資本產生一種虛假的需求，使產業資本的生產盲目膨脹起來。這時，商人和產業資本的營業非常活躍，消費似乎也興旺到了極點。"但是，在某一個看不見的點上，商品堆起來賣不出去了，或者是一切生產者和中間商人的存貨逐漸變得過多了。"[②] 一旦商人的資本回流緩慢，數量驟減，以致銀行催收貸款，商人債臺高築，"這時，強制拍賣，爲支付而進行的出售開始了。於是崩潰爆發了，它一下子就結束了虛假的繁榮"[③]。

第二，商業資本周轉對商品銷售價格的影響。一般地說，決定商品的銷售價格高低有兩個因素，即商品的生產價格和平均利潤率。產業資本的出廠價格是商品銷售價格的最低限，而平均利潤率的高低限定商品銷售價格的最高限，這兩個限制不是由商人的主觀願望決定的。但是，這並不意味商業資本周轉對商品銷售價格毫無作用。實際上，在平均利潤率既定，一定量商業資本獲得的利潤量不變的前提下，

---

① 馬克思恩格斯全集：第 25 卷 [M]. 北京：人民出版社，1972：339.
② 馬克思恩格斯全集：第 25 卷 [M]. 北京：人民出版社，1972：340-341.
③ 馬克思恩格斯全集：第 25 卷 [M]. 北京：人民出版社，1972：341.

商業資本周轉的速度，對商品銷售價格有直接的影響。商業資本周轉速度越快，它購銷的商品量就越多，單位商品內分攤的商業利潤就越少，商品的銷售價格就越低，反之則相反。例如，假定年平均利潤率爲15%，在一年周轉五次的情況下，對商品價格的加價是 15%/5 = 3%，而在一年周轉一次的情況下，對商品價格的加價是15%，由此可見，"商業加價的多少，在一定資本的商業利潤中，加到單個商品的生產價格上的部分的大小，和不同營業部門的商業資本的周轉次數或周轉速度成反比"①。所以，在商業經營上，薄利多銷，是商人遵循的一個原則。如果就單個商業資本家而言，他的資本周轉速度的快慢，對他的年利潤率有決定性的影響。馬克思說，如果個別商業資本周轉較快，利潤率更高，還可以進一步降低他的商品銷售價格，加速商品的銷售，以便增加自己的競爭力。

第三，商業資本周轉對利潤率的影響。商業資本周轉與產業資本周轉對利潤率的影響是不同的。產業資本的周轉速度越快，年利潤率就越高。商業資本則不同，由於商業資本不創造價值和剩餘價值，它周轉的快慢，並不直接影響利潤率的高低，只是間接地影響利潤率。這是因爲，對於商人資本來說，利潤率是一個已定的量，一方面由產業資本所生產的利潤量決定；另一方面由總商業資本的相對量決定，即由總商業資本同預付在生產過程和流通過程中的資本總額的數量關係決定。在利潤率既定的條件下，商業資本獲得利潤的多少，取決於商業資本在社會總資本中的比重，如果商業資本所占的比重越大，利潤就越高，所占比重越小，利潤就越低。從這個意義上說，商業資本參加了平均利潤率的決定。那麼，商業資本周轉的速度會影響商業資本在社會總資本中的比重，進而影響利潤率的高低。在社會總資本既定的條件下，商業資本周轉越快，商業資本的絕對量就越小，產業資本的絕對量就越大，生產的剩餘價值就越多，利潤率就越高，反之亦然。在產業資本和總剩餘價值量既定的條件下，商業資本周轉越快，商業資本的絕對量就越小，社會總資本就越少，利潤率也就越高，反之則相反。

10.1.4 貨幣經營資本

貨幣經營資本是商業資本的一種形式。貨幣在產業資本和商品經營資本的流通過程中所完成的各種純粹技術性的運動，當它們獨立起來，成爲一種特殊資本的職能，而這種資本把它們並且只把它們當作自己特有的活動來完成的時候，這種資本就轉化爲所謂的貨幣經營資本了。貨幣經營資本只與貨幣運動的技術要素有關，與商品形態的物質要素無關，其流通形式是 G-G′，其活動和商業經營資本相比，同樣

---

① 馬克思恩格斯全集：第 25 卷 [M]．北京：人民出版社，1972：348．

是一種不創造價值和剩餘價值的活動，其利潤是對產業資本產生的剩餘價值的一種扣除。

　　貨幣經營資本的各種職能，雖然是從貨幣本身的各種規定性中發展起來的，但是在資本主義生產條件下，又具有新的特徵和作用。一是貨幣經營業不僅僅是商品流通的單純結果和表現方式，即對貨幣流通起中介作用。貨幣流通作爲商品流通的一個要素，對貨幣經營業來說是既定的。貨幣經營業作爲媒介，擔任貨幣流通的各種技術性業務，使之集中、縮短、簡化。二是貨幣經營業不形成貨幣貯藏，只爲貨幣貯藏提供所需要的技術手段，從而使貨幣貯藏，即作爲支付手段和購買手段的準備金減少到它的經濟上的最低限度。三是貨幣經營業不購買貴金屬，只是在商品經營業買了貴金屬後對它的分配起中介作用。四是貨幣經營業在貨幣執行支付手段職能時，只是使差額的平衡易於進行，並且通過各種人爲的結算機構減少平衡差額所需要的貨幣量，但它既不決定互相平衡差額所需要的貨幣量，又不決定互相支付的聯繫，也不決定它們的規模。五是貨幣經營業在貨幣作爲購買手段時，不決定買賣的範圍和次數，它只能縮短買賣引起的各種技術活動，並由此減少這種周轉所必需的貨幣現金量。

10.2　商業資本理論的當代價值分析

　　在過去很長一段時間里，我國實行的都是計劃經濟體制。在這種體制下，資源配置和利用問題主要是靠政府指令性計劃來解決，產品的數量、品種、價格、消費和投資的比例、投資方向、就業及工資水平、經濟增長速度等均由政府的指令性計劃來決定。交換相對於生產處於次要地位，商業處於從屬地位，"生產什麼收購什麼，生產多少收購多少"，"一切以生產爲中心"，市場意識、商業意識淡薄。造成這種理論上的失誤，一個重要的原因就是對馬克思主義經濟理論的片面理解，《資本論》中的商業資本理論受到了不應有的忽視。改革開放以來，隨著社會主義市場經濟體制的逐步建立和商品流通體制改革的逐步深入，商業在我國經濟中的地位越來越突出，商品流通和商品交換越來越顯示出其對社會主義經濟發展的重要作用。在當前我國社會主義市場經濟體制改革不斷深化的條件下，馬克思的商業資本理論對於我們繼續深入改革商品流通體制，發揮商業尤其是電子商務的重要作用，仍具有重要的理論指導價值和實踐價值，我們應該不斷加強對《資本論》中商業資本理論的學習和研究。

10.2.1 當前我國商品流通領域面臨的問題

新中國成立以後，我國根據當時的國情，選擇建立了排斥市場機制的高度集中的計劃經濟體制。改革開放以來，我國大致經歷了"計劃經濟爲主、市場調節爲輔""有計劃的商品經濟""社會主義市場經濟"三個階段，流通領域改革大致可以分爲四個階段：1978—1984 年爲改革的起步階段。這一階段商品流通改革的重點是放開部分農副產品市場和對原國有商業企業進行擴權讓利。具體而言，包括國有商業企業內部經營機制和所有制改革，非公有制商業企業的發展，調整和改革部分農副產品、日用工業品和生產資料流通體制、價格體系，改變了國有獨家經商和渠道單一的狀況，初步形成了多種經濟成分、多條流通渠道、多種經營方式並存的局面。1985—1991 年爲改革的第二階段。在這一階段，在"有計劃的商品經濟"的政策和相關理論研究指引下，這一時期的商品流通體制改革在商業管理體制、企業內部體制、批發體制等方面繼續向前推進，正式形成了生產資料價格雙軌制。1992—2000 年爲改革向社會主義市場經濟轉變的階段。1992 年"社會主義市場經濟體制"改革目標的提出，標誌着中國改革開放和現代化建設進入了一個新的發展階段。經過 1992—2000 年的發展，商業經營主體更爲多元化，商品流通渠道不斷多樣化，商業企業經營管理制度日益現代化、科學化，產品價格逐步市場化，同時出現了超級市場、便利店、貨倉式超市、專賣店、郵購、網上商店等新型商業業態。社會主義的商品市場體系初建框架基本建立，同時對商品市場宏觀調控方面也進行了有益探索，基本上達到了黨的十四屆三中全會提出的培育商品市場的目標。2001 年至今屬於流通體制改革深化階段。目前我國已形成了國有、集體、個人及私營、外資多種所有制結構，大型百貨商店、超市、專業店、專賣店、便利店等多種業態，連鎖代理等多種經營方式共同發展的新型商業流通格局，尤其是電子商務、網路購物的蓬勃興起。儘管我國流通領域改革取得了這些巨大成就，但是，仍存在如下四個方面的問題。

（1）政府對商品流通市場的調控仍存在不到位、缺位和越位問題。

多年來，政府對商品流通市場的管理職能經過了不斷的調整，我國在市場化方面取得了明顯的進展。但是，我國各地區市場化程度還不均衡，上海和廣東的市場化水平最高，而浙江、江蘇、福建、北京、天津次之，青海和西藏的市場化水平最低。對食品安全、消費者利益保護等方面仍存在監控不到位，對一些流通領域存在的哄抬物價、壟斷經營等問題打擊不到位，有些地方、部門對市場運行又管得過多、過細，行政審批事項過多。在一些政府應當發揮作用的領域還存在"缺位"問題，如市場監管職能在一些地方、領域履行不到位；基本公共服務缺乏質量標準，數量有待增加。在一些本應由市場發揮作用的領域存在政府"越位"問題。商品市場的業態變遷是不以人的意志爲轉移的，不能違背客觀經濟規律，但是，有些地方採取強制措施，取締農貿市場，實行"農改超"，結果適得其反。此外，在政府是否應當組織各類評比，如何與行業協會協調關係，如何在流通領域理解"抓大放小"問題，如何理解國有企業"有進有退"，如何理解流通業是否爲競爭性行業，如何監管電子商務及網路購物等問題上，都有待深化認識，確立政府的明確職能定位。

（2）民族商業企業市場占有率偏低，受重視的程度不夠。

我國民族商業企業最大的競爭對手不是民族商業企業自身，而是外國商業企業。改革開放後，外國商業企業開始大規模開發中國市場，通過合夥、合資甚至獨資方式進入中國。民族商業企業關係着一個國家的經濟命脈，與國家工農業具有很強的關聯性，關係着國計民生，與人民生活息息相關。因此，我們必須重視民族商業企業的發展，民族商業企業必須控制一定的國內市場，否則在特殊時期（如饑荒、通貨膨脹、戰爭等），政府將對市場的投放失去控制力。加入WTO之後，我國對外資進入零售業實行全面放開，沒有地域、股權和數量的限制，因此，許多人認爲沒有必要強調民族商業企業的重要性，甚至有些地方政府把大量引進外資巨頭零售企業作爲自己的業績。其實，這是一種非常錯誤、非常危險的做法。我們必須從產業鏈的角度來認識外資進入對我國整個產業鏈的影響，必須清醒地認識到外資企業的潛在威脅性和真實威脅力。目前，我國已經涌現出一批知名的民族商業企業，它們正以資本爲紐帶，通過市場形成具有較強競爭力的跨行業、跨所有制和跨國經營的大企業集團。但是，也應該看到，我國民族商業企業和外國商業企業相比，市場占有率還偏低，這突出地表現在我國國有商業企業經濟效益不佳上。造成市場占有率偏低，經濟效益不佳的原因主要在於五個方面。其一，我國國有商業企業組織結構不合理，規模效益不大，缺乏靈活機動的經營體制，企業人工、場地、資金等生產要素成本和稅負過高。其二，我國國有商業企業在經營結構上缺乏優勢和特色。許多大中型民族商業企業沒有考慮自身的優勢和特色所在，片面理解多元化經營，把有限的資金投在房地產、開發工業項目上面，結果資金被積壓，不僅多種經營沒有發展起來，還嚴重影響主營業務，增加了企業的負擔，甚至導致企業虧損。其三，我國國有商業企業內部管理水平較低。相當一部分企業負責人缺乏現代市場經濟意識，還在用傳統的經驗和方法管理企業。許多企業管理不規範，無章可循、有章不循、違章不究的情況仍然存在。其四，我國國有商業企業物流費用高、效率低。我國的國有商業企業物流費用同發達國家的商業企業相比，費用偏高。據中國物流採購聯合會發布的《中國採購發展報告（2014）》，我國社會物流總費用占GDP比重爲18.0%，明顯高於發達國家。中間環節多、收費項目多、週期長，致使我國物流成本明顯偏高及效率低下，嚴重影響了商品流通速度、資金周轉速度和信息傳遞的速度,削弱了企業的市場競爭力。其五,電商業務運營效果不理想。近年來,電子信息技術的快速發展,深刻改變了人們的消費習慣和消費模式,多數傳統的商業企業客流減少、銷售放緩、盈利不佳。在此背景下,不少傳統的老牌商業企業也被迫加入電商潮流,但很多企業的電商業務運營效果並不理想。一方面,技術成本過高,人才缺乏;另一方面,運營成本過高,所謂的企業網上商城往往只是一個企業的展示平臺而已。

(3) 拉動有效消費需求的政策沒有充分發揮作用。

相對快速增長的投資需求,我國的有效消費需求略顯不足。造成消費乏力的原因有很多,包括城鄉居民的收入水平較低,不同階層之間的收入差距較大,消費者對未來支出不確定。而更為核心的問題是,多年以來,我國沒有形成一系列完整的國家促進消費增長的政策。由於我國存在長期的"二元結構",再加上農村居民收入在20世紀90年代中期以來的低速增長,農村居民購買力低下,致使農村市場的開拓尚未根本見效。增收促銷的政策效果不佳,農村整體偏低的消費結構與教育、醫療的高額支出形成鮮明對比,並對農村居民擴大消費產生了明顯的擠出效應。

(4) 我國商品流通的市場體系尚不夠完善。

商品流通總是在一定的環境中運行的,商品流通環境是指對商品流通產生影響的外在制約因素,包括社會環境和市場環境。商品流通的社會環境包括政治環境、經濟環境、法律環境、自然環境、人文環境、科技環境、國際環境等。商品流通的市場環境是指制約和影響商品流通活動的市場體系及其作用範圍。其中,市場體系的完善程度對於商品流通的合理運行有着極爲重要的作用。市場是商品流通活動的載體,發育完善的市場體系可以爲商品流通的發展提供良好的市場環境和運行條件。但是,目前我國市場體系尚不完善,難以適應產業轉型升級和經濟發展方式轉變的要求。具體表現在市場開放性不夠,部分領域存在不當準入限制;競爭公平性不夠,市場分割和地方保護現象時有發生;市場運行透明度不夠,人爲製造尋租空間;部分基礎產業和服務業價格尚未理順,存在嚴重扭曲;要素市場發育滯後,要素配置效率亟待提高,等等。

10.2.2 進一步深化流通領域改革,建立現代化的商品流通體系

按照馬克思商品資本理論的觀點,商業資本是生產者的商品資本獨立化的形式,是專門從事商品所包含的價值和剩餘價值實現活動的資本。商業資本本身既不創造價值,也不創造剩餘價值,屬於非生產性資本,但這並不意味着商業資本不重要,相反,無論從歷史還是現實情況來考察,從價值創造還是價值實現的角度來分析,商業對於社會經濟發展的作用都是顯而易見的。依據馬克思的論述,只要商業資本

的數量和規模保持在社會再生產所需要的比例和限度內，商業資本就會對社會經濟發揮其極大的促進作用。具體地講，商業的作用主要表現為：一是實現商品的使用價值與價值，從而實行社會生產的直接目的與社會目的；二是保證社會生產與再生產過程正常進行；三是引導與推動生產方式、經濟結構的調整與優化，保障社會生產與社會需求的良性循環；四是有助於社會經濟效率的提高；五是在市場供求格局不斷變化的前提下，更有利於展示其對生產發展的反作用。當前，我國鋼鐵、煤炭、水泥、玻璃、造船等行業存在程度不同的產能過剩，利用市場力量、政府力量化解庫存壓力是進一步提升經濟發展的必要任務。因此，我們應該採取措施，繼續深化商品流通領域改革，充分發揮商業資本的內在功能及社會作用。

（1）政府要有所為有所不為。

在深化流通領域改革時，要特別注意處理好政府和市場的關係，厘清政府和市場各自的作用邊界，解決好當前流通領域政府職能越位、缺位、不到位的突出問題。

首先，應持續深入推進流通領域的簡政放權，進一步激發市場社會活力。堅持數量和質量並舉，進一步簡化行政審批事項，全面清理前置審批和非行政許可審批事項，繼續取消不合理的資質資格許可事項和各類評比達標表彰項目，再次修訂政府核準的投資項目目錄，繼續完善"五證合一"的工商登記制度改革。出臺規範行政審批行為的指導性文件，推動各項行政審批明確標準、簡化程序、降低收費、提高效率。

其次，應強化和改進政府在流通領域的監管功能，包括標準的建立、行業的規範、企業的準入、市場秩序等方面，切實履行好政府管理職能。加強市場監管，着力創新監管方式，在加強事中事後監管和完善監管體系中使簡政放權順利推進。完善創新宏觀調控思路和方式，增強調控的前瞻性、針對性、協同性。

最後，堅持依法行政，着力建設法治政府。全面清理流通領域相關法規規章和規範性文件，及時提請全國人大修改有關法律，做到改革於法有據。完善行政執法程序，細化執法裁量標準。嚴格依據法律規範辦事，確保行政決策依法做出、行政權力依法行使、行政違法行為依法得到追究。

眾所周知，我們期望建設一個開放、競爭、公平和有序的市場環境，但是，距離我們的最終目標而言，政府有關部門仍然有許多工作要做，其中有的工作帶有開創性意義，比如規範網路購物等。

（2）推進民族商業企業改革，做強做大民族商業。

民族商業企業關係着一個國家的經濟命脈，與國家工農業具有很強的關聯性，關係着國計民生，與人民生活息息相關。因此，我們必須重視民族商業企業的發展。一方面，要防止外資企業壟斷某些業態，防止外資企業通過掠奪性定價，摧毀民族中小商業企業；另一方面，要採取措施推進民族商業企業改革，做強做大我國的民族商業，增強其市場競爭力。為此，需要從以下三個方面着手：

第一，按照公有制實現形式多樣化的思想改革國有商業企業的組織形式。國有商業所有制和其實現形式是有區別的兩個概念。所謂國有商業的所有制，是指其資產歸國家所有，是資產的歸屬問題。發展和狀大商業領域內的國家所有制經濟，始終堅持公有制的主體地位是建立市場經濟體制的保證，任何時候都不能動搖。所謂國有商業公有制的實現形式，是指在生產資料國家所有制前提下的企業財產的組織形式。同一種所有制在不同企業可以有多種實現形式，不同所有制的企業也可以採取同一種組織形式。企業只有選擇了合理的組織形式，才有可能充分地調動各個方面的積極性，使之充滿生機和活力。因此，我們應當積極探索與我國國有商業企業相適宜的組織形式。①對國有大型批發和大中型零售商業企業應積極推行現代企業制度。公司制是建立現代企業制度的基本組織形式。國有商業進行公司制改造，有利於企業的產權清晰、權責明確、政企分開、管理科學，提高企業和資金的營運效率，推動生產社會化和社會生產力的發展；還可以選擇一些商業企業進行內部員工持股的試點。②對國有小型商業應積極推行股份合作制。國有小型商業企業分布廣，規模小，更易於由勞動者直接充當投資主體和占有主體，適合推行股份合作制。這種股份合作制是國有小型商業企業在改制中廣大職工願意接受的這一新的集體所有制形式，它改變了國家所有制，卻仍然是公有制。這既符合生產力發展水平和職工群眾的認識水平，又強化了主人翁責任感，是一種值得提倡和鼓勵的公有制實現形式。③對不能實現股份合作制的國有小企業實行關、停、並、轉或破產。對經營困難、虧損嚴重、資不抵債、不能實現股份合作制的國有小企業，要區別不同情況，分別採取改組、合並、租賃或出售等形式，使小企業的改革真正落到實處。傳統國有商業的所有制，通過以上的分類改革，將形成主體多元化、組織形式多樣化的公有制實現形式，從根本上解決國有商業企業所面臨的深層次矛盾，使之最終成為自主經營、自負盈虧、自我發展、自我約束的法人實體和市場競爭主體。

第二，實行結構調整，力促成本降低，提高民族商業企業的競爭力。當前，我國商業企業突出的問題是經營規模小而分散，經營結構不合理，經營成本高、市場占有率偏低。我國商業企業必須以國內外市場為導向，以提高市場競爭力和市場占有率為目標，圍繞結構調整，實施大公司大集團戰略，使經營集團化、規模化。要以國有商業大中型企業為骨干，組建一批大型商業企業集團；要以核心企業為中心，大力發展連鎖經營，把分散各地的小企業聯合起來；要積極發展電子商務、連鎖制、代理制、物資配送、總經銷、總代理等現代流通組織形式和行銷方式；要採取措施，力促"三去一降一補"政策落實，尤其是適當降低商業企業流通環節用水、用電價格，完善路橋收費政策，規範市場準入收費，減少流通環節，大力發展第三方物流，掃清制約流通成本降低的地方性障礙。鼓勵企業苦練內功，嚴格企業管理制度，壓

145

縮經營費用，降低運營成本，提高場地、資金使用效率，提高企業競爭力。

第三，積極發展電子商務。進一步完善電子商務發展規劃，加快制定並完善電商行業的法律法規，確保電商行業快速、有序、健康發展。引導、鼓勵商業龍頭企業，依託品牌優勢，增強地域輻射力，在做大做強實體店的同時，適時調整經營策略，大力開拓網上交易，將網上銷售渠道與線下傳統銷售渠道有機結合起來，增加經營業態，增加體驗服務，爲消費者提供多元化的消費服務，充分發揮電商企業在市場信息發布、信息獲取與交換、管理效能、資源整合等方面的優勢，打破流通成本居高不下的壁壘。

（3）採取措施擴大內部消費需求。

世界經濟史的研究表明，發達國家在完成工業化進程之後，其經濟發展將逐步轉入以國內消費需求爲主導的內生型增長模式，經濟增長動力將逐步由投資主導型向消費主導型的模式轉變。應當說，無論是從適應經濟"新常態"的現實需求看，還是從長遠發展的根本目的看，我國都須將擴大內需特別是擴大消費需求放到更加重要的位置。具體措施如下：

第一，切實增加居民收入水平，提高居民消費來源，解決居民"能"消費的問題。一是提高勞動者報酬在初次分配中的比重，積極引導勞動者工資收入的合理增長，多渠道促進農民增加收入；二是提高居民收入在國民收入分配中的比重，進一步完善多層次的資本市場體系建設，提高居民的紅利、股息、利息、土地權益等財產性收入；三是積極落實擴大就業政策，擴大就業是提高收入來源的根本所在，要努力解決好高校畢業生、新生代農民工、復轉軍人等群體的就業難題，增強居民的整體收入水平。

第二，健全社會保障體系，增強居民消費預期，解決居民"敢"消費的問題。一是改革公共財政體制，按照有利於實現基本公共服務均等化的要求，建立健全基本公共服務財政投入穩定增長的長效機制；二是加強保障房建設，逐步完善住房保障體系，放寬提取公積金房租條件，降低租房支出在居民消費中的比重；三是深化醫療衛生體制改革，提高醫療保險保障水平，全面推開大病保險；四是深化教育體制綜合改革，取締"擇校費"等不合理收費，改善民辦教育辦學環境，解決好"上學難"問題，加強對教育收費的管理，消除居民對教育收費及其合理增長的不確定感，抑制這方面的儲蓄增長因素，增加現期消費傾向。要把握好各項社會保障制度改革出臺的時機、力度及輿論導向，盡力穩定居民收入與消費不斷增長的心理預期。

第三，培育潛在消費熱點，釋放居民消費潛力，解決居民"樂"消費的問題。大力推進各類消費型商品的智能升級，切實提高質量，促進內需；重點支持推進信息消費、綠色消費、休閒消費、家政消費等消費熱點領域。當前，品牌消費、體育消費、養老消費等消費新業態方興未艾，要加快推進這些消費熱點領域的政策細則出臺，加緊落實各項支持措施，爲培育"擴需新常態"營造良好的政策條件。

(4) 健全現代市場體系，加強市場管理。

黨的十八屆三中全會通過的《關於全面深化改革若干重大問題的決定》中指出："建設統一開放、競爭有序的市場體系，是使市場在資源配置中起決定性作用的基礎。必須加快形成企業自主經營、公平競爭、消費者自由選擇、自主消費，商品和要素自由流動、平等交換的現代市場體系，着力清除市場壁壘，提高資源配置效率和公平性。"商品市場是搞活流通的物質基礎，市場的發達程度直接影響到商品流通數量的多少、周轉快慢，以及流通高低。因此，要進一步加強商品市場建設，創建和完善統一的市場體系。

第一，創建國家級批發市場網路和規範化的期貨市場。通過創建一批國家級批發市場，將其觸角延伸到各個區域市場，形成影響全國範圍商品生產和商品行銷的導向、調控機制。創建規範化的期貨交易市場是發展大商業、搞活大流通、建立大市場的客觀需要，同時也是國內市場與國際市場接軌的需要。規範期貨交易行爲，有利於指導購銷，可以對未來市場供求變化情況進行預測，及時分散市場風險。國家級批發市場、規範化的期貨交易市場，再加上區域批發市場和城市批發交易中心，構成全國統一市場的批發網路。

第二，培育和完善各類生產要素市場。生產要素市場是市場體系中層次較高、對經濟運行有重大影響的市場，包括金融市場、勞動力市場、技術市場、信息市場、房地產市場等。金融市場是整個市場體系的樞紐，它指的是貨幣資金的自由流通，包括貨幣資金借貸和各種有價證券買賣。勞動力市場是勞動力資源的供求通過市場機制來配置。技術市場是科技成果自由、有償轉讓的市場，是連接科技研究和生產建設的橋樑和紐帶，它推動科技成果流向生產，促進科研單位和科技人員爲經濟和社會發展服務，使科學技術轉化爲現實生產力。信息市場是信息作爲商品進行交換的市場。房地產市場包括房產市場和地產市場。產權市場指的是企業兼併、出售、拍賣、租賃、股權轉讓、閒置資產調劑等產權交易的市場。生產要素市場的培育和發展，是發揮市場在資源配置中的基礎性作用的必要條件，是發展社會主義市場經濟的必然要求。市場體系是一個不可分割的有機統一體，由各種相對獨立的商品市場和生產要素市場形成。從靜態角度看，市場體系是商品、資金、技術、勞務、信息、房地產等各類市場的統一；從動態角度看，市場體系還包括各類市場及其構成的統一體運動、變化、發展的運行機制和管理調控機制。隨著社會主義市場經濟體制的確立，我國的商品市場日益完善，市場功能日趨擴大。資金、技術、勞動力、信息、房地產等漸漸地在市場上交易，並由此發展成了金融市場、技術市場、勞動力市場、信息市場、房地產市場等，這就是生產要素市場。這些要素市場構成的統一體，在整個國民經濟中起着十分重要的作用。

第三，提高市場監管能力，改善居民消費環境。從目前來看，消費者十分關註消費環境的建設與改善，尤其是國內對食品安全的監管不力，已經嚴重地影響了國計民生。從"蘇丹紅"到"還原奶"，一切都與"病從口入"相關，一切都與"民生"相關。應創新政府對市場監管的方式，堅決杜絕各種欺行霸市、假冒偽劣、虛假廣告等行爲或現象，強化對食品、藥品、日化品等商品市場的監管；適當放寬中小型消費信貸企業的準入門檻，在風險可控的前提下，支持中小型消費信貸企業的發展；加大針對社會失信行爲的立法和執法力度，推進消費品安全立法，嚴懲"黑心"食品、旅遊"宰客"等行爲；完善社會信用體系建設，加強各類企業及個人信用信息互聯互通，鼓勵誠信經營。

11 資本論中金融理論及其當代價值

11.1 《資本論》中的金融理論

金融是什麽？有說金融的本質是共享、共贏，也有說金融的本質是讓窮者更窮，讓富者更富。其實，金融是一種工具，是一種實現社會資源、財富分配的工具。金融，作爲一種工具本無善惡之分，如槍的使用一樣，用得好可以保家衛國，推翻暴政；用得不好，卻可能傷及無辜性命。金融，從廣義上說，古已有之，而且也不是人所獨有。比如，在原始社會群居生活中，個體甲今次沒狩到獵物，但依然可以得到群體分配的獵物，下次甲狩到獵物，也要分配給其他個體，這個分配的過程類似於期權。動物世界中，螞蟻不自覺地也運用到了期權。隨著人類社會形態的演變，金融的定義也在變化，並且變得更加具體。進入市場經濟，市場經濟賦予金融新的定義和功能。金融是市場經濟中貨幣、資本融通和信用制度的總稱，是實現社會資源配置和國民經濟再生產運動的中介，金融機制的順暢與否關係到社會再生產的健康運行。馬克思通過對資本主義生產與再生產過程的剖析，提出了貨幣理論、利息理論、信用理論、虛擬資本理論以及金融危機理論，建立起了自身完備的金融理論。

11.1.1 貨幣理論

貨幣是金融的重要組成部分，對貨幣的認識決定着其對金融活動的認識。馬克思的金融理論也是建立在其獨特的貨幣理論基礎上的。馬克思在《政治經濟學的批判》和《資本論》的第一卷中詳細論述了他對貨幣的認識，他闡述了貨幣的來源，貨幣形式的發展，揭示了貨幣形式的發展如何使人們對市場經濟產生神秘感，從商品拜物教發展到貨幣拜物教。馬克思從貨幣的起源、貨幣的本質、貨幣的職能、貨幣的規律等方面科學地闡釋了貨幣，建立起了科學的貨幣理論。

（1）貨幣的起源和本質。

對於貨幣的起源問題，亞當·斯密和大衛·李嘉圖都曾做過認真的研究，但受限於資產階級的立場、觀點和方法，他們沒有能夠科學地闡釋貨幣的起源問題，當然也就不能科學地揭示貨幣的本質。貨幣的本質是什麼？這是貨幣理論必須解答的核心問題。馬克思運用歷史唯物主義和辯證唯物主義的觀點和方法，透過現象看本質，從商品生產和商品交換的實際出發，通過對商品價值形式的歷史考察，揭示了貨幣的起源及貨幣的本質，認為貨幣是固定充當一般等價物的特殊商品，它體現了商品經濟條件下的社會矛盾，是在物的外殼掩蓋下的一種社會生產關係。

貨幣是商品經濟發展的必然產物，是商品內在矛盾的必然結果，也是價值形式不斷發展的產物。商品經濟是以交換為目的而進行生產的經濟形式，它是一定歷史條件下的產物。商品經濟產生的兩個歷史條件：一是生產資料和勞動產品分屬於不同的所有者，二是社會分工的出現。"隨著生產分為農業和手工業這兩大主要部門，便出現了直接以交換為目的的生產，即商品生產。"① 在原始社會解體過程中，不僅社會分工發展了，而且產生了私有制。在私有制下，生產資料和勞動產品歸私人占有，一個人要想得到別人的產品以滿足自己的需要，必須進行交換。這樣，以商品生產與商品交換為經濟形式的商品經濟就產生了。商品經濟是一個漸進的過程，初始只是簡單的物物交換，這種物物交換制約著商品經濟的發展。後來，出現了以貨幣為媒介的商品流通。可見，貨幣是商品經濟發展的必然產物。馬克思認為，商品具有二因素：使用價值和價值。使用價值是指商品的有用性，它是商品的自然屬性，是構成社會財富的物質內容。馬克思指出："不論財富的社會的形式如何，使用價值總是構成財富的物質的內容。"② 使用價值是交換價值的物質承擔者，使用價值必須通過交換才能滿足他人和社會的需要。交換價值，即一種使用價值與另一種使用價值相交換的比例。決定交換價值的不是使用價值，而是價值。商品的價值指凝結在商品中的抽象勞動。價值體現了一定的社會關係，是商品的社會屬性。可見，商品是使用價值與價值的矛盾統一體。商品交換按照等價交換原則進行，在交換中，必須要有一種一般等價物作為媒介，於是作為商品交換中的一般等價物的貨幣就應運而生了。貨幣是商品價值形式的成熟形式，商品的價值表現形式是一個不斷發展和完善的過程：從簡單的或偶然的價值形式到總和的或擴大的價值形式，再到一般價值形式，最後才到貨幣形式。

貨幣是固定地充當一般等價物的特殊商品，是物的外殼下的社會關係。馬克思堅持從歷史出發來研究貨幣，不僅揭示了貨幣的起源，而且揭示了貨幣的本質。通過對商品經濟歷史過程的研究，馬克思發現，貨幣雖然是商品，但不是普遍的商品，而是固定地充當一般等價物的特殊商品。貨幣不是從來就有的，而是在商品交換過

---

① 馬克思恩格斯選集：第4卷［M］．北京：人民出版社，1995：163．
② 馬克思恩格斯全集：第44卷［M］．北京：人民出版社，2001：49．

程中自發形成的價值形式。商品是貨幣的前提，貨幣的產生，使商品世界分裂爲兩極：一極是繁雜的各種各樣商品，另一極則是貨幣。商品的內在矛盾表現爲商品與貨幣的外部對立。從表面看，貨幣是一種商品，是物。從本質上看，貨幣不是物，而是物的外殼掩蓋下的商品生產者之間的關係，即商品經濟條件下的社會關係，這就是貨幣的本質所在。

（2）貨幣的職能與貨幣的流通規律。

人們爲什麼需要貨幣？貨幣在社會生活中是怎麼發揮作用的？這是貨幣理論必須回答的重要問題。馬克思從商品經濟發展的歷史事實出發，運用歷史與邏輯相統一的方法，在揭示貨幣的起源和本質的基礎上全面而深刻地闡述了貨幣的職能以及貨幣的流通規律。貨幣的職能是指貨幣的社會經濟作用，是貨幣本質的具體表現形式。

貨幣的職能是指貨幣的社會經濟作用，它是貨幣本質的具體表現形式。貨幣的主要職能有五個。①價值尺度，是指貨幣可以作爲衡量和計算一切商品價值大小的標準，貨幣在充當價值尺度時，是觀念上的貨幣。②流通手段，即貨幣充當商品交換的媒介。執行流通手段的貨幣一定是現實的貨幣。以貨幣爲媒介的商品交換是商品流通，貨幣作爲商品流通媒介的不斷運動就是貨幣流通。商品流通是基礎，貨幣流通是商品流通的表現。此職能帶來了產生經濟危機的可能性。③貯藏手段，即貨幣推出流通過程，當作社會財富的一般代表貯藏起來的職能，要執行貯藏手段的職能，貨幣必須是足值的金屬貨幣。在私有制商品交換中，貯藏手段職能對調節貨幣的流通量起蓄水池的作用。④支付手段，是指貨幣被用來清償債務或支付稅金、租金、工資等職能。貨幣充當支付手段造成賒銷買賣形成的債券債務關係，擴大了發生經濟危機的可能性。⑤世界貨幣，是指貨幣在世界市場充當一般等價物的職能。隨著國際貿易的發展，貨幣超出國界在世界市場上發揮作用，擁有了世界貨幣的職能。從歷史看，價值尺度和流通手段是貨幣最基本的職能。從邏輯上看，貨幣必須首先完成價值尺度，才能進而執行流通手段的職能，進而才有其他三個職能。

貨幣的流通也必須遵循規律。①金屬貨幣的流通規律，即決定在一定時期內流通中的貨幣需求量的規律。流通中的貨幣需求量與商品價格總額成正比，與貨幣流通速度成反比。在一定時期內，需要多少充當流通手段的貨幣量，是由三個因素決定的，即商品總量、價格水平、貨幣的流通速度。流通中需要的貨幣量＝商品價格總額/貨幣流通速度。②紙幣流通規律，紙幣的發行量必須與流通中所需要的金屬貨幣量適應。如果紙幣發行量符合流通中所需要的金屬貨幣量，則紙幣與金屬貨幣量具有同樣的購買力；如果紙幣發行量超過流通中需要的金屬貨幣量，其結果是紙幣貶值，物價上漲，產生通貨膨脹；如果紙幣發行量少於流通中所需要的金屬貨幣量，導致貨幣升值，物價下跌，產生通貨緊縮。

11.1.2 利息理論

馬克思批判地繼承了古典政治經濟學的研究成果並加以革命性的改造，建立了勞動價值理論和剩餘價值理論，在此基礎上揭示了利息的本質，形成了科學的利息理論。

（1）利息的來源及本質。

馬克思以生息資本爲切入點對利息進行分析，指出"生息資本的形成，它和產業資本的分離，是產業資本本身的發展、資本主義生產方式本身的發展的必然產物。"① 馬克思認爲利息是與借貸資本相聯繫的一個範疇，借貸資本是生息資本在資本主義生產方式下的一種具體形態。在資本主義生產方式下，隨著商品經濟的發展產生了貨幣資本的閒置和對閒置的貨幣資本的需求。在閒置的貨幣資本分屬於不同的所有者的情況下，必然出現借貸行爲。利息就是借用貨幣資本的代價。

"貨幣……在資本主義生產的基礎上能轉化爲資本，並通過這種轉化，由一個一定的價值變成一個自行增殖、自行增加的價值。它會生產利潤，也就是說，是資本家能夠從工人那里榨出一定量的無酬勞動，剩餘產品和剩餘價值，並把它據爲己有。這樣，貨幣除了作爲貨幣具有的使用價值之外，又取得了一種追加的使用價值，即作爲資本來執行職能的使用價值。在這里，它的使用價值正在於它轉化爲資本而生產的利潤。"② 在借貸資本家把貨幣資本貸放給產業資本家後，貨幣在產業資本家手中轉化爲資本，從而完成 $G-W-G'$ 的運動。作爲已經擴大了的 G'，在運動中又流回到產業資本家手中，然後產業資本家又將其中的一部分 $G+\Delta G$ 歸還給借貸資本家，其中，ΔG 代表利息，即使用貨幣資本的報酬。這是生息資本本身所表現的運動的一般過程，表示爲 $G-G'$。然而在生息資本的運動過程中，一切都表現爲表面的東西，所看到的只是貨幣的貸出和償還，是生產更多貨幣的貨幣，是自行增殖的價值，完全掩蓋了生息資本整個運動中最本質的內容，即利息的真正來源。馬克思則指出生息資本是資本關係所取得的最表面、最富有拜物教性質的產物，從而揭示了利息的真正來源和本質。

馬克思指出，"貸出者和借入者雙方都是把同一貨幣額作爲資本支出的。但它只有在後者手中才執行資本的職能。同一貨幣額作爲資本對兩個人來說取得了雙重的存在，這並不會使利潤增加一倍，它之所以能將雙方都作爲資本執行職能，只是由於利潤的分割，其中歸貸出者的部分叫作利息"③。"利息最初表現爲、最初是、

---

① 馬克思恩格斯全集：第26卷 [M]．北京：人民出版社，1956：52．
② 馬克思．資本論：第三卷 [M]．北京：人民出版社，1975：378．
③ 凱恩斯．勸說集 [M]．蔡受百，譯．北京：商務印書館，1962：244-245．

並且實際上始終不外是利潤即剩餘價值的一部分……事實上，只有資本家分爲貨幣資本家和產業資本家，才使一部分利潤轉化爲利息，一般地說，才創造出利息的範疇。"① 因此，"利息不外是一部分利潤的特別名稱，特別項目"②。而這里所說的"利潤的特別項目"，則是指平均利潤。利息，"即平均利潤中不是留在執行職能的資本家手中，而是落在貨幣資本家手中的部分"③。馬克思通過對利息的來源的考察，進一步揭示了利息的本質。他認爲，利息本質上是剩餘價值的轉化形式，來源於產業工業的剩餘勞動，是產業資本家爲了取得貨幣資本能夠帶來利潤的權利而支付給借貸資本家的報酬，它是平均利潤的一部分。馬克思關於利息的本質的論述，體現了資本主義社會中借貸資本家和職能資本家共同占有剩餘價值的實質，揭示了資本家對工人階級的剝削關係。"利潤本身就成爲利息的最高界限，達到這個最高界限，歸執行職能的資本家的部分就會等於零"④，這里的利潤是指平均利潤，利息是平均利潤的一部分，因此平均利潤就構成利息的最高界限。"利息的最低界限則完全無法規定。它可以下降到任何程度。"⑤ 因此，利息的界限是：0 < 利息 < 平均利潤。

（2）利息率及利息率的影響因素。

"在馬克思那里，利息率有兩種含義：一種是利息與生息資本在數量上的比例關係，另一種是由利息與總利潤的比例關係所表明的利潤率，或者說利息率是總利潤中的一定比例。後一種表述用數學公式表示爲：利息率＝利潤率×利息在總利潤中的比例"，"從後一種含義上去理解利息率，表明利息是利潤的一部分"⑥。由於利潤在職能資本家和借貸資本家之間的分攤，因此0 < 利息 < 平均利潤，從而一般來說0 < 利息率 < 平均利潤率。利息率由平均利潤率決定，隨平均利潤率的變動而變動。"利息率總是由一般利潤率決定，而不是由可能在某個特殊產業部門內占統治地位的特殊利潤率決定，更不是由某個資本家可能在某個特殊營業部門內獲得的額外利潤決定。"⑦ 若其他條件不變，平均利潤率越低，利息率越低；反之，則利息率越高。利息率的變化不是完全由利潤率決定，它會受資本市場資本的供求狀況影響。因此，馬克思說："利息率也可以完全不以利潤率的變動爲轉移而具有下降的趨勢。"⑧ 馬克思認爲，一般而言，利息率取決於平均利潤率，但也"部分地取決於總

---

① 馬克思. 資本論：第三卷 [M]. 北京：人民出版社，1975：415.
② 馬克思. 資本論：第三卷 [M]. 北京：人民出版社，1975：379.
③ 馬克思. 資本論：第三卷 [M]. 北京：人民出版社，1975：392.
④ 馬克思. 資本論：第三卷 [M]. 北京：人民出版社，1975：401.
⑤ 馬克思. 資本論：第三卷 [M]. 北京：人民出版社，1975：401.
⑥ 曾康霖，鄧映翎. 利息論 [M]. 成都：西南財經大學出版社，1990：54-55.
⑦ 馬克思. 資本論：第三卷 [M]. 北京：人民出版社，1975：409.
⑧ 馬克思. 資本論：第三卷 [M]. 北京：人民出版社，1975：405.

利潤分爲利息和企業主收入的比例"，"取決於資本的貸出者和借入者之間的競爭"①。若供過於求，則利息率低；若供低於求，則利息率高。"借貸資本的供給和借貸資本的需求之間的關係，決定着當時市場的利息狀況。"② 若借貸資本供求平衡，則利息率可能受習慣和法律傳統等因素的影響，如馬克思所言："習慣和法律傳統等都和競爭本來一樣，對它的決定發生作用。"③

馬克思分析到借貸資本的供求會影響利息率，同時也分析了借貸資本的供求的影響因素，"毫無疑問，在物質資本的供給和貨幣資本的供給之間，有一種看不見的聯繫；同樣毫無疑問，產業資本家對貨幣資本的需求，是由實際生產情況決定的"④。借貸資本的供求變化受不同的經濟形勢影響，換言之，利息率的變動會受到經濟週期的影響。同時，利息率也會受到風險和貸款期限的影響，"利息率本身隨著借款人提供的擔保品種類不同，隨著借款時間的長短不同，也會不斷地發生變動"⑤。

(3) 利息率的作用。

馬克思在分析經濟週期的變動對利息率變動的影響時，指出利息率的變動是經濟週期變動的結果，通過改變利率並不能平抑經濟波動，利息率的高低不能直接調節宏觀經濟，但他並沒有否認利息率的經濟作用。他認爲，利息率可以通過影響產業資本家的利潤收入來影響他們的經營，即對企業的生產經營具有調節作用。

馬克思指出，利息是平均利潤的一部分，利潤在分割爲利息和企業利潤（企業主收入）兩部分後，"假定平均利潤已定，企業主收入率就不是由工資決定，而是由利息率決定。企業主收入率的高低與利息率成反比"⑥。也就是說，利息率越高，企業主收入就越少。在這種情況下，企業家爲了獲得更多的利潤，就必須不斷地提高生產率，節約成本，以使其利潤率高於平均利潤率而獲得超額利潤。因此，高利息率會對企業的生產經營起促進作用。企業作爲宏觀經濟的微觀基礎，企業生產經營順利，有助於整個宏觀經濟的發展。可見，馬克思是從微觀領域對宏觀經濟的影響來看利息率的經濟作用的。

11.1.3　信用理論

在論述了其貨幣理論、利息理論之後，馬克思在《資本論》的第三卷中對信用

---

① 馬克思. 資本論：第三卷 [M]. 北京：人民出版社，1975：405-406.
② 馬克思. 資本論：第三卷 [M]. 北京：人民出版社，1975：410.
③ 馬克思. 資本論：第三卷 [M]. 北京：人民出版社，1975：408.
④ 馬克思. 資本論：第三卷 [M]. 北京：人民出版社，1975：473.
⑤ 馬克思. 資本論：第三卷 [M]. 北京：人民出版社，1975：409.
⑥ 馬克思. 資本論：第三卷 [M]. 北京：人民出版社，1975：426.

理論進行詳細的闡述。馬克思從信用的界定、信用的形式、信用的作用等方面對信用進行闡釋，建立起了完整的信用理論。

(1) 信用的界定。

在《資本論》第三卷第五篇中，馬克思通過對借貸資本的流通過程進行分析，認爲信用"這個運動——以償還爲條件的付出——一般地説就是貸和借的運動，即貨幣或商品的只是有條件的讓渡的這種獨特形式的運動。"[①] 於是，馬克思將信用定義爲"就是貸和借的運動"，認爲信用是以償還爲條件的一種借貸行爲，並引用圖克對信用的描述："信用在它的最簡單的表現上，是一種適當或不適當的信任，它使一個人把一定的資本額，以貨幣形式或以估計爲一定貨幣價值的商品形式，委托給另一個人，這個資本額到期後一定要償還。如果資本是用貨幣貸放的，也就是用銀行券或用現金信用，或用一種對顧客開出的支取憑證貸放的，那麽就會在還款額上加上百分之幾，作爲使用資本的報酬。如果資本使用商品貸放的，而商品的貨幣價值已經在當事人之間確定，商品的轉移形成出售，那麽，要償付的總額就會包含一個賠償金額，作爲對資本的使用和對償還以前所冒的危險的報酬。"[②] 進一步説明信用的一般特點，信用是一種"適當或不適當的信任"，它使一個人把一定的資本額或價值一定資本額的商品委托給另一個人，到期後要償還，而且償還的資本數量要加上一部分作爲報酬。

馬克思認爲信用是一種借貸運動，是從經濟層面進行界定的；同時，信用以借貸雙方的相互信任爲前提，信用又具有倫理意義，只不過這裏的信任是异化了的信任，在信任的假象下面隱藏着極端的不信任，因爲這裏的信任只給予有錢人。所以馬克思是從經濟和倫理兩個層面界定信用的。

(2) 信用的形式。

馬克思還論述了信用形式，包括私信用、公共信用和國際信用。馬克思在其經濟學巨著《資本論》中論述的信用理論只是"六册書"信用理論計劃中的一部分，即私信用。至於公共信用和國際信用則是根據馬克思提示在"六册計劃"中所要涉及的內容進行的總結。

①私信用。私信用包括商業信用和銀行信用。商業信用是職能資本家之間以賒銷商品的方式向彼此提供的信用。它作爲信用制度的基礎，能夠促進商品流通，加速資本周轉，節約流通中所需要的貨幣和費用，擴大資本主義的生産。商業信用，"即從事再生産的資本家互相提供的信用。這是信用制度的基礎。它的代表是匯票，是一種有支付期限的債券，是一種延期支付的證書。每一個人都一面提供信用，一

---

① 馬克思. 資本論：第三卷 [M]. 北京：人民出版社，1975：390.
② 馬克思. 資本論：第三卷 [M]. 北京：人民出版社，1975：452.

面接受信用"①。商業信用有三個特點：一是被貸出的資本是處於生產過程中的生產資本或商品資本，以交易方式從一人手中轉移到另一人手中，且約定時間由買者還本付息；二是債權人和債務人都只能是職能資本家；三是信用的擴張和收縮與生產同步，即在資本主義經濟週期的繁榮階段，生產擴大，商業信用也隨之擴張，而在蕭條期，生產下降，商業信用也隨之收縮。商業信用的上述特點也限制了其作用的範圍，具有極大的局限性。一方面，商業信用的量受到產業資本家擁有的資本量的限制。馬克思說："在這裡，信用的最大限度，等於產業資本的最充分的動用，也就是等於產業資本的再生產能力不顧消費界限的極度緊張。"② 另一方面，商業信用要受商品流通方向的限制。商業信用只能是在商品流通過程中的前一階段向後一階段提供信用，如麵粉加工廠向麵包加工廠提供信用，而麵包加工廠一般就不能向麵粉加工廠提供商業信用。

銀行信用是銀行向職能資本家提供的信用。銀行作爲借貸資本運動的中介，提供信用來清償貸進和貸出的差額，使相當大的一部分交易不用貨幣。銀行信用是隨着商業的發展而發展起來的，因爲銀行信用的發展與貨幣經營業的發展聯繫在一起，而在資本主義生產中，貨幣經營業的發展又和商品經營業的發展齊頭並進。銀行信用突破了商業信用的局限性，它提供的信用既不受單個私人資本的限制，又不受商品流轉方向的限制，它能廣泛地集中社會的閒置貨幣資本，提供數量更大、時間更長、範圍更廣的信用。所以，無論在規模、期限和範圍上，銀行信用都極大地超過了商業信用。銀行的信用業務主要包括兩方面：一方面是負債業務，即以吸收存款方式借入資金。存款主要來自四個方面：職能資本家閒置的貨幣資本；食利階層的貨幣資本；一切階級的貨幣積蓄和暫時不用的貨幣；單位和個人各種"只是逐漸花費的收入"。另一方面是資產業務，即對外提供信用和投資。主要方式包括：期票貼現、抵押貸款、信用貸款、存款透支、承購公私債券、買賣有價證券和黃金以及外匯、購買股票向企業投資、發行銀行券等。銀行提供信用，不局限於採取貨幣形式，還可以發行銀行券。銀行券是"向銀行家開出的、持票人隨時可以兌現的、由銀行家用來代替私人匯票的一種匯票"③。它是資本主義國家發行的一種真正的信用貨幣。

②公共信用。公共信用或稱作國家信用。相對於一般信用，公共信用所具有的特殊規定性體現爲：在公共信用制度的運作中，國家是債務人，定期給債權人利息，國債、國庫券本身所表示的資本已經被國家花掉了，此時，債權人只能把債權收益看作是自己資本的利息，這個利息也就是資本化的收入。公共信用促使貨幣轉化爲

---

① 馬克思. 資本論：第三卷 [M]. 北京：人民出版社，1975：542.
② 馬克思. 資本論：第三卷 [M]. 北京：人民出版社，1975：546.
③ 馬克思. 資本論：第三卷 [M]. 北京：人民出版社，1975：454.

資本，在資本主義的原始積累時期，公共信用都是"資本的信條"，是貨幣轉化爲資本的強有力手段，它能夠盡可能地集聚社會閒散貨幣，促進資本的積累，這證實了馬克思說的，"國債資本的積累不過是表明國家債權人階級的增加，這個階級有權把稅收中的一部分數額預先劃歸自己所有"①。

同時，公共信用與賦稅制度也有聯繫，表現爲公共信用制度是賦稅制度進一步發展的形式，賦稅制度同時又是公共信用制度必要的補充形式。具體來說，一方面，借債使政府可以抵補額外的開支，而債務最終還是要通過提高稅收來償還，但納稅人又不會立即感到負擔。另一方面，"由於債務的不斷增加而引起的增稅，又使政府在遇到信貸額外開支時，總是要借新債"②。這兩方面相互作用，使資本主義國家在推行公共信用制度的同時，必須用賦稅制度作爲補充；而由此引起的增加賦稅的結果，又將導入新一輪的國債發行。

公共信用的發展還造成了三個顯著的後果：一是公共信用的出現，易於產生一些食利者階級，並使其中的大金融家大發橫財，每次國債的一大部分就像從天而降的餡餅落入包稅者、商人和私營工廠主口袋里；二是公共信用也促使交易投機和現代銀行統治發展起來，因爲國債的發行及其流通，必然使股份公司以及各種有價證券的交易、投機成爲可能；三是在國家參與下，公共信用成爲資本主義金融市場發展的重要力量。

③國際信用。關於國際信用，馬克思主要論述了國際信用體系與世界市場的關係。馬克思認爲，殖民制度以及海外貿易和商業戰爭是公共信用制度產生的温室，信用在世界市場上獲得了更充分的發展。而在信用制度產生之後，又加速了"生產力在物質上的發展和世界市場的形成"。可見，世界市場促進了信用制度的建立。反過來，信用制度的建立又加強了各國之間的經濟聯繫，爲世界市場的發展創造了有利條件。但是，同時也暴露出了國際信用體系在金本位制下的弊端，即信用在世界市場上的發展，是形成世界市場危機的一個重要因素。馬克思指出，在國與國之間的商品交換中，存在兩種差額：貿易差額和支付差額。兩者的區別是，進行貿易的兩國之間的貿易差額最後必須相抵消，但支付差額對一國來說還可能是順差或逆差。當世界市場上出現普遍危機時，"支付差額對一切國家來說，至少對商業發達的國家來說，都是逆差"③，這種逆差是按着支付序列先後發生的，並且一個國家爆發了危機後，會把支付限期的序列壓縮到一個非常短的期間內，那麼這個國家就會出現這樣的現象：出口和進口同時出現過剩，物價上漲，信用過度膨脹，接着就會發生崩潰。

---

① 馬克思. 資本論：第三卷 [M]. 北京：人民出版社，1975：539-540.
② 馬克思恩格斯全集：第 23 卷 [M]. 北京：人民出版社，1975：824.
③ 馬克思. 資本論：第三卷 [M]. 北京：人民出版社，1975：557.

11.1.4 虛擬資本理論

虛擬資本理論是《資本論》中的重要組成部分，也是馬克思經濟學的重要概念。馬克思在對資本主義信用進行完整科學論述的基礎之上，從虛擬資本的產生、虛擬資本的屬性以及虛擬資本與實體資本的關係等方面詳細闡釋了虛擬資本，建立起了完整的虛擬資本理論。馬克思認爲虛擬資本是一個歷史的產物，信用制度是虛擬資本生成的前提，也是虛擬資本運行的制度基礎。

（1）虛擬資本的定義、屬性及形式。

馬克思以其勞動價值論爲基礎，進一步引申和深化，提出了虛擬資本的定義，他認爲，虛擬資本就是以有價證券形式存在的，能給所有者帶來一定的收入的資本，是一種收入的資本化。馬克思所定義的虛擬資本涵蓋了兩層含義：一方面，虛擬資本的外在表現形式是各種各樣的有價證券，這些是我們日常所能夠見到的，是其具體存在形式，用馬克思的話說，"這些有價證券只是具有一定票面面額，代表所有權或債權的證書，它們本身沒有價值，不是現實的資本"；另一方面，虛擬資本可以爲所有者帶來一定的收入，包括紅利或利息收益與賣出時的價格。

馬克思對虛擬資本的屬性從兩個方面進行了更爲深入的闡述。一是與現實資本的關係。現實資本是指在社會再生產過程中能夠實際發揮資本職能的資本，具體表現爲貨幣資本、生產資本以及商品資本，而虛擬資本則是這些現實資本以票據形式存在的所有權證書，這種所有權證書"可爲現實資本的紙制復本"。虛擬資本與現實資本的分離產生一種假象，似乎除了在生產過程中實際發揮作用的現實資本之外，還存在另一種形式的資本。二是收入資本化的意義。持有股票、債券等虛擬資本不僅可以得到收入，更爲重要的是可以將收入資本化，從而可以將所有權證書作爲商品買賣，獲取收益。"這種復本之所以會成爲生息資本的形式，不僅因爲它們保證取得一定的收益，而且因爲可以通過它的出售而得到它們的資本所值的償付。"[①] "人們把每一個有規則的會反覆取得的收入按平均利息率來計算，把它看作是按這個利息率貸出的資本會提供的收入，這樣就把這個收入資本化了。"[②] 可見，生息資本的存在和利息範疇的獨立化構成虛擬資本形成的客觀經濟基礎。對於虛擬資本，馬克思在《資本論》中還給出了狹義與廣義的形式描述。狹義的形式描述，虛擬資本是以債券和股票等有價證券形式存在的資本。廣義的形式描述，虛擬資本則是由銀行的借貸信用（期票、匯票、存款貨幣等）、有價證券（股票、債券等）、存款準

[①] 馬克思恩格斯全集：第25卷下册 [M]. 北京：人民出版社，1975：540.
[②] 馬克思恩格斯全集：第25卷下册 [M]. 北京：人民出版社，1975：528-529.

備金、記帳符號等形式存在的資本構成。

（2）虛擬資本產生及虛擬資本價值運動。

馬克思在《剩餘價值理論》中指出："大量以前（不可讓渡的）財物的變賣使它們轉化爲商品，僅僅由流通券構成的財產形式被創造出來，一方面是地產的讓渡，另一方面是鐵路股票，簡言之，各種各樣的股票。"① 這表明商品經濟的發展促使股票等有價證券成爲商品，爲虛擬資本的產生創造了條件。馬克思認爲虛擬資本是信用制度和貨幣資本化的產物。隨著商品經濟的發展，商業和銀行信用高度膨脹，資本脫離實體經濟運行軌道，貨幣被高度資本化，這個資本化過程打破了普通資本的標準循環和周轉過程，直接形成 $G—G'—G''—G$ 過程。虛擬資本作爲生息資本的派生形式，正是伴隨這個過程產生。

馬克思指出："作爲紙制復本，這些特徵只是幻想的，它們的價值額的漲落和它所代表的現實資本的價值變動無關，儘管它們可以作爲商品買賣，因而可以作爲資本價值流動。"② "它們的價值額，也就是它們在證券交易所內的行情，與利息率的下降與貨幣資本特有的運動無關，而單純是利潤率趨向下降的結果時，會隨著利息率的下降而必然出現上漲的趨勢。所以，單是由於這個原因，這個想象的財富，按照它原來的具有一定的名義價值的每個組成部分的價值表現來說，也會在資本主義生產發展的進程中擴大起來。"③ 可見，虛擬資本的價值是波動的，與現實資本的運動無關。馬克思說，"人們把虛擬資本的形成當作資本化"④，其資本化的基礎就是有價證券的收益，資本化的衡量尺度便是市場利率，資本化的結果便是虛擬資本的量。"收益資本化"能夠是觀念的，也能夠是現實的。在買賣中用以讓渡的有價證券的價格，便是現實的收益資本化。

虛擬資本市場價值的變動及其決定方法有其相對獨立於實體資本的獨特運動形式。其獨特的運動形式是：①它的市場價值是由證券的預期收益和利率決定的，不隨職能資本價值的變動而變動；②一般說來，它的市場價值與預期收益的多少成正比，與利率高低成反比；③其價格波動，既決定於有價證券的供求，也決定於貨幣的供求。馬克思曾指出："在貨幣市場緊迫的時候，這種有價證券的價格會雙重地跌落。第一，是因爲利息率提高；第二，是因爲這種有價證券大量投入市場，以便實現爲貨幣。"⑤ 這表明虛擬資本價格的漲落，取決於有價證券與貨幣這兩種資產的相互替代程度，而導致它們相互替代的因素，是人們的資產選擇。

---

① 馬克思恩格斯全集：第 26 卷 [M]. 北京：人民出版社，1975：319.
② 馬克思恩格斯全集：第 25 卷下冊 [M]. 北京：人民出版社，1975：539.
③ 馬克思恩格斯全集：第 25 卷下冊 [M]. 北京：人民出版社，1975：539.
④ 馬克思. 資本論：第三卷 [M]. 北京：人民出版社，2004：528.
⑤ 馬克思. 資本論：第三卷 [M]. 北京：人民出版社，2004：530.

但是虛擬資本是實體資本的所有權證書，因此它的存在和運動也必然要以實際資本爲基礎。沒有實體資本就沒有虛擬資本，實體資本運用的規模決定了有價證券的發行規模，實體資本的循環週期影響着虛擬資本的週期波動，虛擬資本的利潤也來自於實體資本。

11.1.5 金融危機理論

馬克思在《資本論》第三卷第五篇中深入剖析了金融危機產生的根源並分析了金融危機爆發的全過程，形成了其特有的金融危機理論。

(1) 金融危機的含義。

金融危機多半是經濟危機的前兆。危機的根源是生產的社會性與資本主義私人占有形式之間的矛盾，當這一矛盾尖銳到不可調和的時候，危機也就爆發了。貨幣、信用及金融只是其中一個環節，"乍看起來好像整個危機只表現爲信用危機和貨幣危機。而且，事實上問題只是在於匯票能否兌換爲貨幣。但這種匯票多數是代表現實買賣的，而這種現實買賣的擴大遠遠超過社會需要的限度，這一事實歸根到底是整個危機的基礎"[1]。"如果信用制度表現爲生產過剩和商業過度投機的主要支點，那不過是因爲再生產過程被拉緊到極端的限界；信用還加速了這種矛盾的暴力的爆炸——危機。"[2] 獨立的金融危機也可能發生，信用加速資本的積累，虛擬資本的過度膨脹助長了單純的投機性。"在再生產過程的全部聯繫都是以信用爲基礎的生產制度中，只要信用突然停止，只有現金支付才有效，危機顯然就會發生。"[3] 貨幣使商品交換分爲買和賣兩個過程，貨幣作爲價值尺度和流通手段的統一，需要其實際價值或所代表的觀念上的價值的穩定，"貨幣作爲支付手段的職能包含着一個直接的矛盾。在各種支付互相抵消時，貨幣就只是在觀念上執行計算貨幣或價值尺度的職能。而在必須進行實際支付時，貨幣充當交換價值的獨立存在，充當絕對商品"[4]。貨幣危機可能單獨發生，因爲金融活動相對生產活動具有一定獨立性，因此金融危機可能單獨發生。

(2) 金融危機的形成及根源。

馬克思通過對資本主義經濟社會商品細胞的剖析，揭示了資本主義的運行規律和發展趨勢，進而指出週期性的經濟危機是資本主義制度的痼疾，金融危機也會隨經濟危機發生。因此，馬克思對金融危機的研究也是從資本主義制度本身出發的。

---

[1] 馬克思恩格斯全集：第25卷下冊 [M]. 北京：人民出版社，1975：550.
[2] 馬克思恩格斯全集：第25卷下冊 [M]. 北京：人民出版社，1975：555.
[3] 馬克思. 資本論：第三卷 [M]. 北京：人民出版社，1975：563.
[4] 馬克思恩格斯全集：第25卷下冊 [M]. 北京：人民出版社，1975：554.

①金融危機的形成機理。資本主義再生產週期一般分爲蕭條、復蘇、繁榮和危機四個階段，馬克思就是通過這四個階段來研究借貸資本和現實資本關係的，並指出金融信用危機就發生在再生產週期的第四階段上。馬克思指出，借貸資本和現實資本的積累並不總是一致的，而以蕭條階段爲最。在蕭條階段，生產萎縮、交易減少、物價下跌、商品庫存增加、資金占有嚴重。另外，原用於生產和流通中的貨幣資本又被抽離出來，存入銀行，轉化爲借貸資本，所以，借貸資本的供給明顯地增加。同時，社會對借貸資本的需求不增反減，這是因爲在蕭條時期，企業開工不足，設備大量閑置，加上商業信用的緊縮，自然減少了對貨幣的需求。總之，一方面是借貸資本的閑置與積累，另一方面是現實資本的萎縮與積累的停滯。

在復蘇和繁榮階段，經濟形勢開始好轉。生產逐漸得到恢復，商業信用也不斷地得到擴張。隨著生產的發展，商品交易日趨頻繁，社會財富得以極大地豐富。這自然帶來借貸資本積累的擴大，同時現實資本也隨著經濟的繁榮而增加。因此，借貸資本的相對充裕是和現實資本的擴大結合在一起的。

當產業週期進行到危機階段時，就會爆發經濟危機。這時大部分企業因經濟環境的惡化而紛紛停產和倒閉，最終導致商品難以出售，貨幣資本不能回流，很多貨幣資本沉澱在商品生產階段，進而形成商業信用和銀行信用極度萎縮，貨幣支付鏈條斷裂，某些銀行信用機構可能因此而倒閉，並由此引發金融危機。

②金融危機發生的根源。馬克思和恩格斯最早把金融危機的根源歸結爲基本制度，他們一針見血地指出，貨幣金融危機通常只是經濟危機的表面現象，其實質是生產相對過剩的危機。生產過剩矛盾的強制性解決最容易並往往首先通過貨幣、信用和金融市場的動蕩表現出來，實際上它僅僅是相對生產過剩危機的表現形式，投機經常發生在生產過剩已經非常嚴重的時期，是生產過剩的暫時出路，但它又加速了危機的來臨和加重了危機的嚴重程度，這是危機首先爆發在金融領域，然後才波及生產領域的原因。具體金融制度也是金融危機的根源和更直接原因。馬克思認爲貨幣信用制度在危機的形成和發展過程中發揮著重要的作用，是金融危機的重要環節，獨立於生產過程的貨幣金融危機也是客觀存在的。信用制度是生產過剩和商業過度投機的主要支點和主要槓桿，使再生產過程被拉緊到極端的限度，因而加速了生產過剩的內在矛盾以危機方式的爆發。信用是資本積累和集中的有力槓桿，股份公司和銀行得以把分散資金集中起來，既有利於生產的擴大和社會生產力的發展，也助長了單純性的投機，使生產得以脫離市場而迅速擴張起來，成爲影響再生產過程的重要因素之一。"信用制度加速各種生產力的物質發展和世界市場的形成……加速了危機"，"在再生產過程的全部聯繫都是以信用爲基礎的生產制度中，只要信

用突然停止，只有現金支付才有效，危機顯然就會發生"①。

③金融危機的國際傳遞機制。危機會在市場聯繫緊密的國家間傳遞。馬克思認爲，國際信用使一切國家有可能先後卷入危機，資本主義的世界經濟貿易也是建立在信用基礎上的，國際信用往往支撑着國際經濟的虛假繁榮。對於順差國家，在危機中支付期限縮短了或被要求立即支付，儘管總的貿易差額是順差，但支付差額是逆差。"在普遍危機的時刻，支付差額對每個國家來說，至少對每個商業發達的國家來說都是逆差，不過這種情況，總是像排炮一樣，按差額支付的序列，先後在這些國家發生，並且在一個國家比如英國爆發的危機，會把這個支付期限的序列壓縮到一個非常短的時期。這時就會清楚地看到，這一切國家同時出口過剩（也就是生產過剩）和進口過剩（也就是貿易過剩），物價在一切國家發生同樣的總崩潰。"②不同國家的經濟因進出口聯繫在一起，只要一國發生了信用危機，便會收縮在國外的信用期限，最終使這根信用鏈條上的每一個國家都發生同樣的總崩潰，這就是信用危機的國際性爆發。

11.2 《資本論》中金融理論的當代價值

隨著經濟金融化進程加劇，程度加深，金融對市場經濟的作用越來越大。由於金融系統本身的矛盾日趨激烈，金融危機比實體經濟過剩危機更快地表現出來。隨著經濟的虛擬化、金融自由化和金融體系的快速發展，信用越來越呈現其固有的脆弱性，使得金融危機以更快的速度表現出來，危機的程度也越來越深，以致完全可以起到生產危機的破壞作用，從而使經濟危機逐漸開始以不同的金融危機的形態表現出來。隨著我國經濟體制改革進入攻堅階段，經濟、金融活動中的許多深層次矛盾逐漸顯現出來，金融業存在着大量不容忽視的風險隱患。因此，馬克思在《資本論》中的金融理論，對於指導我國深化金融體制改革，降低金融體系的脆弱性，有效防範和化解金融風險，保持我國金融體系的穩健運行具有重要的意義。

11.2.1 完善信用制度，加快金融發展

恩格斯指出："交易所朝着集中的方向改變分配，大大加速了資本的積聚，因

---

① 馬克思恩格斯全集：第23卷 [M]．北京：人民出版社，1975：158．
② 馬克思．資本論：第三卷 [M]．北京：人民出版社，1975：557．

此這是像蒸汽機那樣的革命的因素"①,"交易所正在把所有完全閒置或半閒置的資本動員起來,把它們吸引過去,迅速集中到少數人手中;通過這種辦法提供給工業支配的這些資本,導致了工業的振興(絕不應把這種振興和商業繁榮爲一談)"②,"如果交易所不在美國造成巨大財富,在這個農民國家裏怎能產生大工業和社會運動呢"③?足見金融的發展可以促進生產力的進步,加速社會財富的創造。金融的發展離不開信用制度和信用體系的完善,馬克思也認爲信用能促進金融業的發展,進而作用於實體經濟。金融是現代經濟的核心,它的存在和正常運轉有賴於良好的社會信用。金融是信用發展的結果,信用是金融發展的表現形式。

信用可以促進利潤率的平均化,加深市場的競爭程度,促進金融發展;可以加快資本的積聚和集中,推動股份公司的形成和發展,促使現代企業的出現,也加快了現代企業制度和金融體制的出現,對於金融業的發展具有直接的促進作用。可以說,如果沒有從資本主義生產方式中產生的信用制度,沒有信用所創造的聯合資本,股份公司就不可能產生和發展起來。信用可以節省流通手段,降低交易成本,現代交易大多以銀行信用、商業信用等完成交易,省去大量的資金往來和現金交易;可以刺激需求,包括消費需求和投資需求,政府實施擴張型的宏觀經濟政策,一般都是從擴張信用開始。由信用的功能可見,信用與金融發展密不可分,信用貫穿整個金融市場,市場主體通過信用關係形成有機網路,一旦這個網路中某些環節斷裂,就會給金融市場造成波動,甚至波及實體經濟。

信用是金融發展的基礎,金融發展又反過來促進信用的發展和信用制度的完善。從總體上來看,我國的金融業發展是滯後於實體經濟發展的,金融體系降低交易成本、提高資源配置效率等方面的功能並未充分發揮,未對實體產業的發展起到很好的推動和支撐作用。從信用和金融發展的關係看,原因有二:一方面,我國信用制度不完善,信用體系不健全,制約了金融體制改革的深化和金融工具的創新;另一方面,金融業發展路徑的不合理性沒有很好地推動信用體系的健全,如中小企業融資難的問題,其一是中小企業自身的原因導致企業信用低,致使企業獲得信貸難,其二是金融結構的不合理的原因導致沒有提升中小企業信用的動力機制。

因此,爲增強金融對實體產業的支撐作用,推動金融與產業的深度融合,在信用方面應當做到三點。①建立誠信社會,營造誠信文化,宣傳誠信理念。誠實守信本是中華民族傳統美德,但在對利益的過度追逐下,整個社會誠信美德嚴重缺失,

---

① 馬克思,恩格斯,列寧,斯大林.馬克思恩格斯《資本論》書信集[M].北京:人民出版社,1975:406.
② 馬克思,恩格斯,列寧,斯大林.馬克思恩格斯《資本論》書信集[M].北京:人民出版社,1975:409.
③ 馬克思,恩格斯,列寧,斯大林.馬克思恩格斯《資本論》書信集[M].北京:人民出版社,1975:407.

誠信意識淡薄，因此，需要加強誠信教育，從思想認識的源頭抓起，使每一個社會個體認識到守信光榮，失信可恥，失信將使自己寸步難行，重樹誠信爲本、一諾千金等良好信用意識和觀念。②建立健全信用法規和信用評級機制以及信用體系，規範信用行爲。建立健全社會信用體系必須以法律爲保障，在法律的框架下進行，而我國信用法規建設才剛起步，信用法規建設滯後無法滿足我國建立健全社會信用體系、建立現代市場體系、發展信用經濟的需要。尤其是隨著社會信用活動的發展，亟須解決大規模的信用投放規範問題，包括金融和非金融授信機構的投放方式、投放量和不同種類機構間的市場公平競爭等問題。投放信用就會產生信用風險，就需要發展信用管理行業以控制和轉移信用風險。而信用管理行業的發展需要信用信息的開放，又不能濫用信息資源侵犯個人隱私和企業商業秘密。所有這一切，都需要依法規範並在法制的軌道上發展。③政府部門、中央銀行和商業銀行協同營造良好的信用環境。政府要堅持依法行政，規範行政行爲，按市場法則參與必要的市場活動，樹立政府威信和誠信，同時加強整個社會的信用教育。央行需加大信用整治力度，定期公布黑名單，制裁失信企業。商業銀行需完善內部信貸管理制度和激勵約束機制。

在金融方面應當做到四點。①構建多元化金融服務體系，優化金融結構。爲推動我國產業層次不斷提升，實現依靠創新、技術進步推動經濟增長的發展模式，需要改善融資過度依賴銀行體系的狀況，構建多元化的金融服務體系，優化金融結構。金融發展要以直接投融資市場爲基礎，彌補間接融資方式之不足，釋放市場投融資壓力。以完善股票市場爲中心，加快風險投資基金建設，搭建產權交易平臺，鼓勵創業板市場、企業股權融資市場，形成多層次的資本市場。註重協調金融體系內部結構，針對不同的產業結構升級階段與對象，有側重地發揮各個金融機構和金融工具的作用，以多元化、全覆蓋的金融體系爲基礎，創新資源配置方式，盤活貨幣信貸存量，提高資金效率，讓金融切實、高效服務於實體經濟與產業結構轉型升級。②發揮好政策性金融導向作用，促進產融有效結合。金融支持產業結構升級轉型在堅持以市場化爲基礎的同時，要充分發揮好政府的引導作用。發揮好創業投資基金和產業投資基金的作用，結合財政政策和產業政策，助推金融資源流向戰略新型產業、高科技產業等產業。③加強金融基礎設施建設。加快完善金融服務配套設施，推動金融信息化建設，推動銀行業、證券業、保險業和信托業信息共享，增強金融業信息透明度，更好地維護投資者利益。④進一步完善金融創新體系，加強金融工具創新。加強金融創新研發平臺建設，鼓勵金融機構設立技術密集型金融後臺服務機構，有效提升金融創新研發能力；加強服務創新，圍繞外向型經濟開展金融服務創新，擴大涉外金融業務規模，深入推進跨境貿易人民幣業務試點工作，深化發展離岸金融業務；圍繞財富管理開展金融服務創新，強化服務品種的研發能力，提升私人銀行等財富管理服務水平。

11.2.2 處理好社會主義市場經濟下虛擬經濟與實體經濟的關係

虛擬經濟是由具有信用關係的虛擬資本衍生而來，隨信用的發展而發展，與實體經濟相對，以資本化定價爲基礎，以心理預期爲支撐的價格系統，[①] 是市場經濟高度發達的產物，是經濟虛擬化的必然結果，以服務實體經濟爲最終目的。其中，資本化定價方式既是虛擬經濟的基礎，也是其核心。實體經濟是指那些物質產品部門和提供生產性服務的部門，以生產成本爲定價基礎的價格系統。馬克思的貨幣理論、信用理論、虛擬資本理論以及金融危機理論等金融理論對於處理好虛擬經濟與實體經濟的關係具有重要指導意義。根據馬克思的觀點，虛擬經濟的存在和發展有利於貨幣資本的有效配置，它使社會分散的、閑置的貨幣資本可以最大限度地被集中起來加以利用，促使社會生產力劇增；還有利於社會經濟運行效率的提高，人們樂意追逐效益優良公司的股票，促使貨幣資本向市場前景和經營效益好的行業或企業流動，有利於提高整個社會的經濟效益，同時，新的金融衍生工具的不斷出現還有助於企業融資渠道的拓寬和經營風險的分散。但是虛擬經濟的自我膨脹、過度膨脹會導致財富越來越虛擬化，越來越背離實體經濟，從而危機爆發。發達經濟體經歷的宏觀經濟波動證實了這一點，日本"失去的十年"起源於資產泡沫的膨脹，美國次貸危機肇始於房地產部門債務鏈的斷裂，而歐盟主權債務危機也更是由於缺乏實體經濟支撐而導致政府債券出現信用危機。虛擬經濟的定價方式使其有別於實體經濟而具有獨立運行的規律，但是又不能過度背離於實體經濟而發展。對於新興經濟體而言，虛擬經濟的發展卻是滯後於實體經濟，這也是一種背離，它使得金融系統不能充分發揮對經濟的促進作用，諸如動員儲蓄，分散管理風險，促進商品和服務交易的達成，爲可能的投資提供事前信息並配置資源，對已提供的融資進行監管[②]。虛擬經濟與實體經濟協調發展最終體現爲整體經濟福利的最大化，虛擬經濟過度超前於實體經濟或滯後於實體經濟都會帶來整體經濟福利的降低。因此，必須是虛擬經濟與實體經濟協調平衡發展。

虛擬經濟與實體經濟協調發展，不僅要求兩者總量協調，還取決於各自內部結構協調。虛擬經濟與實體經濟協調發展的規律：①虛擬經濟依託於實體經濟，實體經濟是虛擬經濟的基礎；②虛擬經濟的適度發展會對實體經濟產生積極效應；③虛擬經濟發展日益脫離於實體經濟而呈現出獨立的運行規律；④不同的虛擬經濟發展

---

① 劉駿民. 虛擬經濟的經濟學[J]. 開放導報, 2008 (12): 5-11.
② 趙準. 論馬克思活勞動的價值理論[J]. 清華大學學報 (哲學社會科學版), 2008 (S1): 21-26.

模式會對兩者的協調發展產生不同的影響。

我國正處在改革攻堅克難的關鍵階段,如何處理好虛擬經濟與實體經濟二者在發展上和運行上的相互關係尤爲重要。首先,要充分認識到發展虛擬經濟對一個健康的社會主義市場經濟的重要性。我國虛擬經濟的水平還很低,落後於實體經濟的發展,強調二者的發展要相互適應是十分必要的。例如,我國經濟的重要支柱之一的中小企業和民營企業要獲得發展資金就相對困難,銀行和證券商不能提供有效的資金支撐已經成爲阻礙我國經濟進一步發展的瓶頸。當虛擬經濟發展相對滯後的時候,一方面會阻礙經濟的進一步發展,另一方面也削弱了我國防範金融風險的能力。其次,保持一個穩定的虛擬經濟運行環境是保證實體經濟正常發展的必要條件,不但要處理好二者之間在發展上的相互適應關係,還要處理好二者在運行上的相互關係。而處理好這二者之間關係的基本標準是穩定。這是一個十分複雜的問題,一方面虛擬經濟要穩定,不致影響實體經濟的正常運行,另一方面虛擬經濟還要發展,要適應經濟發展提出的要求。這裡面包含着一個"當前穩定"和"長遠的發展"之間的關係。

具體而言,我國發展虛擬經濟要註重與產業結構調整相協調。中國發展虛擬經濟要充分發揮資本市場在經濟結構調整中的重要作用,以高新技術產業爲依託,推動新技術產業的快速發展;在產業選擇上,要以高新技術產業、高成長產業、有發展優勢的產業和經濟支柱產業爲對象,重視扶持民營中小企業,並爲之提供虛擬化支持;在區域產業調整上,虛擬經濟發展要有利於一部分資本從傳統產業和高成本地區退出,轉入新產業和低成本地區,並利用稅收槓桿縮小貧富差距,幫助貧困者走上富裕之路,這對維護社會穩定與擴大內需有着重要意義。

11.2.3 創新金融監管,防範金融風險

在馬克思的金融危機理論中,金融的過度發展或者金融發展結構持續性的失衡,會引發危機。發達國家寬鬆的金融監管和過度的金融創新導致的金融危機啓示我們,金融監管在金融發展中的重要性。而我國金融監管基礎還非常薄弱,與此同時,我國金融體系尚不完善,許多問題仍需金融創新來解決,金融監管過於呆滯則不利於金融創新,因此我國亟須創新金融監管方式。

現代金融監管是以風險爲基礎的監管,其根本就在於通過外部干預使金融風險被控制在一個適宜水平。金融創新的發展促使風險配置市場的形成,利用市場化的手段配置風險,客觀上提高了風險管理的水平,市場自身的約束成爲風險監管最有利的補充。金融創新發展的深度和廣度,依賴於風險配置市場的發育程度。金融管理機構可以通過外部干預,縮短市場自我演化的時間,規範市場行爲,降低交易費

用，從而促進風險配置市場的發育和保護市場正常運行。

信用與金融關係密切，創新金融監管方式可以從信用和金融兩方面切入。一方面，從信用層面上，堅持以馬克思信用理論為指導，利用現代信息技術，健全中國特色社會主義信用體系，完善金融體制。建立健全中國特色社會主義信用體系，形成與社會主義市場經濟相適應的信用體系，包括信用主體、信用形式以及信用工具。利用現代信息技術，以雲政務平臺為基礎建立"雲信用"平臺，共享各地區、各部門的信用信息。中央銀行信用管理部門統籌管理"雲信用"平臺，各部門尤其是商業銀行定期將自然人信用信息和法人信用信息上傳至"雲"里，平臺利用大數據技術分析量化計算出各自然人或法人的信用分數，如阿里巴巴的芝麻信用。商業銀行可參照此分數授信，各交易主體也可參照此分數發生交易。馬克思認為，信用和金融的發展是把雙刃劍。而"雲信用"平臺將有助於中央銀行對整個社會信用和經濟發展狀況的掌控，有利於社會預期的穩定，也有利於實施靈活的信用監管方式。

另一方面，從金融層面上，堅持以馬克思有關金融理論為指導，完善中國特色社會主義金融市場制度和體系。①我國金融市場不僅金融機構不完善、金融產品單一，而且金融市場法律法規及制度也不健全，隨著我國經濟的高速增長、金融市場的不斷發展，我國金融市場法律法規及制度亟待完善，以形成完整的金融市場體系。對此，首先，需要深化改革和完善信貸市場制度，尤其是加強對個人身份、資產以及收入情況的調查和評估等個人信用制度的完善。其次，健全金融機構從業人員的激勵約束機制。最後，政府要逐步退出對金融市場的干預，實現金融市場的市場化運作，只保留緊急情況下對金融市場干預的權力。②加快金融體制建設。首先，加強信貸風險的預防和管理，構建完整的金融風險防範制度；其次，進一步強化金融市場監管，提高監管機構的監管效率；再次，協調監管機構，提升監管成本意識；最後，加強國際金融監管合作，有效預防國際金融風險。③提高我國金融機構抗風險能力。增強金融機構抵抗金融風險的能力，可以更好地促進金融市場與經濟發展之間相互協調，更好地發揮金融市場促進經濟發展的作用，因此需要對我國現有的金融機構和企業進行改革，建立現代化企業管理制度，在企業內部建立法人結構。在沒有特別緊急的情況下，減少政府對金融市場的直接干預。加強對證券市場中投機行為的監管和控制，完善金融機構的內部控制制度，建立金融風險預警機制，在金融風險未出現前做出及時的風險預報，同時強化外部機構對金融機構的監督作用，例如工商、稅務和審計等部門。④金融監管除了要完善金融監管制度，還要改變金融監管方式。轉變過去以行政命令為主的金融監管方式，沒有緊急特殊情況不對金融市場進行直接干預。金融監管的主要任務放在預防可能發生的金融風險上，建立一整套用於金融風險防範的指標體系，實現對金融市場進行動態的、實時的風險預防，提高金融監管的效率。對於信貸市場的監管，主要是資本充足率、資產流動性以及企業盈利能力等方面的監督。對股票市場的監管，主要是對上市公司的財務、上市公司中的上層管理人員以及公司中大股東的監管。進一步完善股票的發行制度和信息披露制度，我國金融監管過程中的信息披露制度還不規範，需要將政府、媒體等都納入金融監管的範疇。

11.2.4 完善社會主義市場經濟下收入分配機制，提高勞動收入，降低金融資本收入

　　金融危機是指一個國家或幾個國家、地區的大部分或全部金融指標的急劇惡化，會造成企業大量倒閉、失業率提高、經濟蕭條等問題出現，它是虛擬經濟領域爆發的經濟危機，通常表現爲金融產品過剩。而經濟危機是指一個或多個國家，其至全球經濟在一段比較長的時間內不斷萎縮。金融危機是經濟危機的前奏，"危機最初不是在和直接消費有關的零售商業中顯露和爆發的，而是在批發商業和向它提供社會貨幣資本的銀行中暴露和爆發的，即經濟危機會首先以金融危機的形式表現出來"[1]。即隨著金融指標的持續惡化，金融危機最終結果是引發全面的經濟危機。馬克思指出："通常認爲一次典型的資本主義經濟危機總是在經濟處於繁榮階段之時，首先發端於商業領域，進而擴展至社會各行業，再加上金融領域中信用的推波助瀾作用，最後導致一場經濟危機的全面爆發。"[2] 最近的經濟危機的演變形式也是從次貸危機到信用危機，再到經濟危機，由信用危機波及整個金融領域，進而重創實體經濟，引發全面經濟危機。金融危機的實質還是生產過剩的經濟危機，正如馬克思所說，"一切真正的危機的最根本原因，總不外乎群衆的貧困和他們有限的消費，資本主義生產卻不顧這種情況而力圖發展生產力，好像只有社會主義的絕對的消費能力才是生產力發展的界限"[3]。

　　馬克思認爲，經濟危機的實質是生產相對過剩危機，一方面，隨著資本的積累以及資本有機構成的提高，資本對勞動力的需求減少，另一方面，勞動力的供給卻在增多，導致市場上勞動力供過於求，引起勞動力工資走低，甚至很多人失業，但是生產還在持續擴張，這就引起人民群衆有支付能力的有效需求低於資本主義的生產，差距過大也就引起了相對過剩危機。根據馬克思的觀點，經濟危機產生的原因有以下三點：一是生產資料的私人占有，二是社會化的生產，三是世界市場的形成。這三個事實並不是資本主義制度特有的，而是商品經濟發展到市場經濟的必然結果。由此可以看出，社會主義市場經濟仍然存在着生產社會化與生產資料局部占有之間

---

[1] 馬克思恩格斯全集：第25卷［M］．北京：人民出版社，1975：339.
[2] 馬克思恩格斯全集：第25卷［M］．北京：人民出版社，1975：498.
[3] 馬克思．資本論：第三卷［M］．北京：人民出版社，1975：579.

的矛盾，如果不及時處理，經濟危機也可能爆發。市場經濟是一個買賣雙方通過交易所發生的經濟行為，需求和供給的關係是市場經濟的主體。有需求就必然有市場，需求飽和，供給自然過剩，於是就有產生經濟危機的表現形式。

以社會在生產的角度來分析，消費需求作為最終的需求，是社會再生產的終點和新的起點。所以，如果沒有需求就沒有生產，擴大需求可削弱經濟危機帶來的影響。因此，我國應當在以下三方面做出努力：

一是提高低收入階層的收入水平，縮小收入差距。自改革開放以來，我國總體收入差距不斷擴大，從一個收入分配差距相對較小的國家變成了一個收入差距較大的國家，是同期全球收入差距增幅最大的國家之一。一方面，差距過大會降低整個社會的邊際消費傾向，有效需求降低，不利於宏觀經濟的健康運行；另一方面，差距過大也不利於社會的穩定，不符合人類社會發展的最終目的和共產主義精神。統計數據表明，近年資本收益率顯著大於經濟增長率，尤其是金融資本收益率明顯大於經濟增長率，這就導致富者更富，窮者更窮。因此，我們要深化收入分配制度改革，着力提高低收入階層收入，縮小收入差距，其重點則是降低資本性收入，提高勞動性收入，可考慮提高資本性收入稅負。

二是註重擴大內需，實現經濟內生增長。全球進入後危機時代，經濟復蘇步伐緩慢，世界經濟增加動力明顯減弱，中國市場外部需求萎縮，實現經濟的內生增長尤為重要。隨著我國的經濟體制改革的不斷深化，社會各個階層出現了重大調整，需求不足已經成為制約我國經濟發展的重要原因。居民消費沒有占大的比重，是因為在應對國際經濟危機的同時，投資增長加快，造成經濟依靠投資來拉動。擴大內需既是保增長、保民生、保穩定的應急之舉，也是推動中國經濟實現科學發展的長遠之策。居民收入水平偏低也是影響擴大內需的重要因素之一，所以我國作為一個經濟發展中的大國，應從深層次來解決擴大內需的問題，積極拉動內需，建立人民群眾的消費信心，才能避免生產相對過剩，把經濟危機爆發的可能性降至最低。

三是註重保障民生，完善社會保障體系。我國必須採取切實有效的政策措施，提高收入分配結構，提高低收入人群的收入水平，完善社會保障體系，解決與人民群眾切身利益相關的各項問題，如醫療、住房、就業、教育等，把關註民生、改善民生放在更加突出的地位。只有解決這些問題，才能有效地緩解生產過剩和消費需求不足的矛盾，社會經濟發展才能步入良性的循環。改善民生是一個標本兼治、遠近結合的計劃，要與增加就業率有機結合，與今後民生的長遠發展有機結合。要想改善民生就必要要轉變經濟發展方式，解決經濟發展的結構性的問題，以改善民生來促進經濟增長，可以為未來經濟的發展減少經濟隱患。

12 《資本論》中危機理論及其當代價值

馬克思指出:"使實際的資產者最深切地感到資本主義社會充滿矛盾的運動的,是現代工業所經歷的週期循環的各個變動,而這種變動的頂點就是普遍危機。"[①]《資本論》中的危機理論是馬克思唯物辯證法的具體應用,它闡述了資本主義社會生產力和生產關係的一般運動規律。

12.1 《資本論》中危機理論的研究背景

《資本論》問世以來,各國學者紛紛根據本國具體經濟社會實踐進行研究,不僅把《資本論》的相關原理在廣大的人民群衆中普及和傳播,而且把《資本論》作爲指導各國經濟發展的重要理論。二戰後,各國學者在此基礎上不斷發展,形成了一系列《資本論》危機理論相關研究。

12.1.1 二戰結束到亞洲經濟危機前期

二戰結束初期,無論是資本主義國家還是社會主義國家都百廢待興,在20世紀60年代初至80年代末,資本主義國家迎來了前所未有的高速發展,尤其是以美國、日本、歐洲爲代表的資本主義國家的經濟取得了巨大成績。與此同時,以蘇聯和中國爲代表的社會主義國家經濟相對落後,兩大陣營關於經濟發展的理論爭論推動了《資本論》的研究。1962年,宋承先在《資產階級經濟危機理論批判》一書中較系統地研究了馬克思危機理論,根據馬克思經濟危機理論,該書批判了19世紀尤其是第一次世界大戰以來西方學界的各個經濟危機理論,如消費不足、貨幣的危機理論與儲蓄過多理論和投資過多理論等。在20世紀80年代中期以後,隨著市場經濟體

---

① 馬克思恩格斯文集:第5卷[M]. 北京:人民出版社,2009:23.

制的建立，經濟危機成爲經濟發展重要的研究問題。1986年，吳大琨在《資本主義經濟危機與經濟週期》一書中系統地研究了馬克思經濟危機理論，論述了世界經濟危機的產生過程，研究了戰後資本主義世界經濟週期與經濟危機的物質基礎，並形成對資本主義經濟危機的若干觀點。1985年，中國科學技術情報研究所編輯了《科學與技術——八十年代的前途和危機》，具體研究了美國的"科技危機"，批判性地指出，雖然科學技術帶來了社會經濟的具體進步，但仍然改變不了資本追逐利潤的本質，這僅僅減緩了經濟危機爆發的週期長度，並沒有改變資本爲社會經濟週期帶來危機的實質。1989年黎鳴主編的《中國的危機與思考》開始思考中國社會經濟的危機問題，該書闡述了改革開放的實踐成果，並對當時存在於中國社會各領域的一些深層次問題進行了理論上的分析與反思。

12.1.2 亞洲經濟危機後

20世紀90年代後期，爆發了亞洲金融危機，經濟滯脹和經濟危機不斷的西方國家對此也開不出更好的藥方，全球各個領域的專家重新審視馬克思《資本論》的基本原理，危機問題再次成爲爭論的核心。1992年，由鳴華和秦樹合著的《信仰危機與現實衝突》客觀分析了"信仰危機"產生的客觀條件，並回顧了當時中國社會信仰系統的歷史發展，透視了"信仰危機"帶來的各種後果，進而提出瞭解決"信仰危機"和重建理想主義的相應建議。隨著學界"人學研究"的日益深入，危機研究也逐漸發生"人學轉向"。王成兵在2004年寫作的《當代認同危機的人學解讀》以當代認同危機爲主線，在人學視野中對當代認同問題進行了全方位考察，內容涵蓋"多元視角下的人""風險與成熟"等。2006年，馬和民的《從"仁"到"人"：社會化危機及其出路》通過對中國人的社會化危機進行歷史考察，將其劃分爲倫理型群體取向的社會化和政治型群體取向的社會化兩種類型。同年，鄭通漢所著的《中國水危機——制度分析與對策》提出了"水危機"的新概念，內容涵蓋我們面臨的水危機、水危機分析的理論基礎、文化和治水實踐的貢獻與影響等問題。

隨著黨的十七大的勝利召開，危機問題得到進一步關註，這一時期，馬克思危機理論研究的系統化逐步得到強化。2008年，楊健生在《經濟危機理論的演變》中探討了早期馬克思主義經濟危機理論的創新和分流、創新準備階段的理論、早期理論的創新高潮和尾聲等內容。至2009年，系統研究馬克思危機理論的思路已相當明確。高鵬程在《危機學》中以馬克思主義理論爲指導，對"危機"範疇進行了一般性探討。張暉明和鄧霆主編的《金融危機的馬克思主義解讀》研究了經濟危機的政治哲學反思、人文精神的回歸與馬克思主義經濟學的主流化和世界化、危機的社會性和觀念性等內容。劉明遠的《馬克思主義經濟危機和週期理論的結構與變遷》闡述了經濟危機理論的古典形式，馬克思主義經濟危機和週期思想的發展與古典模型，馬克思主義經濟危機分析模型的結構、內容與特徵等內容。他的另一著作《馬克思主義經濟危機理論與當代現實》以馬克思主義政治經濟學爲視角，闡釋了幾個方面的內容：馬克思主義經濟危機和週期理論的比較優勢，馬克思主義經濟危機分析模型的結構、內容與特徵，馬克思主義金融危機分析模型的結構、要素與機制等。

12.2　馬克思危機理論研究綜述

關於馬克思危機理論的研究主要分爲中國馬克思主義和西方馬克思主義兩個流派，本節內容是中國學者研究馬克思主義理論和對西方國家馬克思主義理論的評價及反思。

12.2.1　中國馬克思主義經濟危機理論的研究角度

馬克思經濟危機理論的研究角度主要有以下三個方面：

一是馬克思關於經濟危機的闡述。馬克思關於經濟危機的闡述是從價值的概念出發的，其理論方法是馬克思主義辯證唯物史觀，王國生在《馬克思的經濟危機理論與轉型時期過剩經濟的出現》中認爲，馬克思剖析的經濟危機實現條件可區分爲內生性制度因素和外生性物質技術條件。林金忠在《馬克思經濟危機理論的三種解讀》中認爲，馬克思經濟危機理論試圖從本質層面去揭示資本主義經濟危機的根源和生成機制，因而迥別於現代西方主流經濟理論停留於現象層面對經濟危機所做的種種就事論事式的解釋。趙學增在《馬克思經濟危機理論的爭議與評價》中指出，普魯東、通貨學派以及奧地利學派等認爲經濟危機根源於政府信貸過度膨脹，馬克思則把經濟危機歸因於資本主義市場體系的內在錯誤。

二是馬克思與西方經濟危機理論的比較研究。盧希悅在《重溫馬克思與凱恩斯的經濟危機論——經濟危機成因與對策研究》中認爲，馬克思在《資本論》中對經濟危機的成因進行了系統、全面的分析，而凱恩斯主義經濟危機理論對西方各國的宏觀經濟調控政策的影響也較爲深遠，重溫二者的理論，對其進行比較分析，從而可以對經濟危機週期進行調節，這種折中的觀點在當前理論界研究較多，是馬克思主義中國化的一個基礎。胡鈞和沈尤佳在《馬克思經濟危機理論——與凱恩斯危機理論的區別》中指出，馬克思的危機理論與凱恩斯的危機理論在研究對象、研究目的，以及研究的根本方法方面都存在着根本區別。黃力克在《馬克思經濟危機理論與西方經濟週期理論的比較》中認爲，馬克思經濟危機理論與西方經濟週期理論是兩種截然不同的理論：馬克思研究經濟危機理論，是證明資本主義制度的不合理性；西方經濟週期理論只從資本主義社會經濟現象出發，研究經濟波動的原因和傳導機制，企圖尋找減少波動的方法。

三是馬克思經濟危機理論的時代價值。周肇光在《從馬克思經濟危機理論看當前世界金融危機的必然性——讀馬克思〈資本論〉的幾點體會》中認爲，在馬克思經濟危機理論里，我們可以清楚地認識到世界金融危機的必然性。張作雲在《馬克思經濟危機根源問題論述的當代價值》中認爲，馬克思批判資產階級學者經濟危機理論以及分析危機根源問題的思路，爲研究和分析當代國際金融危機提供了強大的理論武器和方法論基礎。要防範世界金融危機對中國的衝擊，就必須創造條件處理好學習原著與聯繫實際、虛擬經濟與實體經濟、金融監管與金融創新、市場調節與政府主導的關係。

12.2.2　西方馬克思主義危機理論研究角度

對於國外馬克思主義的危機理論，學界主要有兩種研究路徑。

一是危機與西方馬克思主義復興運動。李元在《"後危機"時代的西方馬克思主義復興運動：趨向與未來》中指出，"後危機"時代，國外馬克思主義復興運動在國際範圍的新生存格局中展現出在金融、政府政治、政黨、社會制度和文化等領域的新趨勢和新特點，估計馬克思主義復興運動的未來走向，有助於研究"後危機"時代國際範圍內馬克思主義的發展趨勢。

二是生態學馬克思主義研究。陳學明在《我們今天如何開展消除生態危機的鬥爭？——生態馬克思主義者 J. B. 福斯特給予的啓示》中認爲，美國的"生態馬克思主義者"福斯特深刻地批判了當今社會所存在的生態危機，他認定造成當今世界陷入生態危機的最終禍根是資本主義制度。李明在《生態危機與社會主義的構建——生態學馬克思主義的視域分析》中指出，生態學馬克思主義通過考察生態危機與社會主義構建之間的關係，指出了生態危機是未來社會主義的構建動因，穩態經濟是未來社會主義的構建目標，馬克思主義與美國民粹主義的結合是未來社會主義的構建途徑。萬希平在《論當代資本主義生態環境危機的政治維護機制——一種生態馬克思主義視角的理論考察》中認爲，作爲當代馬克思主義理論的發展，生態馬克思主義憑借其對資本主義社會生態危機的制度性批判，一躍成爲最引人關註的理論之一。因此，應當從馬克思主義政治哲學視角，分析生態馬克思主義對資本主義政治制度反生態性的批判理論，指出當代資本主義的反生態性本質。黃繼鋒在《從生態危機論到雙重危機論——生態學馬克思主義的資本主義危機理論評析》中指出，生態學馬克思主義流派自產生以來，一直把聚焦點對準資本主義的危機問題。

但在不同時期，其分析的思路有很大區别。前期生態學馬克思主義者主要沿襲西方人道主義馬克思主義傳統，而後期生態學馬克思主義者則力圖把這種分析建立在重建的歷史唯物主義基礎之上①。

12.3 馬克思危機理論的内容

馬克思危機理論是以勞動價值論爲出發點，在剩餘價值形成過程中，揭示了資本主義必然滅亡的規律，具體闡述涉及以下六個層次。

12.3.1 經濟危機的可能性

馬克思在商品貨幣理論的科學抽象中，高度抽象地提出了經濟危機的可能性，以及危機可能存在的兩種形式。在手稿中，雖然没有像後來明確使用的"危機兩種可能形式"的表述，但是已經提出了基本的思想。馬克思認爲買賣脱節蘊含着危機的可能性。"買賣行爲表現爲彼此無關的、在空間上和時間上相分離的兩種行爲……既然買和賣這兩個流通的本質的要素彼此無關，在空間上和時間上相分離，它們也就没有必要合而爲一……這樣，在貨幣作爲媒介的規定中，在交換分成兩種行爲的分裂中，已經蘊藏着危機的萌芽，或至少是危機的可能性。"馬克思在寫完整個手稿之後，專門寫了《七個筆記本的索引》，其中在兩處論及危機的萌芽，更加明確了危機的兩種可能："買和賣的分離……（危機的萌芽）""（流通的形式規定）（危機的萌芽）"。

12.3.2 危機發生的客觀必然性和現實性

危機具有可能並不等於具有現實性和必然性。如果説手稿開頭論述了危機的可能性，那手稿的最後資本章的第三篇《資本是結果實的東西》，進一步提出了危機從可能轉化爲現實的問題。"超過一定點，生產力的發展就變成對資本的一種限制；因此，超過一定點，資本關係就變成對勞動生產力發展的一種限制。""一旦達到這一點，資本即雇傭勞動同社會財富和生產力的發展就會發生像行會制度、農奴制、奴隸制同這種發展所發生的同樣的關係，就必然會作爲桎梏被打碎。""社會的生產

---

① 王東. 馬克思危機理論的雛形——《資本論》第一手稿的理論意義新開掘 [J]. 江漢論壇，2011 (7)：38-43.

發展同它的現存的生產關係之間日益增長的不相適應,通過尖銳的矛盾、危機、痙攣表現出來。用暴力消滅資本——這不是通過資本的外部關係,而是被當作資本自我保存的條件——這是忠告資本退位並讓位於更高級的社會生產狀態的最令人信服的形式。這里包含的,不僅是科學力量的增長,而且是科學力量已經表現爲固定資本的尺度,是科學力量得以實現和控制整個生產的範圍和廣度。"

"因此,在現存財富極大地增大的同時,生產力獲得最高度的發展,而與此相適應,資本貶值,工人退化,工人的生命力被最大限度地消耗。"或許是爲了強調這個觀點的重要,馬克思同時用英文和德文表述了這個問題。英文表達內容如下:"這些矛盾會導致爆發,災變,危機,這時,勞動暫時中斷,很大一部分資本被消滅,這樣就以暴力方式使資本恢復到它能夠繼續發揮職能的水平。"德文表達內容如下:"當然,這些矛盾會導致爆發,危機,這時,一切勞動暫時中斷,很大一部分資本被消滅,這樣就以暴力方式使資本恢復到它能夠充分利用自己的生產力而不致自殺的水平。但是,這些定期發生的災難會導致災難以更大的規模重複發生,而最終將導致用暴力推翻資本。"

12.3.3 經濟危機和比例失調的關係

危機出現的重要原因就是比例失調。"(同他們的資本必須增長的比例相比生產過多,而這種比例,我們在以後將會看到,會以利息爲最低的界限),——普遍生產過剩之所以會發生,並不是因爲應由工人消費的商品相對地"消費"過少,或者說,不是因爲應由資本家消費的商品相對地"消費"過少,而是因爲這兩種商品生產過多,不是對消費來說過多,而是對保持消費和價值增殖之間的正確比例來說過多;對價值增殖來說過多。"

危機的一個重要的功能就是強制失調的比例恢復。"另一方面,生產力的突然的普遍增長同樣能夠導致一切現有的價值,即在生產力的較低發展階段上的勞動所物化的價值的相對喪失,因此現有的資本以及現有的勞動能力都會被消滅。危機的另一個方面是實際上減少生產,減少活勞動,以便重新建立必要勞動和剩餘勞動之間的正確比例——這個比例歸根到底構成一切的基礎。"

12.3.4 危機週期性的物質基礎

1858年3月,馬克思在寫作手稿期間同恩格斯通信,第一次探討了危機的物質基礎問題,也就是機器設備等固定資本的更新週期問題,並在隨後的書信中反復探討。"你能否告訴我,隔多少時間——例如在你們的工廠——更新一次機器設備?

拜比古斷言，在曼徹斯特大多數機器設備平均每隔五年更新一次。這個説法在我看來有點奇怪，不十分可信。機器設備更新的平均時間，是説明大工業鞏固以來工業發展所經過的多年週期的重要因素之一。"

恩格斯寫了回信說平均是十三年。馬克思在回信中說："非常感謝你對機器設備的説明。十三年這個數字，就其必要性説來，與理論也相符，因爲它爲多少與大危機重現的週期相一致的工業再生產的週期規定了一個計量單位，而危機的過程從它們間斷的時間來看，當然還是由絕然不同的另一些因素所決定的。在大工業直接的物質先決條件中找到一個決定再生產週期的因素對我是很重要的。"

這里馬克思把危機的週期與大工業的再生產週期聯繫了起來，也就是看到了危機週期性的物質基礎。相應的馬克思在資本章第二篇《資本的流通過程》中也論及十年左右的危機的物質基礎："毫無疑問，自從固定資本大規模發展以來，工業所經歷的大約爲期10年的週期，是同上面那樣決定的資本總再生產階段聯繫在一起的。我們還會發現其他一些決定的依據。但這是其中之一。過去，工業也同（農業的）秋收一樣，有好年景和壞年景。但是，延續多年的、本身分爲一些各具特點的時期或時代的工業週期，卻是大工業所固有的。"

12.3.5　導致危機的四大矛盾

在第一手稿的資本章第二篇《資本的流通過程》中，馬克思批評李嘉圖由於不註意資本發展過程的內在矛盾，而無法理解危機的根源。"像李嘉圖這樣一些經濟學家，把生產和資本的自行增殖直接看成一回事，因而他們既不關心消費的限制，也不關心流通本身由於在一切點上都必須表現對等價值而遇到的限制，而只註意生產力的發展和產業人口的增長，只註意供給而不管需求。""李嘉圖及其整個學派始終不瞭解實際的現代危機，在這種危機中，資本的這種矛盾暴風雨般地突然爆發出來，日益嚴重地威脅到作爲社會基礎和生產基礎的資本本身。"馬克思在這一點上更肯定西斯蒙第。"西斯蒙第則相反，他不但強調生產會遇到限制，而且強調這個限制是由資本本身產生的，於是資本陷入矛盾之中，他由此看出，這些矛盾必然導致資本的毀滅。因此，他想通過習慣、法律等從外部給生產設置限制，但是，正因爲這些限制只是外部的和人爲的，所以必然會被資本推翻。"

（1）資本力圖無限發展生產力和市場擴大有限之間的矛盾。

"資本破壞這一切並使之不斷革命化，摧毀一切阻礙發展生產力、擴大需要、使生產多樣化、利用和交換自然力量和精神力量的限制。但是，決不能因爲資本把每一個這樣的界限都當作限制，因而在觀念上超越它，所以就得出結論説，資本已在實際上克服了它，並且，因爲每一個這樣的限制都是同資本的使命相矛盾的，所以資本主義生產是在矛盾中運動的，這些矛盾不斷地被克服，但又不斷地產生出來。"

（2）生產無限擴大和消費相對縮小之間的矛盾。

"因爲一種生產推動另一種生產，從而給自己創造了作爲他人資本的工人而出現的消費者，所以對於每一單個資本來說，工人階級的由生產本身造成的需求表現爲'足夠的需求'。這種由生產本身造成的需求驅使生產超越它按照工人'有支付能力的需求'所應進行的生產的比例：一方面，生產必須超越這種比例；另一方面，如果'超過工人本身需求的'需求消失了和縮減了，那就會出現崩潰。"

（3）供給和需求之間的矛盾。

"從事生產的資本所要求的，不是某種特定的使用價值，而是自爲存在的價值，即貨幣；不是在流通手段這個規定上的貨幣，而是作爲財富的一般形式的貨幣，或者說，它一方面是作爲資本的實現形式，另一方面是作爲資本復歸到它原來的休眠狀態的形式。"

所謂生產過剩，意味着商品換不成貨幣，而不是無法消費。如果所有或者大部分商品都不能換成貨幣，就是普遍的生產過剩，就是經濟危機。

（4）社會化大生產要求按比例進行和資本制度無法保持這種比例之間的矛盾。

"所謂合乎比例的生產（這一點李嘉圖等人早已提到過），如果只是指資本有按照正確比例來分配自己的趨勢，那麼，由於資本無限度地追求超額勞動、超額生產率、超額消費、等等，它同樣有超越這種比例的必然趨勢。""在競爭中，資本的這種內在趨勢表現爲一種由他人的資本對它施加的強制，這種強制驅使它越過正確的比例而不斷地前進，前進！"

馬克思強調，"即使撇開這種平衡的必然性本身就是以不平衡、不協調爲前提，因而是以矛盾爲前提不談，在生產過剩的普遍危機中，矛盾並不是出現在各種生產資本之間，而是出現在產業資本和借貸資本之間，即出現在直接包含在生產過程中的資本和在生產過程以外獨立（相對獨立）地作爲貨幣出現的資本之間"。

12.3.6 作爲危機深層根源的資本主義基本矛盾

手稿的資本章第二篇《資本的流通過程》中有一大段關於危機根源的辯證分析。種種矛盾的基礎，在於資本增殖過程中的內在整體性與各個要素獨立性的矛盾。"到目前爲止，我們在價值增殖過程中只是指出了各個要素互不相關的情形；它們在內部是互相制約的，在外部是互相尋求的；但是可能尋求得到也可能尋求不到，可能互相一致也可能不一致，可能互相適應也可能不適應。聯繫在一起的一個整體的內在必然性，和這個整體作爲各種互不相關的獨立要素而存在，這已經是種種矛盾的基礎。但是，這還絕不是問題的全部。生産和價值增殖之間的矛盾——資本按其概念來說就是這兩者的統一體——還必須從更加内在的方面去理解，而不應單純看作一個過程的或者不如說各個過程的總體的各個要素互不相關的、表面上互相獨立的現象。"

馬克思指出，"更進一步考察問題，首先就會看到一個限制，這不是一般生産固有的限制，而是以資本爲基礎的生産固有的限制。這種限制是二重的，或者更確切些說，是從兩個方向來看的同一個限制。這里只要指出資本包含着一種特殊的對生産的限制——這種限制同資本要超越生産的任何界限的一般趨勢是矛盾的——就足以揭示出生産過剩的基礎，揭示出發達的資本的基本矛盾；就足以完全揭示出，資本並不像經濟學家們認爲的那樣，是生産力發展的絕對形式，資本既不是生産力發展的絕對形式，也不是與生産力發展絕對一致的財富形式"。

在此基礎上，馬克思指出了資本生産力發展的四個内在界限："①必要勞動是活勞動能力的交換價值的界限，或産業人口的工資的界限。②剩餘價值是剩餘勞動時間的界限，就相對剩餘勞動時間來說，是生産力發展的界限。③這就是說，向貨幣的轉化，交換價值本身，是生産的界限；換句話說，以價值爲基礎的交換，或以交換爲基礎的價值是生産的界限。④使用價值的生産受交換價值的限制；換句話說，現實的財富要成爲生産的對象，必須採取一定的、與自身不同的形式，即不是絕對和自身同一的形式。"

不僅如此，馬克思接着用更加凝練的方式闡明了資本内在本質決定的四個界限："①必要勞動是活勞動能力的交換價值的界限；②剩餘價值是剩餘勞動和生産力發展的界限；③貨幣是生産的界限；④使用價值的生産受交換價值的限制。"

從下面的論述可以看出，馬克思把資本内在的本質決定的這四個界限稱爲必然造成生産過剩危機的四大"必然要素"。"由此出現生産過剩，也就是使人突然想起以資本爲基礎的生産的所有這些必然要素；結果是，由於忘記這些必然要素而造成普遍的價值喪失。與此同時，向資本提出了這樣的任務：在生産力的更高發展程度上重新開始它'突破本身限制'的嘗試，而它作爲資本卻遭到一次比一次更大的崩潰。因此很明顯，資本的發展程度越高，它就越是成爲生産的界限，從而也越是成爲消費的界限，至於使資本成爲生産和交往的棘手的界限的其他矛盾就不用談了。"

在手稿的尾聲之處，馬克思簡要地提出了"生利資本和生息資本"這對範疇。與此相應，馬克思還試圖聯繫全部信用制度，包括國際貿易、國際信用，進一步提示危機的根源。"全部信用制度，以及與之相聯繫的交易過度、投機過度，等等，就是以必然要擴大和超越流通的界限和交換領域的界限爲基礎的。這一點表現在各民族間的關係上比表現在個人間的關係上規模更大，更典型。"

綜上，在馬克思的危機理論形成過程中，《資本論》第一手稿起到了承上啓下的關鍵作用。在實際比較研究了 1857 年第一次普遍危機與此前主要的危機的基礎上，馬克思的危機理論上了一個新臺階，首次初步形成了危機理論的雛形，具有一定的總體性。研究第一手稿中的危機理論雛形，有助於我們有機地把握馬克思危機理論的發展脈絡和思想整體，有助於我們認清和超越熊彼特等人的錯誤論斷。馬克思危機理論形成過程，應該從手稿出發，重新進行研究，重新進行評價[1]。

12.4 馬克思危機理論的現實解釋

　　馬克思危機理論是在對古典經濟學的批判中建立的。古典經濟學的傑出代表李嘉圖、薩伊和瓦爾拉斯等人認爲供給能自動創造需求，整個社會的總供求能自動達到均衡的狀態，貨幣只是進行交換的媒介，否認資本主義市場存在危機的可能性。馬克思通過對資本主義的生產方式和生產過程的分析，批判了古典經濟學的供給自動創造需求和一般均衡理論，提出了資本主義市場金融、經濟條件下的經濟危機理論。

　　馬克思危機理論的核心內涵是資本主義經濟制度的基本矛盾。這一基本矛盾首先表現爲資本主義生產能力的巨大增長和勞動人民有支付能力的需求相對縮小之間的矛盾，即生產與消費的矛盾；其次表現爲個別企業內部生產的有組織性和整個社會生產的無政府狀態之間的矛盾。資本主義生產關係一方面形成了占有生產資料的資產階級，另一方面形成了除自己的勞動力之外一無所有的無產階級。根據這個內涵我們可以得出馬克思危機理論核心的內容是關於危機根源的邏輯：經濟危機的本質是生產相對過剩；生產相對過剩的原因在於"有效需求不足"；"有效需求不足"的原因在於群衆的購買力不足；群衆購買力不足的原因在於資本和勞動收入分配的兩極分化；兩極分化的原因在於生產資料的資本家私人占有制度。在《資本論》中，馬克思的危機理論得到了完整的展開。馬克思認爲，"一切真正的危機的最根本的原因，總不外乎群衆的貧困和他們有限的消費，資本主義卻不顧這種情況而力圖發展生產力，好像只有社會的絕對的消費能力才是生產力發展的界限"。以馬克思的視野來看，"監管缺位""政策失誤""金融創新"之類的說法，其實都是危機的表面現象，拿這些表面現象說明危機的根源，只不過是爲了掩蓋危機的真正原因。

---

[1] 莫凡，廖和平. 馬克思危機理論研究述評 [J]. 河南師範大學學報 (哲學社會科學版)，2011 (7)：11-13.

12.4.1 危機生成的可能性

馬克思指出，商品生產是資本主義市場經濟與資本主義以前各種經濟形態下生產的基本區別。商品生產的目的是獲得價值的增值而不是使用價值，是貨幣或財富的增加。經濟運動過程也與以往不同，以往是由物到貨幣再到物的過程，進入資本主義社會後，產業資本的運動方式，從起點到終點都發生了變化，它的起點是貨幣資本，中間經過生產資本和商品資本，實現價值增值後又回到貨幣資本形態的循環過程，其循環過程可用公式表示爲：G—W—P—W—G′，其中 G-W 是資本運動的第一階段，即購買階段；W—P—W 是第二階段，即生產階段；W—G′是第三階段，即銷售階段。產業資本要實現周而復始的順利循環，三大職能資本必須要在時間上連續進行轉換，在空間上同時按比例分配在三個階段。馬克思認爲，正是由於商品和貨幣在價值形態上的對立和必須相互轉換，才使資本運動過程本身潛伏着經濟危機和貨幣金融危機的可能性。首先，商品買賣分爲兩個階段，在時間和空間上相互分離，使貨幣與商品的相互轉化出現隨機性、不確定性，從而使商品生產和價值實現過程包含着中斷或出現危機的可能性。因爲危機是使兩種相互聯繫而又彼此獨立的過程強制統一的形式。其次，資本主義銀行的出現，信用的發展進一步加劇了商品買賣中商品與貨幣相互轉換時間的差異。因爲信用的存在可以使同一筆貨幣多次執行支付手段的職能，如果某一個企業出現支付問題，則很可能會波及其他相關聯的企業或信用機構，從而引起社會支付鏈條在許多點上的中斷，進而引發金融危機。

12.4.2 危機生成的現實性

當然，危機生成的可能性並不等於現實性，馬克思在《剩餘價值論》一書中提到："現實的危機只能從資本主義生產的現實涌動、競爭和信用中引出。"馬克思認爲，資本主義生產既是以商品爲載體的剩餘價值的生產，是攫取盡可能多的剩餘勞動的生產，因此，在資本主義生產的本質中就包含着不顧市場的限制而生產的趨向。這個本質成爲資本主義生產現實運動的起點和驅動力，也是商品和貨幣走向絕對對立，最終引發金融危機的基本線索。促使資本主義危機生成的因素主要有兩個。一是市場競爭的加劇。在資本主義市場經濟條件下，商品交換是以其所包含的社會價值爲基礎實行等價交換的，個別價值低於社會價值則可獲得超額利潤，爲了獲取超額利潤，各個資本家之間展開激烈競爭。單個資本爲了在市場競爭中獲勝、實現利潤最大化，必須加快資本積累。資本積累一方面是剩餘價值的資本化，另一方面也包括資本的聯合與兼併。馬克思指出，資本積累的一般規律是：改變資本構成、增加不變資本而相對減少可變資本的比例或減少對勞動的相對需求，擴大生產規模、降低勞動成本。結果是企業生產能力提高和產品數量迅速增長，勞動者貧困的積累，社會的收入分配差距增大，生產和消費的矛盾尖銳化。二是信用制度的發展。馬克思認爲，貨幣經濟發展到信用經濟形式時，經濟危機隨時都會成爲現實。信用不是危機爆發的原因，但它對於危機的發展起着促進和強化的作用，是"生產過剩和商業過度投機的主要槓桿"。"信用制度加速了生產力的物質上的發展和世界市場的形成，同時信用加速了這種矛盾的暴力的爆發，即危機，因而加強了舊生產方式解體的各種要素。"就是說，信用一方面促進了資本主義生產的擴大；另一方面借助於商品買賣中商品與貨幣相互轉換時間的差異，信用可以使同一筆貨幣多次執行支付手段的職能，造成了一種虛假的需求，掩蓋了生產過剩的事實，推動了資本主義生產的盲目擴大和投機活動，最終必然導致生產的過剩，這個時候會出現債務償付危機，信用開始緊縮。在這種情況下，"貨幣會突然作爲唯一的支付手段和真正的價值存在，絕對地和商品相對立"。人們對貨幣的追求成爲一個普遍的現象。在"一個接一個的支付的鎖鏈的抵消支付的人爲制度"遭到破壞的時候，信用危機轉化爲貨幣危機，經濟危機進入全面爆發的階段。

12.4.3 馬克思危機理論邏輯的現實檢驗

根據馬克思的危機理論，金融危機的根源是資本主義的基本矛盾，即生產資料資本家私人占有與生產社會化之間的矛盾。占有生產資料的資本家爲了追逐利潤最大化，不斷通過各種途徑擴大生產規模，進行資本積累。然而，在資本雪球不斷滾大的同時，社會中兩個階層的分化也愈來愈大：一邊是財富在少數資本家手中積累，一邊是貧困在多數雇傭勞動者手中積聚。這種財富上的兩極分化表現在社會生產運動中就是：一邊生產規模在無限擴大，一邊購買能力在相對縮小。正是這種生產規模與購買能力的非均衡發展最終導致社會資本運動的中斷，即危機爆發。但近年來，資本主義在生產能力擴張的同時，金融創新也實現了"飛躍式發展"。爲了刺激消費，緩解生產過剩的危機，美國推出了次級抵押貸款，讓不具有購買能力的群衆以透支未來的形式提前消費。表面上看，這種零抵押、零首付、低利息的金融創新方式將美國的房產及其他商品市場推向了繁榮。然而，"透支消費"是一種不可持續的消費方式，短短的幾年間，美國房產市場泡沫就開始膨脹。在房產市場泡沫高強度膨脹的情況下，美聯儲只好收縮貨幣政策，調高利息率。利息率的連續上調最終使得次級貸款債務人徹底失去了償還能力，違約率伴隨利息率不斷增加，多家次級市場放款機構深陷壞帳危機，美國股市應聲大跌，並波及亞洲股市，美國金融機構被動收縮，金融危機爆發。這樣，金融危機的根源清晰地呈現在我們面前：次貸危機的病症在於違約率不斷上升；違約的原因在於未來預期遭到了沉重打擊；未來預期的悲觀在於"透支消費"的不可持續；透支消費的起因是爲了緩解生產過剩；生產過剩源於有效需求不足；有效需求不足的根源在於資本主義內生的制度性矛盾。[1]

---

[1] 惠寧，何磊. 當前金融危機的根源：基於馬克思危機理論的分析 [J]. 學術月刊，2009（6）：77-84.

參考文獻

[1] 馬克思恩格斯文集：第 2 卷［M］. 北京：人民出版社，2009.

[2] 馬克思恩格斯文集：第 1 卷［M］. 北京：人民出版社，1995.

[3] 馬克思恩格斯文集：第 5 卷［M］. 北京：人民出版社，2009.

[4] 馬克思恩格斯文集：第 30 卷［M］. 北京：人民出版社，1998.

[5] 毛澤東選集：1~4 卷［M］. 北京：人民出版社，1991.

[6] 鄧小平文選：第 3 卷［M］. 北京：人民出版社，1993.

[7] 鄧小平文選：第 2 卷［M］. 成都：四川民族出版社，1998.

[8] 列寧全集：第 21 卷［M］. 北京：人民出版社，1984.

[9] 林崗. 不朽的《資本論》［J］. 政治經濟學評論，2013（7）.

[10] 王鳳才，袁芃.《資本論》的歷史與邏輯［J］. 哲學分析，2015，6（5）.

[11] 戚克非. 關於經濟倫理學的思考［J］. 學術交流，1991（5）.

[12] 羅國杰. 加強經濟倫理學研究——爲《經濟的德性》序［M］//王小錫. 經濟的德性. 北京：人民出版社，2003.

[13] 喬法容，朱金瑞. 經濟倫理學［M］. 北京：人民出版社，2004：4.

[14] 王福霖，劉可風. 經濟倫理學［M］. 北京：中國財政經濟出版社，2001：11.

[15] 亞當·斯密. 道德情操論［M］. 蔣自強，等譯. 北京：商務印書館，1997.

[16] 亞當·斯密. 國民財富的性質和原因研究［M］. 郭大力，王亞南，譯. 北京：商務印書館，1974.

[17] 西斯蒙第. 政治經濟學新原理［M］. 北京：商務印書館，1998.

[18] 傅立葉. 傅立葉選集：第 3 卷［M］. 汪耀三，等譯. 北京：商務印書館，1982.

[19] 張宇，孟捷，盧荻. 高級政治經濟學［M］. 北京：中國人民大學出版社，2012.

[20] 劉宇，逄金玉，陳偉. 兩大部類協調性：量化測算——基於我國現實經濟

活動的視角［J］.經濟學家，2007（6）.

［21］高覺民，李曉慧.生產性服務業與製造業的互動機理——理論與證實［J］.中國工業經濟，2011（6）.

［22］劉國光.馬克思的社會再生產理論［M］.北京：中國社會科學出版社，1981.

［23］劉國光.劉國光自選集［M］.北京：學習出版社，2004.

［24］毛蘊詩，吳瑤，鄒紅星.我國OEM企業升級的動態分析框架與實證研究［J］.學術研究，2010（1）.

［25］毛蘊詩，鄭奇志.基於微笑曲線的企業升級路徑選擇模型——理論框架的構建與案例研究［J］.中山大學學報（社會科學版），2012（3）.

［26］馬克思恩格斯全集：第44卷［M］.北京：人民出版社，2001.

［27］張輝.全球價值鏈下地方產業集群轉型和升級［M］.北京：經濟科學出版社，2006.

［28］陳明森，陳愛貞，張文剛.升級預期、決策偏好與產業垂直升級——基於我國製造業上市公司實證分析［J］.中國工業經濟，2012（2）.

［29］施振榮.再造宏碁——開創、成長與挑戰［M］.臺北：天下遠見出版股份有限公司，1996：296-298.

［30］詹姆斯·奧康納.自然的理由：生態學馬克思主義研究［M］.臧佩洪，唐正東，譯.南京：南京大學出版社，2003.

［31］福斯特.馬克思的生態學——唯物主義與自然（前言）［M］.劉仁勝，等譯.北京：高等教育出版社，2006.

［32］韋建樺.在科學發展觀指引下創建生態文明［M］//俞可平.生態文明構建：理論與實踐.北京：中央編譯出版社，2008.

［33］潘岳.生態文明的前夜［J］.瞭望，2007（43）.

［34］方世南.馬克思的環境意識與當代發展觀的轉換［J］.馬克思主義研究，2002（3）.

［35］胡家勇，李繁榮.《資本論》中的生態思想及其當代價值［J］.學術探討，2015.

［36］宮敬才.生態危機的現實性及其原因［J］.社會科學論壇（學術評論卷），2008（8）.

［37］王宏斌.生態文明與社會主義［M］.北京：中央編譯出版社，2011.

［38］武天林.馬克思主義人學導論［M］.北京：中國社會科學出版社，2006.

[39] 周文. 供給側結構性改革與中國經濟學的理論創新 [J]. 理論與改革, 2016 (4).

[40] 何自力. 論供給管理的特點及其必要性 [J]. 理論與改革, 2016 (4).

[41] 邱海平. 堅持運用馬克思主義政治經濟學指導供給側結構性改革 [J]. 理論與改革, 2016 (4).

[42] 馮繼康. 馬克思地租理論的邏輯內涵及現代價值 [J]. 濟南大學學報（社會科學版）, 2003 (4).

[43] 林毅夫. 再論制度、技術與中國農業發展 [M]. 北京: 北京大學出版社, 2000.

[44] 林紹珍. 改革開放以來農村勞動力非農就業的變遷及啓示 [J]. 成都大學學報（教育科學版）, 2007, 21 (1).

[45] 石傳剛. 中國農業產業化經營與家庭聯產承包責任制 [J]. 中共貴州省委黨校學報, 2007 (2).

[46] 汪輝, 陶然. 中國土地制度改革: 難點、突破與政策組合 [M]. 北京: 商務印書館, 2013.

[47] 凱恩斯. 勸說集 [M]. 蔡受百, 譯. 北京: 商務印書館, 1962.

[48] 劉駿民. 虛擬經濟的經濟學 [J]. 開放導報, 2008 (12).

[49] 趙準. 論馬克思活勞動的價值理論 [J]. 清華大學學報（哲學社會科學版）, 2008.

[50] 王東. 馬克思危機理論的雛形——《資本論》第一手稿的理論意義新開掘 [J]. 江漢論壇, 2011 (7).

[51] 莫凡, 廖和平. 馬克思危機理論研究述評 [J]. 河南師範大學學報（哲學社會科學版）, 2011 (7).

[52] 惠寧, 何磊. 當前金融危機的根源: 基於馬克思危機理論的分析 [J]. 學術月刊, 2009 (6).

[53] Gereffi G. International Trade and Industrial Upgrading in the Apparel Commodity Chain [J]. Journal of International Economics, 1999, 48 (1).

[54] Poon T S C. Beyond the Global Production Networks: a Case of Further Upgrading of Taiwan's Information Technology [J]. International Journal of Technology & Globalisation, 2004, 1 (1).

[55] Kaplinsky R, Morris M. A Handbook for Value Chain Research [M]. Ottawa: IDRC, 2001.

[56] Humphrey J, Schmitz H. Chain Governance and Upgrading: Taking Stock [A]. Schmitz H. Local Enterprises in the Global Economy: Issues of Governance and Upgrading [C]. Cheltenhan: Elgar, 2004.

[57] Sturgeon T, Lester R. Upgrading East Asian Industries: New Challenges for Local Suppliers [R]. Cambridge, Mass. In-dustrial Performance Center, MIT, 2002.

國家圖書館出版品預行編目(CIP)資料

《資本論》思想、原理及其當代價值/ 許彥 著. -- 第一版.
-- 臺北市：崧燁文化，2018.07

　面　；　公分

ISBN 978-957-681-298-9(平裝)

1.資本論 2.研究考訂

550.1863　　　107010898

書名：《資本論》思想、原理及其當代價值
作者：許彥
發行人：黃振庭
出版者：崧燁文化事業有限公司
發行者：崧燁文化事業有限公司
E-mail：sonbookservice@gmail.com
粉絲頁　　　　　網址
地址：台北市中正區重慶南路一段六十一號八樓 815 室
8F.-815, No.61, Sec. 1, Chongqing S. Rd., Zhongzheng Dist., Taipei City 100, Taiwan (R.O.C.)
電　話：(02)2370-3310　傳　真：(02) 2370-3210
總經銷：紅螞蟻圖書有限公司
地址：台北市內湖區舊宗路二段 121 巷 19 號
電話：02-2795-3656　傳真：02-2795-4100　網址：
印　刷：京峯彩色印刷有限公司（京峰數位）

　　本書版權為西南財經大學出版社所有授權崧博出版事業股份有限公司獨家發行電子書繁體字版。若有其他相關權利需授權請與西南財經大學出版社聯繫，經本公司授權後方得行使相關權利。

定價：350 元

發行日期：2018 年 7 月第一版

◎ 本書以POD印製發行